读 行 者

从 阅 读 走 进 现 实
knowledge-power

knowledge-power

读 行 者

传记文学 书系

梁实秋 林语堂等 ◎著

自由的人

民国文坛忆往

传记文学 书系 编委会

主编
彭明哲 曾德明

编委
赖某深 龚昊 蒋浩
李郑龙 于向勇 秦青

岳麓书社·长沙

博集天卷
CS-BOOKY

图书在版编目（CIP）数据

自由的人 / 梁实秋，林语堂等著.—长沙：岳麓书社，2017.11
ISBN 978-7-5538-0764-5

Ⅰ.①自… Ⅱ.①梁… ②林… Ⅲ.①传记文学—作品集—中国
—现代 Ⅳ.①I25

中国版本图书馆CIP数据核字（2017）第176340号

著作权合同登记号：图字18-2016-140号

ZIYOU DE REN
自由的人

作　　者：梁实秋　林语堂 等
责任编辑：李郑龙
监　　制：于向勇　秦　青
特约策划：康晓硕
营销编辑：刘晓晨　罗　昕　刘　迪
装帧设计：张丽娜
岳麓书社出版发行
地址：湖南省长沙市爱民路47 号
直销电话：0731-88804152　88885616
邮编：410006
2017 年11月第1版第1次印刷
开本：700毫米×995毫米　1/16
印张：18
字数：223千字
书号：ISBN 978-7-5538-0764-5
定价：49.00 元
承印：三河市鑫金马印装有限公司

质量监督电话：010-59096394
团购电话：010-59320018

总序

　　岳麓书社依据台湾的《传记文学》，分类编纂，陆续出版"传记文学"书系，这是两岸文化交流史上的大事，是中国近代史和中华民国史研究的大事、喜事。

　　1962年2月5日，时值春节，曾在北大读书的刘绍唐向当年的校长胡适拜年，谈起胡适长期提倡传记文学，而始终未见实行，向老师透露，自己正准备创办《传记文学》月刊。胡适虽肯定其志，却以为其事甚难，办月刊，哪里去找这么多"信而有征"的文字，因此不大赞成。不料当年6月1日，绍唐先生主编的《传记文学》竟在台北出刊了。自此，直到2000年2月10日，绍唐先生因病在台北去世，历时38年，共出版453期。每期约30万字，453期就是约13590万字。此外，传记文学出版社还出版了"传记文学丛书"和"传记文学丛刊"，其中包括《民国人物小传》《民国大事日志》等许多民国历史方面的著作。

　　尽人皆知，绍唐先生没有任何背景，不接受任何政治集团、经济集团的支持，只身奋斗，孤军一人，却做出了台湾官方做不出的成绩，创造了中国出版史上不曾有过的奇迹。因此，绍唐先生被尊为"以一人而敌一国"，戴上了"野史馆馆长"的桂冠。

　　我在大学学习中国文学，毕业后业余研究中国哲学，1978年4月，调入中国社科院近代史研究所，参加《中华民国史》的编写，自此，即与绍唐先生的《传记文学》结下不解之缘。在众多历史刊物中，《传记文学》最为我所关注。但是，我和绍唐先生相识则较晚，记得是在1995年9月，纪念抗战胜利50周年之际。当时，台湾史学界在台北召开学术讨论会，我和其他大陆学者31人组团越海参加。这是海峡两岸学者之间交流的起始阶段，有如此众多的大陆学者同时赴会，堪称前所未有的盛事。我向会议提交的论文《九一八事变后的蒋介石》，根据毛思诚所藏《蒋介石日记类抄》未刊稿本写成。当时，蒋介石日记存世一事，还不为世人所知，绍唐先生很快通知我，《传记文学》将发表该文。9月3日，闭幕式晚宴，由绍唐先生的传记文学出版社招待。各方学者，各界嘉宾，济济一堂。我因事略为晚到，不料竟被引到主桌，和绍唐先生同席。那次席上，绍唐先生给我的印象是热情、好客、豪饮。次年，我应"中研院"近史所所长陈三井教授之邀访问该所，在台北有较多停留时间。其间，我曾应绍唐先生之邀，到传记文学出版社参观。上得楼来，只见层层叠叠，满室皆书，却不见编辑一人。绍唐先生与我长谈，详细介绍《传记文学》创刊的过程及个人办刊的种种艰辛。绍唐先生特别谈到，办刊者必须具备的"眼力""耐力""定力"等条件，可惜，我没有记日记的习惯，未能将绍唐先生所谈追记下来，至今引为憾事。绍唐先生交游广阔，文友众多，因此宴集也多。每有宴集，绍唐先生必招我参加，我也欣然从远在郊区的南港住所赴会。许多朋友，例如旅美华人史学家唐德刚等都是在这样的场合下认识的。在台期间，台北史学界为纪念北伐战争70周年，召开北伐及北伐史料讨论会，我根据原藏俄罗斯等处的档案，撰写《1923年蒋介石的苏联之行及其军事计划》一文参加，绍唐先生不仅到会，而且当场确定《传记文学》将发表拙文。我离开台北前，绍唐先生再次将我引到他的藏书室，告诉我，凡传记文学出版社出版的图书，喜欢什么就拿什么。我因为"近史所"已赠我大量出版物，又不好意思，只挑选了《陈济棠自传稿》《傅孟真先生年谱》《朱家骅年谱》和李济的《感旧录》等有限几种，回想起来，至今仍觉遗憾。

绍唐先生自述，他有感于两岸的文士因为历史原因等种种关系，"许多史实难免歪曲"，因此，创办此刊，以便"为史家找材料，为文学开生面"。我觉得，绍唐先生的这两个目的，比较成功地达到了。政治对学术，特别是对历史学的干预，古已有之，但是，学术特别是以真实为最高追求目标的历史学，又最忌政治和权力的干预。绍唐先生在台湾的白色恐怖余波犹在的年代，能够不怕"因稿贾祸"，创办刊物，发行丛书，保存大量中国近代史特别是民国史资料，供千秋万代的史家和史学爱好者采用，这是功德无量的盛事、盛业。刊物虽标明"文学"，但是，取文、选文却始终恪守历史学的原则，排斥任何虚构和想象，这也是值得今之史家和文家们借鉴和注重的。

绍唐先生去世后，《传记文学》由中国新闻界的前辈成舍我先生的后裔续办，至今仍是华人世界中的著名历史刊物，衷心希望绍唐先生的事业和精神能长期传承，永放光彩，衷心希望"传记文学"书系的出版，能得到读者的喜欢，助益历史学的繁荣和发展。

杨天石

2015年5月于北京东城之书满为患斋

凡例

一、原文的繁体竖排改成简体横排。

二、原文中脱、衍、讹、倒之处，均径改，不另加注说明。

三、原文中专名（人名、地名、书名等）及其译名皆一仍其旧，其中或有跟现今通行者有较大区别，而可能导致阅读障碍的，由编者加注进行说明。

四、原文中词语与标准用法有不同者，为尊重作者用语习惯及时代与地域差异等，不做修改，一仍其旧。

五、原文中标点符号的使用有不统一及不符合标准用法的，一仍其旧，其中或有可能导致阅读障碍的，由编者重新标点。

六、原文中的汉字数字不予变为阿拉伯数字，个别阿拉伯数字也不再统一为汉字。但注释部分为统一体例，版本年代及页码均采用阿拉伯数字，以便明晰。

七、所引文章中的纪年，1949 年 10 月 1 日前的民国纪年一仍其旧，1949 年 10 月 1 日后均采用公历纪年。

八、原文中 1949 年 10 月 1 日前对于中国共产党和国民党政治机构及职务的称呼均予保留，只对个别明显不符合历史事实的文字做了必要的删改。

九、原文中 1949 年 10 月 1 日中华人民共和国成立后，台湾地区自称"中国""政府"及其政治机构、职务名称、"涉外"用语等，本书均加引号，以示区分。

十、原文中由于作者政治立场等原因，本书做了极个别的删节，不另加说明。但为保留资料的完整性，尊重原文及作者观点，文中难免偶有不妥之处，相信读者自能甄别分辨。

目录
contents

三 "才情未尽"闻一多

四 幽默大师林语堂

一

新月诗人徐志摩

1.陆小曼与王赓、徐志摩、翁瑞午

（赵家铭提供，靖一民原作）

◎舞会陆小曼初识徐志摩

这是一九二四年初秋的一天晚上，北京外交部华丽的舞厅门口，五彩缤纷的霓虹灯闪烁着美丽炫目的光彩。这时，一辆人力车在舞厅门前缓缓停住后，从车上走下一位二十八九岁的青年人。他中等身材，面颊瘦长，鼻子略微偏大，嘴巴似也阔了些，但他着一身白色的西装，戴一副圆形的黑边眼镜，举止潇洒，气度非凡，是一个风度翩翩的青年。他就是已经名闻全国的诗人徐志摩。他健步走进舞厅，环顾四周，见他的好友王赓正与一位少妇坐在一张圆桌前，便走过去轻声唤道："王先生。"

王赓在外交部任职，很善辞令。他见是徐志摩来了，忙站起来亲热地与徐志摩握了握手，然后指着身旁的少妇说："她是我的内人陆小曼，是她要我约你来的。"接着又向那少妇介绍道："这位就是你崇拜的大诗人徐志摩先生，今晚你可以当面请教。"

陆小曼很文雅地含笑朝徐志摩点点头，请徐志摩在她的对面坐下，轻声细语地说："徐先生，我拜读过你的很多大作，写得很感人。"

"王太太过誉了。"徐志摩客套道，"我不过是有感而发，随意写些应景之作，不值一提。"

王赓吩咐女招待端来一杯白兰地放在徐志摩面前。徐志摩端起杯子慢慢饮着，暗自打量着陆小曼，眼睛里放射出异样的光。她长得面目清秀端庄，朱唇皓齿，婀娜娉婷，特别是那双含笑的眼睛，似一泓清泉，总是闪烁着深情而又清高的光彩，一看便知是位很有灵性的大家闺秀。与这么一位楚楚动人的女子对面而坐，徐志摩的脸有点红，心跳也加速了。他已经很久没有这种感觉了。假若陆小曼不是王赓的妻子，他会不顾一切地去邀请陆小曼跳舞，但现在他却不敢轻狂。

音乐响起来了，一对对舞伴手牵手走进舞池，和着悠扬的舞曲跳起了华尔兹……

这时，一位着装妖艳的女人走到王赓面前，甜笑着邀请道："先生，能请你跳舞吗？"

"好，好！"王赓兴高采烈地站起来，对陆小曼说："小曼，你陪徐先生跳一曲。"说完，拥着那位女郎旋转着，滑向舞池。

陆小曼也站起来，温和地笑着对徐志摩说："徐先生，请吧！"

徐志摩有点受宠若惊，慌忙站起来，拉着陆小曼的手，一起走进舞池，随着轻柔的舞曲跳了起来。他发现，陆小曼的舞步娴熟，身姿轻盈，反应灵敏，与他配合自如，不禁舞兴大增，话也就多了起来。他边与陆小曼旋转着，边问："王太太，听口音你就是北京人吧？"

"不！"陆小曼笑吟吟地说，"我的祖籍是江苏常州，但我是在上海出生的，八岁那年才随母亲来到北京和父亲一起生活。"

◎ 与王赓婚姻并不幸福

"王先生是位很有才华的青年，你又是位聪慧、娇艳的女士，你们的结合真可谓是郎才女貌，一定很幸福吧？"

"幸福？哼！那只是表面的。"陆小曼收住笑容，不满地说，"两年前王赓从美国留学回来，经人介绍我们相识。当时他托人求婚，我并不同意，因为他年龄比我大七岁，我们也缺少感情基础。但我的母亲却看上了他，硬逼我嫁给他。结果，我们认识还不到一个月，就订了婚，难怪人家都说我们是闪电结婚。"

徐志摩听到这里，陷入了沉思。

陆小曼用试探的口气问："徐先生，你的婚姻一定是自主的吧？"

"在这个封建思想浓厚的国度里，有几个人的婚姻能自主呢？"徐志摩沉重地说，"九年前，在父母的包办下，我娶了名门闺秀张幼仪女士为妻。虽然她是一位有文化而又长相出众的女子，但由于缺少感情基础，我们常常争吵。为了逃避这如冰窖般的家庭，我独自来到北京求学。不久，我又远涉重洋，到美国留学。在美国的哥伦比亚大学获得了文科硕士学位后，我又离美去了英国，入伦敦剑桥大学研究生院攻读研究生。我的妻子似乎是有意纠缠我，竟也来到了伦敦。我们又在一起过了一段时间，仍然过不到一起，她去了德国继续留学，我独自回国，来北京大学任教。"

"真没想到，像你这样一位大诗人，还有这么曲折的爱情经历。"陆小曼用同情的目光望着徐志摩说。

徐志摩苦笑了笑，没再说什么。他与陆小曼又跳了一会儿，待舞曲终结时，他们才一起走回原来的座位上坐下。这时，王赓也走回来，掏出手绢擦了擦额头上的汗珠，有点自豪地说："徐先生，小曼的舞跳得还不错吧？"

"好，非常好！"徐志摩赞叹道。

王赓得意地哈哈大笑道："你知道吗？她是北京交际场上的女皇。"

陆小曼不满地嗔怪道："瞧你，又胡说了。"

"王先生说得对，你的确是舞会上的女皇。"徐志摩随声附和道。

陆小曼羞涩地笑了笑，问王赓："哎，明天是星期天，咱们和徐先生一起去郊游好吗？"

"这……"王赓有点犹豫。

"这什么？"陆小曼白了王赓一眼说，"我知道你又要忙什么公务，可这样下去，我都快成笼中之鸟了。"

"你这话就说远了，夫人的话我岂敢不遵？"王赓俏皮地说到这里，望着徐志摩问："徐先生，你也一定要去噢！"

徐志摩沉吟着，见陆小曼正用乞求的目光注视着他，便爽快地答道："好吧，我遵命！"

◎香山初秋志摩伴美人游

第二天早晨，玻璃窗上刚刚露出鱼肚皮似的白色，徐志摩就起身下床，梳洗完毕，急匆匆吃了些糕点之类的食物，便按照昨晚约好的地点，到紫禁城北门外等候王赓和陆小曼。

徐志摩看了一下手表，见已经是上午八点多了，仍不见王赓和陆小曼的身影。他有些着急，点燃一支香烟吸着，焦急地张望着路上的行人。突然，一辆人力车停在了他的面前，陆小曼从车里走下来，歉意地说："徐先生，让你久等了。"

徐志摩探头看了看车里，见没有别人，便问："王先生呢？"

陆小曼沮丧地轻叹口气，说："他呀，又有公务，来不了了。他要你陪我去玩。"

"这……"徐志摩的脸上露出了为难的神色。

陆小曼用挑衅似的口气说："怎么，你这个留洋的大诗人，还不敢陪一个已婚的女人游玩吗？"

"不，不，不！"徐志摩连连摆手，解释道，"我是说……"

"别解释了，快上车吧。"陆小曼打断他的话说。

徐志摩顺从地登上人力车，与陆小曼并肩坐着，问："咱们到什么地方去？"

"去香山看红叶好吗？"陆小曼说。

"好吧！"徐志摩答。

初秋的香山，树叶已开始飘落。或许是黄栌树叶还没有变红的缘故吧，山上游人稀少，所以显得很寂静，只有各种鸟儿在树林里欢快地飞舞着，发出"啾啾"的鸣叫声……

徐志摩与陆小曼乘车来到山的东侧，让车夫在山下等候。他们一起沿着弯曲的山路，往山上走去。起初，他们都还有些拘谨，但走了一段路之后，因为路不好走，陆小曼不时需要徐志摩搀扶，也就无拘无束了。当他们来到半山腰的玉华山庄时，都已累得满头大汗，陆小曼大口喘息着说："在这里歇会儿吧，我累了。"

"好吧！"徐志摩答应着，随陆小曼走进亭里坐下，各自掏出手绢擦汗。这时，徐志摩才注意到陆小曼今天特意描了眉、抹了粉，还涂了口红，穿了一件天蓝色的旗袍，显得比昨晚更加窈窕，不由赞叹道："王太太，你长得真漂亮啊！"

陆小曼莞尔一笑，不满地说："请你以后不要叫我王太太好吗？我讨厌这样称呼我，叫我小曼好了。"

"可以。"徐志摩说，"作为交换条件，请你以后也不要称我先生了，就叫我志摩吧！"

"一言为定？"

"一言为定！"

两个人都会心地笑了。他们笑着，掏出随身带来的水各自喝了几口，相约看谁先找到红叶，又继续往山上走。直到中午时分，他们谁也没找到一片红叶。最后，他们登上山顶，找了片草坪坐下，陆小曼失望地说："想不到偌大的香山，竟然连一片红叶也找不到。"

徐志摩意味深长地说："生活中有许多事情并不是遂人心愿的，重要的不是我们是否能够得到，只要我们真诚地追求了，也就该满足了。"

"你说得真好，不愧是位诗人。"陆小曼赞叹道。

徐志摩笑着，从提包里掏出食物递给陆小曼，又打开两盒罐头，开始野餐。陆小曼边吃边望着徐志摩问："昨天晚上你说你的妻子长得很漂亮，又是留洋的学生，那你为什么不喜欢她呢？"

徐志摩的脸上立时阴了天，沉吟片刻，悠悠地说："人的感情就是这么奇怪，就像一幅名画摆在每个人的面前，有的人爱不释手，有的人却嗤之以鼻。何况，妻子不是装饰品，长得漂亮，并不一定讨人喜欢。与一个才貌双全的女子结合，如果没有感情基础，也不一定就能生活幸福。"

◎ 难怪你的诗那么动人

陆小曼被这番富于哲理的回答折服了，她用敬佩的目光凝视着徐志摩，赞叹道："你分析得很深刻，难怪你的诗那么动人。"

徐志摩自嘲地苦笑了笑，不再说什么。他匆匆吃了些糕点，然后平躺在草地上，望着蓝天上变幻莫测的浮云，任凭思绪飞向很远、很远的地方。过了很久，他才淡淡地问："小曼，你在想什么？为什么不说话？"

"我在想你刚才说的话。"陆小曼答。

"为什么还要想呢？是我的话刺伤你了吗？"

"不！你的话使我想到了我与王赓的婚姻。"

"你们的婚姻不是很美满吗？还去想什么？"

"是的，表面上看来，我们的婚姻很美满。王赓留过洋，又是个事业心很强、很有前途的人，但他在家庭生活上却像一座冰山，不能给我带来一丝温暖，而我却希望有堆火在烘烤着我。"

徐志摩又不吱声了。他不曾想到，世界上竟有这么多不美满的婚姻。唉！爱情呀，你是风，还是云？为什么不让每个家庭都拥有你呢？

陆小曼收拾起吃剩的东西，站起来伸了个懒腰，走近徐志摩说："我感到很累，想睡一觉。"

"那你就睡吧！"徐志摩心不在焉地说。

"可没有枕头。"陆小曼柔情地说，"我枕着你的身子睡好吗？"

徐志摩像是被蝎子蜇了一下，猛然坐起来，惊愕地凝视着陆小曼，微微摇着头说："不！这不行。俗话说，朋友之妻不可欺。"

"可你并没欺负我啊！"陆小曼娇滴滴地说。

徐志摩坚定地说："那也不行！"

陆小曼气恼得坐在地上，轻声抽泣起来。徐志摩见此慌了手脚，着急地说："小曼，你，你不要这样，咱们回去吧！"

陆小曼边哭边说："我很讨厌是吗？"

"不！你是个……很讨人喜欢的女人。"徐志摩诚恳地说，"但是，你我都是已婚的人了，命运不允许我们再多想。"

陆小曼听了这句话，哭得更伤心了，徐志摩掏出手绢递给她，劝道："小曼，别哭了，咱们走吧！"

陆小曼接过手绢擦了擦眼泪，说："你先回去吧！我真想就躺在这里死了算了。"

"看你都说了些啥？你还风华正茂，怎么会想到死呢？"徐志摩像哄孩子般责备着陆小曼，然后拉着她的手说："走吧，时候不早了。"

陆小曼顺从地站起来，拍去衣服上沾的土，与徐志摩一起往山下走去。一路上，他们谁也没再说一句话，各自的心里都很乱，很乱……

◎ 当男模特儿弄假成真

一个秋雨潇潇的晚上，徐志摩意外地接到了陆小曼打来的电话，约他立即到她家去一趟，说有急事要告诉他。他正想婉言拒绝，但陆小曼那柔软的声音又使他心跳加速，不忍心拒绝这可爱的女子的邀请，犹豫了片刻，还是勉强答应了。他放下电话，撑着雨伞，踏着湿漉漉的街道来到有轨电车车站，乘车来到了陆小曼的家。他轻轻敲击着大门，门很快"吱呦"一声打开了。陆小曼从里面走出来，见是徐志摩，惊喜地莞尔一笑，没说什么，便引徐志摩走进院内。接着，陆小曼返身拴上大门，与徐志摩一起走进了会客室。

"请喝茶。"陆小曼将一杯茶水放在徐志摩面前的茶几上说。

徐志摩端起茶杯呷了一口，问："王先生呢？"

"他呀，早走了。"

"走了？"

"嗯！"陆小曼在徐志摩身旁坐下，用嘲讽的口气说，"他官运亨通，荣升哈尔滨警察厅厅长了，昨天已去赴任。"

徐志摩点燃一支烟，问："哎，你不是说有急事要告诉我吗？"

"其实没有什么事。"陆小曼笑着说，"我一个人在家闲得无聊，请你来陪我聊聊天，顺便告诉你王赓调走的事。"

徐志摩若有所思地说："王赓不在家，以后晚上我不能来你家，免得生是非。"

"怕什么？"陆小曼毫不在乎地说，"一个人若总是看着别人的眼色行事，那他就寸步难行。我们生活在这个文化观念落后、封建意识渗透到每个角落里的社会里，若是再不勇敢地走自己的路，那只能成为一个悲剧人物。"

"你真是一个不平凡的女子。"徐志摩听完陆小曼的这番议论，不由深情地望着她赞叹道。

陆小曼甜笑着站起来，说："我最近画了几幅画，你给起个题目好吗？"

徐志摩吃惊地问："怎么，你会画画？"

"瞧不起我啊！"陆小曼得意地说，"告诉你吧，我还是刘海粟的得意门生呢！"

"那好，让我来欣赏一下你的大作。"

陆小曼一阵风似地跑出屋，没多会便抱着一卷国画走进来，放在茶几上，一幅幅展开给徐志摩看。徐志摩望着这一幅幅技法娴熟、构图讲究、面目传神的国画作品，简直不敢相信就是面前这位女子画的，不由称赞道："画得好，太好了！你真是一位多才多艺的女子呀！能送我一幅吗？"

"可以。"陆小曼爽快地答应道，"这些画由你选，只是有个条件你得答应我。"

"什么条件？"

"你得给我当一次模特儿。"

"当模特儿？就我这副骨头架子？不行，不行！"

"那你就别想拿走我的画。"

"这……好吧！我就献一次丑吧！"

屋外的雨渐渐大了，天空中还隐隐鸣响着闷雷。屋里墙上的挂钟也像故意凑热闹，伴着雷声"当当"敲响了十次。

徐志摩瞥了一眼挂钟，不安地说："时候不早了，我该回去了。"

陆小曼停住画笔，脉脉含情地注视着徐志摩说："我还没画完呢！"

"以后再画吧！"徐志摩说着，站起来准备走。陆小曼无可奈何地轻叹一声，拿起徐志摩的雨伞，走到徐志摩跟前，深情地望着徐志摩说："明晚再来接着画好吗？"

徐志摩犹豫了片刻，还是点头答应了。

陆小曼高兴地笑着，打开雨伞，用一只手举着，另一只胳膊挎着徐志摩的胳膊，柔声说："走吧，我送你。"

两个人肩并肩走出屋，向大门走去。他们走得很慢，还不时止住脚步，相互深情地对望一眼。等他们走到大门口就要分手了，他们靠得更紧了。默默在雨中伫立了片刻，陆小曼终于控制不住自己，丢下手里的雨伞，扑进了徐志摩的怀里。徐志摩也不顾一切地拥紧了陆小曼那纤弱的身子，轻轻地吻她的秀发、吻她光洁的额头……

◎你对小曼的照顾无微不至

徐志摩是位性情倔强的人，不论做什么事，只要他认准了目标，他就会不顾一切地去追求，直至达到目的。如今，他已陷入了爱的漩涡，被陆小曼深深迷住了。尽管他知道要想与陆小曼结合极其艰难，但他仍不顾一切地与陆小曼癫狂热恋着。起初，他们还仅仅局限在陆小曼家中约会，后来他们干脆公开交往，一起到交际场合去欢度每一个良宵。时间长了，徐志摩与陆小曼的恋情便成为交际场合和文艺圈子里公开的秘密。在这种情况下，陆小曼的母亲为了拆散这对痴情男女，决定带陆小曼南下去亲戚家住一段时间，让分离淡漠他们的感情。然而，当她带着陆小曼刚刚在上海站走下列车时，徐志摩却早已远远地站在出站口等她们母女。原来，徐志摩与她们坐的是同一列火车，只是不在同一个车厢罢了。陆小曼一看到徐志摩，像疯了一般挣脱了母亲的手，凄凄地喊着"志摩！"跑过去，扎进了徐志摩的怀里，轻声啜泣起来。她的母亲见这对年轻人已爱到了癫狂的程度，只好听天由命，和他们一起回北京，任他们走自己的路了。

徐志摩与陆小曼的恋情终于传到了王赓的耳朵里。起初，他并不相信，因为徐志摩是他的挚友，他不相信当代诗坛的巨星会干出夺人之爱的事。但传言多了，他又不得不重视此事，为了弄清事情的真伪，他抛开繁忙的公务，从哈尔滨回到了北京。

王赓冒雨走出北京火车站，因为天太晚，已无车可乘，他只好步行往家赶。等到气喘吁吁地走到家门口时，他本想叩声大门，但转而一想，又将伸出的手缩了回来。他想知道自己不在家时陆小曼都干些什么，便翻墙而过，走进了会客室。会客室里没有人，他放下手里的旅行包，走出会客室，蹑手蹑脚走到卧室门口，透过暗锁的钥匙孔向里窥视着。这时，他看清陆小曼正偎依在徐志摩的怀里说着什么，气得他拔出腰里的手枪，猛烈敲击着屋门。很快，屋门开了，陆小曼站在门口，见是王赓，惊诧地说："是你？你怎么回来了？"

"怎么，我不该回来吗？"王赓生硬地反问一句，推开陆小曼，走进了屋。他见徐志摩正不知所措地站在床前，便用挖苦的腔调说："徐先生，你对小曼照顾得真可谓无微不至啊，都照顾到卧室来了。"

徐志摩尴尬地支吾道："不！我是来……"

"不必解释，我都看到了。"王赓不耐烦地打断徐志摩的话说，"请你快点离开这里。"

徐志摩犹豫了片刻，无可奈何地走到门口停住脚步，深情地瞥了陆小曼一眼，见她正用求救似的目光望着他，便又折回身，冷静地说："王先生，一切责任都由我来承担，请你不要为难小曼。"

王赓冷冷地说："小曼暂时还是我的妻子，该怎么管教她，用不着你来教我。"

徐志摩无言答对，转身往楼下走去……

王赓走到屋门口，猛然将门关上，转回身来，环顾着屋里的一切。忽然，他看到画架上有一幅未画完的徐志摩画像，便冷笑一声，举起手枪，瞄准画像开了一枪。

◎儿子生病匆匆柏林行

徐志摩离开王府之后，冒雨在街上游荡许久，直到夜深，才迈着沉重的步伐走回自己的宿舍。他将已湿透了的衣服换下来，然后来到书桌前坐下，点燃一支香烟深深吸着，陷入了沉思。此时此刻，他的心里不知是什么滋味，乱极了。他为陆小曼担心，怕王赓折磨她；又害怕会到学校里来吵闹，把他逼到非常尴尬的境地。他深知，在有着几千年封建史的中国，人们最深恶痛绝的就是男女之间的婚外之情。一个人没结婚，会有无数人为你的婚姻操心，而一旦你建立了家庭，就没有人过问你是否生活幸福、有没有爱情。你一辈子生活在这种无爱的家庭里没人说你不幸，而一旦你想毁坏这种形式上的婚姻，便会有无数人阻拦你、咒骂你，就连你的亲属也容不了你。他曾给远在浙江硖石老家的父亲写信，谈了准备与前妻张幼仪离婚，而后与陆小曼结合的愿望。父亲很快复信，回答是斩钉截铁的："吾儿之愿，有辱门第。倘若娶小曼为妻，从此莫登家门。"直到这时，徐志摩才明白为什么那么多人在无爱的家庭里挣扎，却不愿离婚，并不是他们爱的神经麻木了，而是他们不敢撞封建之网。但不论怎样，徐志摩仍决心不顾世俗和冷眼，一直往前走，为自己，也为陆小曼寻一条新生的路。他就这样胡乱想着，伴冷雨坐到天亮。

徐志摩起身伸了个懒腰，走出家门，想买点吃的东西。当他路过传达室时，守门的老汉递给他一摞信。他翻看了一遍，发现有一封是妻子从德国寄来的，急忙拆开阅读，只见信中写道：

志摩：

　　我虽远在柏林，写这封信时仍要诅咒你。你的心肠好狠，将我与吾儿弃于国外，自己却躲在北京音信皆无。你知道吗？吾儿彼得已病危，躺在床上也没忘唤他的爸爸，他念你成痴，你却将他忘了。如果你的静脉里流的还是血，那就速来柏林见他一面吧！否则，我将终生诅咒你。

幼仪

一九二五年初春于柏林

徐志摩读罢来信，心中万分着急。他那可怜的小儿子只有三岁，是他最心爱的孩子（徐志摩唯一的儿子，小名阿欢，长成后名积错）。他没能给他温暖的家庭，如今病危，他自是要去看他的。也好，趁此机会躲避一下北京的舆论，冷静思考一下未来的生路，可谓一举两得。因此，仅仅一瞬间，他便决定立即去欧洲。但临走之前他还要做些什么呢？对！他要去见见陆小曼，还要与王赓深谈一次，让他不要为难陆小曼。

徐志摩敲开了大门，陆小曼从里面走了出来。他们互相对望着，眼睛里都闪动着泪花。许久，徐志摩才关切地问："王赓打你了吗？"

陆小曼微微摇了摇头。

徐志摩如释重负地轻叹一声，说："我准备到欧洲去一趟，来告诉你一声。"

"是躲避冷酷的现实吗？抛下我怎么办？"陆小曼敏感地问。

"不！"徐志摩取出妻子的信递给陆小曼说，"她来信说孩子有病，我想去看看。"

陆小曼迅速读完了来信，赞同地说："你应该去看他，孩子是无罪的。准备什么时候动身？"

"就这几天的事，出国手续办好了就走。"

"好吧，到时我去车站送你。王赓今天就回哈尔滨。"

徐志摩答应着，正欲往里走，见王赓已从屋里走出来。他不顾王赓的冷眼相待，径直走到王赓面前，冷静地说："王先生，我不是来找小曼的，而是想找你深谈一次。你我都是有身份的人，没有必要为这事变成仇敌。"

王赓沉默了片刻，说了声"好吧"，先独自走进了会客室。

徐志摩深情地望了一眼呆立在一旁的陆小曼，然后健步走进会客室，在王赓对面的沙发上坐下，掏出香烟递给王赓一支，各自点燃后，徐志摩平静地说："我知道，小曼是属于你的，我不该与你争夺，因此，我准备到欧洲去，远离小曼，希望你能好好待她，获得她的爱。"

王赓对徐志摩的这一决定似乎很满意，爽快地说："如果你真能断绝与小曼的关系，你们过去的一切，我都会原谅的，我们也还是好朋友。请放心，我王赓绝不是小肚鸡肠的人。"

"但有一点我必须说明。"徐志摩说，"我主动躲避小曼，并不是我不爱小曼，也并不是害怕舆论指责，而是不愿让小曼在风波中生活。我希望，在我出国的这段时间里，你能始终不忘自己是个男人，是她唯一可以依赖的丈夫，用爱心照顾她，获得她的爱。如果我从欧洲回来后，她爱你能够胜过爱我，我会永远离开北京、远离小曼的……"

◎上帝不会拆散相爱的人

徐志摩与张幼仪离了婚，他再在德国住已很无聊。就在这时，他收到了陆小曼打来的电报，说她已病重，要他速回国见上一面。徐志摩收到这封电报后，心中焦急万分，真正是日不能食、夜不能眠，匆匆告别了张幼仪和儿子阿欢，踏上了回国的路程。一路上，他的心中总感到空荡荡的。与张幼仪分手，本是他多年的愿望。但真的摆脱了婚姻的束缚，他又突然感到失去了很多。他虽然不爱张幼仪，但他也并不恨她，这样匆匆离异，将会给他带来什么呢？他不知道，只感到前途渺茫。但一想起陆小曼，他又仿佛看到了一线光明，决心沿着崎岖的爱之路走下去，为自己，也为小曼，他要让爱的鲜花开遍人生之路。

经过了漫长的旅行，徐志摩终于回到了北京。一下火车，便乘出租车直奔陆小曼的家。他猛烈地敲着陆小曼的家门，想不到开门的正是陆小曼。她虽然面容消瘦，但仍亭亭玉立地站在了徐志摩的面前。陆小曼见是远行的徐志摩回来了，激动地扑进徐志摩的怀里，流着泪喃喃道："志摩，你可回来了。你知道吗？前些日子我病重时，真怕见不到你了，所以才打了电报。"

徐志摩也激动地拥紧陆小曼，顿着声说："小曼，你可真把我给吓坏了。你的病好了吗？你让我想得好苦啊！"

"我的病已经痊愈。我们的爱还没有结局，上帝是不会收留我的。"

徐志摩边吻着陆小曼的额头和秀发，边高兴地说："这就好，这就好！上帝是仁慈的，他不会拆散相爱的人。"

陆小曼偎依在徐志摩的怀里，孩子似地撒娇说："我再也不让你远行了，我要你永远待在我身边。你知道吗？没有了你，我的生活是多么寂寞、孤独、痛苦，我不能没有你。"

徐志摩双手捧起陆小曼的脸，笑着说："我不会再离开你了。我还要告诉你，我与张幼仪的婚约已经解除，我已经是个自由的人了。"

"真的吗？"陆小曼有点惊喜地问。

徐志摩肯定地点点头，说："下一步就看你的了。王赓在家吗？我要当面与他谈谈，让他还给你自由。"

"他还能有时间在家？"陆小曼愤愤地说，"他已被大军阀孙传芳请去担任五省联军总司令部的参谋长了。他现在手里掌握着生杀大权，你见到他时可要小心点。"

"为了你，我什么都不怕。你让他回来一趟，我要在饭店里请他吃顿饭，与他彻底谈一次。"

◎ 新婚之夜下堂妻求见

时光如梭，转眼间到了一九二六年夏末。陆小曼摆脱了与王赓的婚姻枷锁之后，于这一年的"鹊桥节"和徐志摩在北海董事会订了婚。紧接着，徐志摩将原来自己住的两间屋改作洞房，并购买了些必备的用品，然后邀请各方名流雅士，亲朋好友，在六国饭店举行了隆重的婚礼，并请业师梁启超证婚。

结婚的当天下午，徐志摩和陆小曼正在新房里应酬来客，徐志摩的一个学生突然走进来，很神秘地递给徐志摩一张纸条。徐志摩展开一看，只见上面写着短短十几个字："志摩：我在春来酒馆等你，请速来。幼仪。"徐志摩读完纸条，心神有些慌乱，他急忙将纸条揉成一团装进衣兜里，匆匆打发走来客，然后对陆小曼说："小曼，你先在家应酬着，我有点急事去去就来。"

陆小曼虽然看出徐志摩的神情有些不对，但没多问，只是怨气十足地说："你要快点回来啊，我可接待不了你那些文友。"

徐志摩心不在焉地答应着，急匆匆走出家门，直奔"春来酒馆"。一进酒馆，他看见张幼仪正独自坐在一张饭桌前愣神儿，便紧三步走过去，亲热地问："幼仪，你来了？"

张幼仪也欠身点点头，请徐志摩在她的对面坐下，然后要了四盘小菜一瓶酒，各自斟了满酒杯，张幼仪举起杯说："志摩，今天是你大喜的日子，让我代表你的父母以及孩子和我本人，向你表示祝贺，咱们一起喝了这杯酒。"

徐志摩本认为张幼仪见了他会大哭大闹，没想到她竟这么平静，对他又是这般客气，搞得他一时不知说什么好。他顺从地举起酒杯一饮而尽，然后深沉地说："幼仪，我对不起你和孩子，你可以恨我、骂我，但不能折磨自己。我听说你从德国回来之后，被我父亲认作干女儿，一直与我父母一起生活，这样下去怎么能长久呢？我劝你趁着年轻，还是再筑爱巢吧！"

"你扯远了。"张幼仪苦笑道，"我的爱心已死，没有热情重建家庭。不过，我也想改变目前的境况，准备去上海创办一个新式的时装公司。不论是成功还是失败，我都要勇敢地走下去，开拓一条新生之路。我已经历了许多，什么都不怕了。"

徐志摩感叹道："我们虽然在一起生活了许多年，但我好像直到今天才真正认识你。你是位非凡的女性，绝不是我印象中的小家碧玉。"

张幼仪莞尔一笑，嘲讽道："那位陆小曼女士的嘴一定很会说吧？要不怎么能把你的嘴训得这么乖巧？"

徐志摩羞愧地苦笑笑，没说什么。

张幼仪从随身带的提包里掏出一个厚厚的红包，放在徐志摩面前说：

"我知道，由于你父母不支持你和陆小曼的结合，经济上没帮助你什么，你一定很为难吧？我把你父亲送给我开办时装公司的钱分一点给你，算我送给你的贺礼吧！"

"不。"徐志摩把红纸包推到张幼仪面前，惭愧地说，"我不能要你的钱。我无力照顾你和孩子就已很愧疚了，怎么能再要你的钱呢？"

张幼仪故作轻蔑地撇撇嘴，说："别在我面前充男子汉了，我们母子不需要你照顾，只要你心里还能记着我们也就够了。这笔钱是我送给你的彩礼，彩礼是不准退的。"

徐志摩见张幼仪一片真情，只好收下钱。但他的心灵深感不安，没想到张幼仪的心地这么好，离了婚还时时惦念着他，这使他感到非常内疚。为寻求自己的幸福而把痛苦强加给张幼仪，未免有点太自私、残酷了。想到此，他深情地注视着张幼仪，愧悔地长长叹了口气……

◎ 两女相遇难为徐志摩

这时，陆小曼气冲冲地闯进来，紧三步走到桌子前，指着张幼仪怪声怪气地说："志摩，这位女士是哪里来的贵客？给我介绍一下好吗？"

徐志摩更尴尬得不知如何是好，张幼仪已镇定自若地站起来，很有礼貌地伸出一只手说："用不着他介绍，我叫张幼仪，你大概对我的名字并不陌生吧？"

陆小曼和张幼仪轻轻握了握手，假装恍然大悟地寒暄道："噢，你就是张太太啊！难怪志摩常在我面前夸奖你，果然气度非凡。"

"过誉了。"张幼仪冷冷地说，"如果我没猜错的话，你就是陆小曼女士吧？"

"对！"陆小曼肯定地点点头，虚情假意地对徐志摩说："志摩，客人大老远地来了，怎么不请回家坐呢？"

徐志摩正欲说什么，张幼仪忙接过话题说："谢谢你的一片盛情，这次就不去了。我只是来向你们贺喜，现在都见着了，也就行了。我该回去了，祝你们幸福。"说完，拎起提包欲走。

徐志摩急忙站起说："我去送你。"

"不用你送，你还是认真当新郎官吧。"张幼仪意味深长地说完，转身走出了饭馆……

陆小曼望着张幼仪远去的背影，妒恨地猛然往地上"呸"一口唾沫，恼怒地瞪着徐志摩说："徐志摩，你今天必须对我讲清楚，你是否还爱着她？如果你仍爱你的前妻，那我就让位。"

徐志摩凝视着陆小曼那张被妒火扭曲的脸，他第一次发现她那娴雅外表的背后所隐含的一丝粗鄙，这使他很失望，好像是从一场没做完的美梦中醒来，怅然若失，内心里只感到隐隐疼痛。他不愿在这个问题上与陆小曼纠结，便站起来，轻叹一声说："人的感情是说不清的，我希望你不要在这个问题上自寻烦恼。走吧，咱们还是回去应酬客人吧！"说完，不管陆小曼走不走，独自朝饭馆外走去。

陆小曼见徐志摩突然间对她如此冷漠，伤心地用手绢捂着脸，失声哭泣起来……

◎婚后为生活南北奔波

新婚之后，为躲避世俗和冷眼，徐志摩与陆小曼离开北平，来到上海定居。尽管婚后的生活也有过男欢女爱的甜蜜，但徐志摩的心中总是不时游过一丝阴影。由于他父母反对这桩婚事，在经济上已断了他的财源，他只好靠教书、译稿挣钱来维持这个家。为此，他不得不利用在上海光华大学授课之余，到南京中央大学兼课，每周三次风尘仆仆地往返于沪宁线上，搞得他疲惫不堪，挤不出半点时间写作。而陆小曼却不体谅他的苦衷，很快便被大上海纸醉金迷的生活吞没了，每日里忙于应酬各种交际，跳舞、看戏、赴宴，花钱如流水。尽管徐志摩拼上命挣钱，仍是入不敷出。徐志摩虽然对陆小曼这种生活方式不满，但出于对她的宠爱，他仍能宽容她。而更让徐志摩不能容忍的是，陆小曼竟然染上了鸦片瘾，无论徐志摩怎么劝说，陆小曼都不肯戒掉。面对着这样一位沉湎于烟枪明灭和灯红酒绿之中的太太，徐志摩的精神彻底崩溃了。在他的心目中，陆小曼不再是女神，而成为一口填不满的陷阱，如果不小心，徐志摩很有可能被那陷阱吞噬。在这种情况下，徐志摩一方面与已在上海云裳公司当上大老板的前妻张幼仪频繁来往，保持着比离异前更亲密的关系；另一方面他不得不听从友人的劝说，只身来到北平，借住好友胡适的家，同时在北京大学和北平女子大学教书。两处每月共有六〇〇元的收入，他却要寄五〇〇元给陆小曼，以应付她的房子、车子、厨子等开支，真是苦不堪言。仅仅几年的时间，他便像换了一个人似的，失去了昔日诗人的潇洒，增添了满眼的忧郁和乌发中揉进的几簇银丝……

徐志摩去北平不久，就听说了不少陆小曼的传言，议论最多的则是她与一位名叫翁瑞午的昆曲小生的暧昧关系。徐志摩对这位翁瑞午并不陌生，他曾将家中收藏的不少鼎彝书画赠与陆小曼，以此博取了陆小曼的欢心。徐志摩曾多次劝陆小曼与翁瑞午保持距离，无奈陆小曼固执己见，仍与翁瑞午频繁来往。为防意外，徐志摩劝陆小曼来北平与他一起生活，想以此减少她与翁瑞午的接触，而陆小曼又以种种借口加以拒绝，这使徐志摩很是苦恼。为此，他尽量挤出时间回上海看望陆小曼，给予她爱和关心。但由于他的收入不允许有这么多的旅费开支，他只好托友人弄些免费的飞机票，乘运送邮件的飞机往返于平沪之间。虽然节省了许多旅费，却非常危险，因为这种飞机安全系数很小，极少有人敢坐。徐志摩顾不了那么多，也不相信厄运会降临到自己的头上。

◎ 翁瑞午介入致鸠巢鸠占

深秋的一天夜晚，徐志摩又从北平回到了上海。当他回到家时，已经是深夜十二点了，家里所有的电灯都已熄灭，看样子陆小曼早已入睡。徐志摩怕惊醒陆小曼，悄悄掏出钥匙打开暗锁，推门走进了卧室。然而，当他打开壁灯时，他惊呆了，他看见陆小曼正与翁瑞午赤裸着身子同枕共眠，气得他差一点昏厥过去。他愤怒地跑进厨房摸起一把菜刀，想去砍翁瑞午。而翁瑞午被惊醒后，见事不妙，早已抱着衣服逃之夭夭了。徐志摩举着菜刀追到门外没追上，他怒声吼道："翁瑞午，你这个坏蛋，我不会轻饶你的。"骂完了，他垂头丧气地走回屋内，将菜刀丢在地上，突兀地坐在沙发上，点燃一支香烟吸着，气得一句话也不说。

陆小曼慌慌张张穿好衣服走下床，像只受惊的小鹿，忐忑不安地站在徐志摩面前，嘴唇动了动似乎想说什么，瞥一眼正猛烈吸烟的徐志摩，话到嘴边又咽了下去。

徐志摩像打量陌生人一样凝视着陆小曼，他简直不敢相信站在他面前的这个女人就是那位气度高雅、曾使他爱得发疯的心中女神。他心目中的陆小曼是夜空中闪烁的明星，是夏季里暴雨后升起的彩虹，是悬崖峭壁上绽放的野花，是世界上所有美的综合、诗的存在，怎会是面前这个混迹于灯红酒绿之中，与人鬼混的女人呢？回想起这些年来与陆小曼在一起生活的情景，他的心中感到有些酸楚。他为她付出了许多，甚至连他写诗的灵感都已枯竭，可换回来的是什么呢？竟是对他的彻底背叛，无情地毁灭了他心中的美丽幻影。感情告诉他，不能允许任何人这样污辱他的灵魂；

而理智却又在提醒他，不论怎样都不能与陆小曼决裂，因为他的心灵已很脆弱，经受不起第二次婚变的沉重打击了。想到此，他竭力让自己平静下来，用比较和缓的口气说："小曼，你坐下，咱们好好谈谈。"

陆小曼迟疑了片刻，顺从地在床沿上坐下，用手摆弄着自己的衣襟，等待着丈夫的训话。

徐志摩平和地说："小曼，我知道你为我受了不少苦，特别是结婚之后，我不能为你建造一个舒适、富裕的家庭，让你失望了，想起来我也很愧疚。你和瑞午的事我也不怪罪你，因为我知道你并不一定爱他，只是耐不住孤寂才这样做罢了。这事都怨我，如果我能天天陪你，也就不会发生这种不愉快的事了。我想，你还是跟着我到北平去吧，那里是我们热恋的地方，我相信咱们重温故土，一定能相爱如初的。小曼，让我们忘掉这些不愉快的事情，重新开始我们的爱情生活，好吗？"

陆小曼见丈夫这样宽容地原谅自己，似乎受了感动，羞愧地跪到徐志摩面前，泣不成声地说："我是一个坏女人，我对不起你，你打我、骂我、杀了我吧！……"

◎天涯海角我也陪伴着你

徐志摩见陆小曼有了悔意，心中感到了一丝慰藉，急忙起身扶起陆小曼，边用手绢替她擦着眼泪，边说："别这样，小曼。我最怕看女人流泪，只要你有勇气改掉恶习，彻底断绝与翁瑞午的关系，你仍是我心中的女神。"

陆小曼止住了哭泣，温情地望着徐志摩，疑惑地问："志摩，你真的原谅我了吗？"

"嗯！"徐志摩用手轻轻抚摸着陆小曼的秀发，肯定地点了点头。

陆小曼感激地扑进徐志摩的怀里，亲吻了一下他的嘴唇，真诚地说："我跟你去北平，以后就是去天涯海角我也陪伴着你。"

天还没亮陆小曼就悄悄起来亲自下厨房，为徐志摩做了一碗荷包蛋，然后叫起徐志摩，逼他吃了，才陪他去机场。当陆小曼看到阴沉沉的天气时，不放心地说："志摩，我看今天天气不好，你还是改日再走吧？"

"我下午还有课，必须赶回去。"徐志摩故作轻松地说，"你放心吧，只要驾驶员敢开，飞机就不会出事的。"

陆小曼知道徐志摩的脾气很固执，劝说也没用，只好叮嘱他路上多加小心，并掏出几张纸币送给徐志摩，关切地说："志摩，回来时别再坐这免费的飞机了，太危险，还是坐火车吧！以后我不再去交际场合，节省下来的钱给你坐车用。"

两天之后（一九三一年十一月二十一日），陆小曼正在家中作画，翁瑞午突然慌慌张张闯进来，火烧火燎般地喊道："小曼！"陆小曼抬头见是翁瑞午，冷冷地说："瑞午，以后你不要再来了，我要好好做人。"

翁瑞午着急地说："小曼，咱们的事以后再说，我是来告诉你徐志摩出事了。"

陆小曼惊疑地盯着翁瑞午，急切地问："快说，出什么事了？"

翁瑞午支吾道："他……他乘坐的飞机在济南附近遇雾失事，他也遇难了。"

"啊！"陆小曼像被人当头打了一棒，丢下手里的画笔，呆痴了一般喃喃道："不可能，不可能，他刚才离开我两天，怎么会……"

翁瑞午把手里的一张《上海新闻报》递给陆小曼，说："你看，报上已登出来了。"

陆小曼接过报纸匆匆一阅，确信这消息是准确的，便瘫坐在画案前，昏厥过去……

◎两个未亡人为徐志摩送终

数日后，徐志摩的遗体在他的亲属及生前好友、学生的护送下，用火车运往上海，安放在万国殡仪馆，准备举行隆重的葬礼。就在徐志摩的遗体安放在殡仪馆的当天晚上，陆小曼正跪在棺前悲痛欲绝地哭着，张幼仪也领着阿欢哀嚎着闯了进来，双双跪在棺前，哭得死去活来。最后，在徐志摩的许多好友劝说下，张幼仪才止住哭声，她走到陆小曼的面前，一把拉起跪着的陆小曼，拼命摇晃着，声嘶力竭地哭喊道："陆小曼，你这个女妖精，是你害死了志摩。你只顾自己享乐，不顾志摩死活，逼得他四处奔波，挣钱供你享乐。他是为了节省钱给你才坐这种免费的飞机的呀！你是条毒蛇，上帝会惩罚你的。"

陆小曼像僵死了一般，泪眼盈盈，任凭张幼仪怎样骂她、摇晃她，她都不吱声，好像已没有了知觉。直到周围的人将她们拉开，陆小曼才凄哀地说："志摩是我害死的，我的罪孽深重，就是用生命抵偿，也难赎我的罪。现在你来了，咱们还是不要争吵，商量一下怎样料理志摩的后事吧！志摩清苦一生，临死还穿着一身旧衣衫，在济南装殓时也无人给更换。我想打开棺，重新装殓，让他在阴间也能做个体面的鬼魂。"

"不行！"张幼仪态度强硬地说，"志摩活着时被你搞得满城风雨，不得安宁，如今谁也不准再惊动他的尸魂，就让他安安静静地离我们去吧！"（编者按：张幼仪后在香港再嫁苏姓医生，医生死后移民美国依独子徐积锴而居，于一九八九年元月二十一日病逝纽约，终年八十八岁。）

陆小曼见没有商量的余地，也就不再坚持。她无可奈何地叹着气，喃喃道："只可怜志摩死了也不得一件好衣服穿！"

徐志摩的葬礼结束之后，他的遗体被安葬在他的故乡——浙江硖石东山万石窝。而陆小曼从此像换了一个人，心灰意冷，不再涉足任何社交场合，几乎与世隔绝了。她每日摘一束徐志摩生前喜爱的花儿放在他的遗像前，然后便坐下来，流着泪整理徐志摩的遗作，再也不考虑嫁人了，只是翁瑞午有时还来陪伴她。后来，她听说前夫王赓病逝于美国（王赓一九四二年四月逝于赴美途中）。虽然她不爱他，但毕竟夫妻一场，况且她自知有愧于他，得知了王赓的死讯，她的精神更加崩溃了，可以说是万念皆灰，几乎连生的欲望都没有了。

人世沧桑，徐志摩离开人世，陆小曼不顾徐家的冷眼和蔑视，千里迢迢来到硖石为丈夫上坟。当她看到那已被枯草覆盖了的坟墓时，她的心都快要碎了。她流着泪拔去坟上的草，然后跪在坟前失声痛哭一场，回到徐家写下了一首凄哀的诗：

> 肠断人琴感未消，
> 此心久已寄云峤。
> 来年更识荒寒味，
> 写到湖山总寂寥。

从此，陆小曼孤零零一个人煎熬着时光，用眼泪陪伴着徐志摩的遗像，度过了漫长的岁月。一九六五年四月三日，她满怀着对徐志摩的悠悠怀念之情，含泪离别了人世……

《传记文学》第五十七卷　第五期

2. 徐志摩先生轶事

（蒋复璁）

　　浙江省海宁县最热闹的镇硖石西山惠力寺，过桥对面有一家宜园茶馆。硖石的绅、商、学界，早晨六时起来，共聚的一个茶馆，实在是硖石一个公众俱乐部。有的洗脸漱口，也在那里解决。我每从外边回家，第二天早晨必到宜园，人人如此。在宜园除了品茗，还可以吃点心，可以从面馆叫面来吃，我总吃虾仁拌面，百吃不厌，好像别的地方没有吃拌面的；并且日子久了，各人有各人的座位，我是外来的，就不拘了。东家长，西家短，好久下去，到了宜园，一切都知道了。志摩的尊人申如七叔，他是常客，也可说是硖石的领袖——硖石商会会长。志摩从幼年起，他作的作文，申如七叔常常带到宜园来传阅，所以硖石人的心目中知道申如七叔有个杰出的儿子——徐章垿，志摩的原名。

　　下午两三点钟到宜园去吃晚茶，晚茶的客与早晨不同，也有下围棋的。晚茶也可以叫点心，我吃的是烧卖。我偶一为之，很少去吃晚茶的。但是宜园有一好处，吃了早晚茶，人都见到了，免得一家一家去拜望，所以我每次回家，早晚去吃一次茶，借此去与熟人碰碰头。外边来个朋友，也带到宜园去。胡适之先生为了志摩的婚事也曾到硖石向徐老太爷进言，住了两天，申如七叔也带胡先生到宜园去吃过茶。他送了一副对子，写的是"一间东倒西歪屋，几个南腔北调人"。据说是汪容甫题赠家乡一茶馆，胡先生用来送宜园，这副对子的下落，我就不知道了。

下午五六点钟，吃完晚茶回家，在通津桥拐弯入吴家廊下，拐角上是宝和新酒馆，六点左右，徐蓉初先生风雨无阻坐在酒馆柜外高凳上。他是志摩的大伯，与小桐溪吴氏为至亲，吴氏自吴槎客先生筑拜经楼藏书，与黄丕烈、陈简庄同时，以校雠著称。其子寿阳（字虞臣）及其孙之淳（字鲈乡），三世藏书，均富著述，与吾家别下斋颇有往还。吴氏藏书于洪杨后散佚，最后所余，闻均为蓉初先生所得。但是他秘不示人，我询之志摩，他也没有看见。我每次回家，在宝和新酒馆见到，必定要立谈多时，他懂古董。有时我与先生等到宝和新斜对面的天乐园去吃晚饭，从宝和新叫酒及两三样酒菜，天乐园的豆腐羹真是美极，百吃不厌。家乡对人的吸引力就是吃食，因此中国餐馆享誉世界，并不是偶然的。

硖石蒋、徐两姓是镇上两大家族，我们与徐家有两重亲，所以徐志摩于杭州第一中学毕业后，先在天津，后又考入北京大学预科时，在北京就借住在我百里先叔家，百里先叔是梁任公（启超）的弟子，所来往的如张君劢、张公权昆仲都与梁任公有师友的关系。志摩的尊人徐申如先生因百里先叔及经济商业的关系，认识了张公权这家人，申如七叔因此也结成了徐、张的婚姻。张幼仪嫁到徐家，只有十六岁，志摩年二十，伉俪情笃。志摩于民国七年（一九一八）赴美留学，做了梁任公的拜门学生，初在克拉克大学习银行及社会学，毕业后，进哥伦比亚大学习政治学。民国九年（一九二〇）由美转英，初进伦敦大学。其尊人徇其请，送其夫人张幼仪女士赴欧，一块留学。申如七叔初希志摩读政治经济，以便经商致富，飞黄腾达，故志摩到英，初进伦敦大学政治经济学院。其后思想大变，爱好文学。其时，梁任公的政治伙伴林长民（字宗孟）及其女公子林徽因亦在伦敦。林宗孟与志摩颇为相得，时相往还，志摩实心恋徽因，然年龄及父执的地位，不敢出诸于口。志摩改习文学后，又转学牛津大学，于是徐、张婚姻，乃告破裂。民国十一年（一九二二）志摩向幼仪提出离婚，但幼仪被志摩双亲认为寄女。其时张君劢居住在德国，幼仪乃依兄在德，研习教育〔据说幼仪后来于民国廿六年（一九三七）曾在硖石筹建中小学各一所，正在动工期间毁于抗战炮火中了〕。民国十一年林徽因回国，志摩也就回国。

蒋家徐家虽属至亲，但是我和志摩的关系，却与亲无关。前清宣统二年（一九一〇），他在杭州府中学读书，我在钱塘高等小学堂读书，杭州故知府林迪臣对于杭州兴学有功，所以他的诞辰，杭州全城学校统统放假，都到孤山他的墓上凭吊，我在那里认识了志摩。民国五年（一九一六），志摩到天津北洋大学预科读书，我在天津德华中学读书，海宁同乡，他也是长兄迈伦的朋友。我的次兄公谷的老师沈修先生与次兄及一孙君在天津三不管创设益世医院。志摩以同乡的关系常来益世医院闲谈，我与他又碰头了，于是在益世医院相见之外，不是我到西沽去看他，就是他到德国租界来看我，有时一同去游俄国花园，这是天津从前风景最美的地方。那时别无消遣，只有看戏，所以星期天就同去看戏。民国六年（一九一七）下半年，北洋大学的法科取消，并入北大，他又到北京进北大法科学政治。我也考入北大文预科德文班。我们因班科不同，各有各的同学，所以不大碰头。他那时喜欢听戏，有时也在小报上谈戏。我偶尔去看他，他把戏评给我看，大家谈的也是戏。北京戏甲天下，戏是北京人的共同嗜好，所以大家能谈。此后他去美国、英国，我们彼此都没有通信。民国十二年（一九二三），他回国返硖石，我们又见到了；百里叔也回家过年，志摩住在东山三不朽祠。我们一起玩了半个月。百里叔于欧战后，随同梁任公先生访欧，协助巴黎和会，同行有丁文江、张君劢、刘子楷诸君，归途带回一万余册英、法、德文书，本想办一读书俱乐部，附设在欧美同学会，供众阅览。百里叔要我去帮写目片，主事者是一北大同学陈君。后来因蔡松坡将军病故，在上海纪念蔡将军的松社停办，其中附设的松坡图书馆的全部藏书北迁，于是由梁任公先生主持，在北平石虎七号设立松坡图书馆第一馆，将原拟办读书俱乐部一万余册西文书全部移入，又从天津梁宅运来任公先生所藏日文及西文书一并储存编目。其从上海运来之中文书，即松坡将军故后，北京政府为纪念蔡将军而购有杨守敬观海堂藏书，北京政府国务院扣留了一部分图书，一部交付松社之松坡图书馆，松社同仁固不知已被扣留一部，以为观海堂藏书为松馆所得也。首都革命，黄郛摄政内阁徇故宫博物院之请，将旧国务院扣留之观海堂藏书全部拨交故宫博物院图书馆，今日台北"故宫博物院"图书馆自大陆运来图书中有观海堂藏书即旧国务院扣留之书也。其松坡图书馆所藏者，运至北平后，存于北海映雪堂，为松坡图书馆第二馆，内有任公先生办公室。当时梁任公公子思成和林徽因在此谈恋爱，这是志摩所不知道的。主事者陈君南归，百里叔因为我帮过忙，所以叫我继任，我将松坡图书馆办成，我也成为图书馆"专家"了。志摩也住在松坡图书馆，当时请他帮忙写英文信，与国外联系，所以我与志摩同住松馆，朝夕相见。于是他在北大教书，主编《晨报副刊》。他在北平写的文章，大多在松馆写成。

梁任公先生与蔡孑民（元培）先生及汪伯唐先生为介绍新知，邀请欧美学者来华讲学，有讲学社的组织，担任总干事的是先叔百里先生。美国哥大教授杜威博士是胡适之先生初由北大请来，在北大讲学。后来由讲学社邀请，在全国各大城市讲学。除在东南大学另有翻译外，全部由胡先生翻译。第二位请的是英国罗素博士，由赵元任先生担任翻译。第三位是印度诗人泰戈尔，由徐志摩翻译。民国十四年（一九二五），泰戈尔由华经日本返印，志摩送至东京，实则是送林徽因，因为任公之子梁思成遭受车祸，梁林两家因门当户对促成了婚姻。梁林的恋爱，志摩却完全不知，此时甚为痛苦，有以身殉情之意。据说，泰戈尔为爱护志摩，曾暗中劝徽因嫁予志摩不果。志摩失恋，惘惘回北平。在民国十三年（一九二四）时，北京的欧美留学生及一部分文教人士，每月有一聚餐会，我因为志摩的关系，也参加了这一个聚餐会。泰戈尔来华后，聚餐会更多了，所以即将聚餐扩大为固定的新月社。每人每月缴费五元银洋，租了一所房屋，志摩迁入主持，参加的人都带太太，时值男女社交公开，故请徽因女士参加，凌叔华、陆小曼及其他女士就此参加了。每个月还举行同乐会，李济之弹过古琴，我与陆小曼也唱过昆曲，这个新月社直到以后志摩和小曼结婚南下也就无形解散了。至于后来在上海有新月书店的组织，则是另一件事了。陆小曼是一独养女儿，父亲有钱、有地位。她英文好，中文也不差，有音乐才能，能弹钢琴、能唱京戏及昆曲。先与王赓结婚，王赓字受庆，江苏无锡人。在清华毕业后，留学美国，在西点陆军学校毕业，回国后，曾任哈尔滨警局局长，郎才女貌，在北京社交界是令人艳羡的一对。因为陆小曼参加新月社，自然和志摩很熟，当时志摩恋林失败，正在此时，小曼予志摩照顾周至，饮食与衣物，日常送赠，我那时几乎每日必往志摩处，颇觉这位王太太对志摩的照顾有逾友谊。故我这年回家，在上海见到王受庆，此时他由百里叔介绍给孙传芳，正往来沪杭，向国外购买军火。我责以既常年独居南方，留太太小曼在北方，实非办法。于是同游南京路先施公司，他购一礼物，为一瓷制孩童托我带交太太，并与小曼通信，商定接往上海。志摩自印度回国，就住在上海新新旅馆，接到两信，一为凌叔华，一为陆小曼。晨间申如七叔往看志摩，王受庆亦同时往候。志摩深知其父喜欢凌叔华，希望志摩与叔华联姻，故见申如七叔到来，即说：叔华有信。在枕边取信交与父阅，王受庆跟着同看，志摩看受庆脸色大变，于是在枕边一看，叔华的信仍在，他给父亲看的是小曼的信，他知闯了祸了，因为小曼写得情意绵绵，无怪王受庆脸色变了，赶快起来，将叔华的来信送与父亲，将小曼的信取回，王受庆信已看完，出门走了。数日后，小曼到了上海，住在百里先叔家，夫妇见面，王受庆将其妻与志摩通信事，面予责询，双方各不相让，大吵一场，卒致离婚。我劝王受庆接太太，用意在调虎离山，庶志摩与王太太减少往还，结果变成离婚，实在出人意料。小曼与王受庆离婚后，回到北平，打电话给志摩，其时我与北大教授张慰慈、张韵海都在志摩处闲话。小曼与志摩通电话时，并询尚有何人同在，可同至其家茶叙。志摩约吾等同往。志摩与小曼来往时，韵海亦与往还，故张慰慈、张韵海与志摩同往，我没有同去。自此之后，志摩与小曼的关系，急转直下，不久就结婚了。志摩与小曼结婚南下，我与张慰慈同往送行。送后同车进城。车中我向张慰慈询问，志摩与小曼关系本属普通友谊，据我观察，似乎那天尔等同往探望，才急转直下，此日茶叙，情形若何，乞以见告！据张慰慈说，彼等到陆家后，张韵海先对小曼说："你离婚了，你自由了。"小曼回答说："我要结婚的。"此书表示，她要结婚，她不能随便交朋友。于是张韵海就不常到小曼处了，而志摩就在林徽因到美国后，跌进陆小曼这个漩涡了。志摩对我亲口说看信这一件事是阴错阳差，他总认为王受庆与小曼离婚是因他而起，自有责任，这就是志摩一生忠厚处。在我认识人中，志摩是最了不起的忠厚君子！

志摩与小曼在北海董事会结婚，由梁任公先生证婚，结婚第二天，向任公先生辞行，任公恳切训诫，志摩力矢回家事亲，好好做人。讵知志摩夫妇回家，申如七叔夫妇率同幼仪及阿欢至平租屋长住，并且断绝了志摩经济的支援，志摩与小曼在不得已的情形下，借钱返沪，教书生活。小曼因失望而消极，结果吸食鸦片。我暑假南归，志摩在沪亲对我言，其父不予小曼机会为善，致此结果。然志摩在表面上仍和顺孝敬，陪我至申如七叔处午餐，内心则甚苦痛也。

志摩乘飞机回沪，为探小曼之病，匆促返平，为要听徽因在协和学校之讲演。其南下最真实之原因，则陈小蝶欲购百里叔在上海国富门路之房屋，志摩想赚点佣金以济家用，诚可怜也！

志摩故后，灵柩运返硖石开吊，我适自德回国。小曼及许多朋友自南京及上海赶到硖石吊祭。申如七叔对我说，他要避开，要我代表他接待宾客，长者命，不能辞，我只有遵办。小曼由女眷接待，我没有跟她谈话。宾客有杨杏佛、张慰慈、谢寿康、唐英女士等十余人，其他我记不得了。志摩对朋友，个个都好，他有股热力吸引人，叫人感动，永不能忘。十九年（一九三〇）我出国，限于经费，不能成行，他到处为我奔走设法，虽然没有成功，他的热心，到今天我还是感激的。志摩写信给我，叫我睁开眼睛看，好像用手张开我的眼睛，我尽我力，一生遵从了他的指导。

《传记文学》第五十四卷　第六期

3. 从蒋复璁之逝谈到徐志摩的感情世界

（赵家铭）

曾任台北"故宫博物院"院长的宋史学者蒋复璁（字慰堂）先生，最近以九三高龄（一八九八—一九九〇）逝世于台北。慰堂先生浙江海宁硖石人，早岁留德，为兵学家蒋百里之从侄。蒋百里与梁启超于民国十三年（一九二四）筹设松坡图书馆于北京，任慰堂为编辑，助理其事，是其与图书馆工作发生渊源之始，此后六十年未曾离开图书文物工作岗位，真可谓从一而终。

慰堂先生生前最喜欢谈起的，也是与他关系最密切的三个人，除了蒋百里、梁启超外，另一人是徐志摩。梁启超、蒋百里是师生关系，蒋徐两家是至亲，慰堂称徐志摩父亲为"申如七叔"。徐志摩短短的一生（一八九六—一九三一）慰堂先生了如指掌，到他九十高龄时还津津乐道。不过，慰堂先生是谦谦君子，又笃信天主，对志摩私生活往往点到为止，为亲者讳、为贤者讳，讲出来的与写出来的，不及事实的十分之一。今慰堂先生不幸辞世，此实为研究徐志摩者及新文学史料者最大而不可弥补之损失。

关于诗人徐志摩，慰堂先生欲言又止者，多与志摩一生中所结识的四个女性有关，四位女士是张幼仪、凌叔华、林徽因、陆小曼（张于去岁、凌于今岁去世，均享高龄）。

张幼仪（一九〇一——一九八九），是徐志摩的原配，江苏宝山望族，张君劢与张公权胞妹。见于慰堂文字者有："徐志摩于杭州第一中学毕业后，在北京借住在我百里先叔家，百里先叔是梁任公（启超）的弟子，所来往的如张君劢、张公权昆仲都与梁任公有师友的关系。志摩的尊人（徐申如）因百里先叔及经济商业的关系，认识了张公权这家人，申如七叔因此也结成了徐张这门亲事。张幼仪嫁到徐家，只有十六岁，志摩年二十，伉俪情笃。""民国十一年志摩向幼仪提出离婚，但幼仪被志摩双亲认为寄女。"

张幼仪一九五三年再嫁香港苏医生，苏一九七六年逝世后，幼仪乃移民美国依独子徐积锴，以迄逝世。

林徽因（一九〇四——一九五五），福建闽侯人，为曾任司法总长林长民之女公子。志摩与她父女的关系见于慰堂文字者："志摩到英，初进伦敦大学政治经济学院。其后思想大变，爱好文学。其时，梁任公的政治伙伴林长民（字宗孟）及其女公子林徽因亦在伦敦。林宗孟与志摩颇为相得，时相往还，志摩实心恋徽因，然年龄及父执的地位，不敢出诸于口。""志摩改习文学后，又转学牛津大学，于是徐、张婚姻，乃告破裂。""民国十四年，泰戈尔由华经日本返印，志摩送至东京，实则是送林徽因，因为任公之子梁思成遭受车祸，梁林两家因门当户对促成了婚姻。梁林的恋爱，志摩却完全不知，此时甚为痛苦，有以身殉情之意。据说，泰戈尔为爱护志摩，曾暗中劝徽因嫁予志摩不果。志摩失恋，惘惘回北平。"（另关志昌先生《林徽因小传》有云："十年初，林氏父女结识在剑桥大学之徐志摩，是年林长民四十五，徐志摩二十六，林徽因十八。林长民、徐志摩成为忘年交，徐志摩、林徽因因日久生情，为林长民察觉，以徐志摩使君有妇，且有一子，畸恋难结爱果……林长民携女离欧归国，以隔绝两人之来往。"）林徽因后留美学建筑，嫁梁启超子梁思成，思成亦习建筑，后成建筑名家。一九三一年徐志摩在济南飞机遇难身亡后，"梁思成从济南回北京，捡了志摩乘的飞机残骸木板一块，林徽因挂在居中作为纪念品，直到一九五五年四月一日林死去为止"（见陈从周《记徐志摩》）。"林徽因至北平北海参加志摩追悼会时，全身素服，左右有两名健妇搀扶，这希腊雕刻型的美妇人，哭得成了个泪人儿，直往地下倒去，乱碰乱撞，恨不得立刻死了就好的。"（程靖宇《诗人最多未亡人》）

凌叔华（一九〇〇——一九九〇），广东番禺人。生于北京，死于北京，大半生在英伦。为二十年代新文学女作家，嫁予与鲁迅打笔仗的陈源（字通伯，著有《西滢闲话》）教授。见于蒋慰堂文中者有："志摩自印度回国，就住在上海新新旅馆，接到两信，一为凌叔华，一为陆小曼。晨间申如七叔往看志摩，王受庆（名赓，时陆小曼丈夫）亦同时往候。志摩深知其父喜欢凌叔华，希望志摩与叔华联姻，故见申如七叔到来，即说：叔华有信。在枕边取信交与父阅，王受庆跟着同看，志摩看王受庆脸色大变，于是在枕边一看，叔华的信仍在，他给父亲看的是小曼的信，他知闯了祸了，因为小曼写得情意绵绵，无怪王受庆脸色变了，赶快起来，将叔华的来信送与父亲，将小曼的信取回，王受庆信已看完，出门走了。数日后，小曼到了上海，住在百里先叔家，夫妇见面，王受庆将其妻与志摩通信事，面予责询，双方各不相让，大吵一场，卒致离婚。慰堂写凌叔华与志摩仅有这一件关键性的事情，因叔华寿长，且曾来台湾领取丈夫的退休金（或抚恤金），同时参加过台北"故宫博物院"会议，与慰堂颇多来往，故慰堂笔下尤有所顾虑。

凌叔华与徐志摩的交往是最缺乏史料的，不像与林徽因、陆小曼那么哄动，那么引人入胜，原因之一是志摩早死，叔华不久即嫁陈通伯；二是志摩许多日记信函（包括凌与志摩、林徽因与志摩、陆小曼婚前与志摩来往的信件）一九二五年去欧时，交凌叔华保管，志摩自谓是"八宝箱"（又自称"文字因缘箱"），叔华不但全部检视过，而且始终不肯拿出来（也许部分被销毁了）。志摩死后，胡适知道此事，一再破除情面追讨，她才将"半册"志摩的日记送给林徽因。胡适对此甚为不满，曾继续追讨，并用很重的词句写信给凌叔华说："你藏有此两册日记，一般朋友都知道。我是知道的，〔叶〕公超与〔陶〕孟和夫妇皆知道，徽因是你亲自告诉她的"，最后更不客气地说"请你把那两册日记交给我，我把这几册（究竟几册胡也不确知）英文日记全付打字人打成三个副本，将来我可以把一份全的留给你做传记的材料"。胡适的追讨显然没有结果，所以他为志摩写传记、编年谱的宏愿也因此搁置；三十年后梁实秋想编志摩全集，胡适曾重提这一段故事，而意兴阑珊了。

世间事往往阴错阳差，志摩一生中所结识的四个女性，张幼仪系奉父亲之命而结合，林徽因相见恨晚是一厢情愿的爱情，陆小曼则是趁虚而入地造成事实的夫妻。仅有凌叔华本最有资格做徐家的媳妇与志摩的妻子。蒋慰堂在《徐志摩先生轶事》一文中曾指出"志摩深知其父喜欢凌叔华，希望志摩与叔华联姻"，这句话包含很多意思：一、志摩父亲申如老先生虽然固执但并不反对志摩休妻再娶；二、叔华与志摩交往已深，为乃父所承认；三、叔华此时非但未嫁且视志摩为唯一男友；四、申如老先生坚决反对者仅为陆小曼其人。结果志摩偏偏要娶陆小曼，悲剧由此形成。有人说志摩不娶陆小曼也不会乘飞机摔死，这当然是假设的话。但志摩不娶陆小曼，家庭不会对他断绝经济关系，害得他到处兼课赚钱供小曼挥霍，志摩死前之到上海，据慰堂说，是为蒋百里在上海的房子买卖做掮客，目的在赚取一笔不小的佣金给小曼，时也命也，岂不悲哉！

还有一件事证明志摩与凌叔华"交非泛泛"，即志摩死后，徐申如老先生要叔华为志摩写墓碑，而且非常坚持，叔华并非书法名家，徐老先生的用意可知（最后因凌叔华拒写，乃由书法家张宗祥书"诗人徐志摩之墓"七个大字）。叔华曾为此事就商于胡适，她给胡适的信说："现在有一件事同你商量：志摩墓碑题字，申如伯曾来信叫我写，好久未敢下笔。去夏他托吴其昌催我，我至今还未写。因为我听了几个朋友批评所选'往高处走'之句不算志摩的好句。""我想了差不多一年，总想写信同你商量商量，请你另找两句，至今方有暇落笔。写倒是不成问题的，当然如果你们（主张请凌写墓碑似不止徐父一人）可以另找一个人写，我也很愿意奉让，因为我始终都未觉得我的字配刻在石上。"

关于陆小曼（一九〇三——一九六五）与徐志摩的故事，坊间成本大套的书很多，此处不拟再多占篇幅。最近听说台北将编演《徐志摩与陆小曼》电视连续剧上演，更将是家喻户晓的才子佳人故事了。如果蒋慰堂先生仍在，必可在内容上多所订正与补充，希望不至于把一个不世出的大诗人演成电视剧里的小丑。

蒋慰堂先生生前曾热心志摩的传记，同时也慨叹"传记难为"，为此他曾与志摩好友梁实秋教授及志摩前妻张幼仪女士及独子徐积锴先生合作，就已有的或可能找到的文字资料，编了一部《徐志摩全集》（共六册），这也算对得起死友徐志摩了。

最近看到一篇在大陆上发表的《陆小曼与王赓、徐志摩、翁瑞午》的文章，其中情节虽嫌小说化，因而不免失之于夸张，但主要内容与慰堂先生生前所述志摩与小曼间故事甚为相近，即志摩之施于王赓者，翁瑞午又施之于志摩。特建议《传记文学》予以转载。现引慰堂先生在《徐志摩小传》中一段有感慨，也有论定的话，作为本文的结束：

"志摩之为人也。略无城府，人无贤愚，一视同仁，若不知人间有险恶与可惜可惧者。……志摩重情感，往往不问是非，不计利害，惟以一念真诚，追求神圣之理想世界，因是遂以偶然之误会，致演王陆之婚变；又因其秉性忠厚，抱伯仁由我之歉情，乃于民国十五年与陆小曼女士结婚于北平，失双亲之欢，却师友之劝，其一意孤行，有若其离婚时也。"

　　　　　　　　　　　　《传记文学》第五十七卷　第五期

4. 徐志摩与泰戈尔访华韵事

（杨允元）

临流可奈清癯，第四桥边，呼棹过环碧；

此意平生飞动，海棠影下，吹笛到天明。

这首联语是关于诗人徐志摩的一段纪事，据说他陪印度诗人泰戈尔畅游西湖，一时诗兴大发，竟然在一处海棠花底下作诗游宵。梁任公事后就集宋人吴梦窗、姜白石的词作这么一首联语，写赠给他。他原是任公的得意弟子，旷代的诗人硕学，一时的雅兴豪情，如今都已经成为陈迹了。

泰戈尔在华讲学与游览，是在民国十三年（一九二四）四五月之间。当年的徐志摩正是一位二十七八岁的翩翩公子，新由英伦归国，风流倜傥，十分活跃，以一个兼通中西文学的新诗人的姿态，为一个兼用孟加拉语与英文写作的印度诗人做译人，自然是最理想的人选，正如胡适之与赵元任先生就在此不久以前为杜威与罗素在华讲学时做译人一样。事实上徐志摩是为泰戈尔做译人而又兼做导游，自泰戈尔到华之日起到离华之日止，就是从民国十三年四月十二日到五月二十九日，他一直陪同泰戈尔，在南北各地游览与做翻译。这种招待外宾为时达四十八日之久的游历，自然不是今日旋风式的旅行所能比美。回顾当年那种闲情逸致，真够使人玩味。

泰戈尔到沪之日，徐氏是代表北方学界去欢迎他的。自当天泰氏在上海张君劢氏寓邸举行欢迎会上的第一篇讲演起，他开始担承了翻译的任务。然后陪同泰氏自上海到杭州，再到南京，泰氏在各地都有讲演，主要的对象是学界。接着泰氏一行沿津浦路北上，经过济南时也曾讲演一次。泰氏是接受当时的北京各大学学术讲演之邀请而来，他讲学的主要地点也是北京。但他自四月二十三日到北京，一住将近弥月，先后在北京学界欢迎大会，几个大学学院，以至最后的欢送会，讲演了好几次。五月二十日他离开北京到太原，勾留两日，然后沿京汉路南下，二十五日过汉口，再乘船东向。五月二十九日离开上海，离华告别。在上海仍然聚会于上海张氏花园，泰氏发表他的最后一次讲演。泰氏留华期间，也曾在上海对日本侨团与在北京对英美侨民联合会讲演。此外与泰氏同行的印度画家，也曾在北大讲印度艺术，由胡适之亲自翻译。泰氏的同行人员，还曾由考古学家李济陪同游览洛阳龙门与白马寺等佛迹。至于泰氏对国人的讲演或谈话全是由徐志摩翻译的。

在这些讲演词中，有几篇是比较重要的。如《中国与世界文明》《文明与进步》《自我介绍》《印度国际大学》《真理》等篇。当时各地报纸的记载，似乎都很简略。泰氏归国以后，就把他在华的英文讲演词编为《在华谈话集》（*Talks in China*），卷首是梁任公的"序言"，实际上就是一篇欢迎词。任公根据他的研究所得，畅谈古代中印关系，如数家珍，曾给当日贵宾以极为深切的印象。这个谈话集是一九二五年二月就是泰氏自华返国的第二年初，在印度加尔各答出版的。扉页上写着：

感谢我友徐志摩的介绍，得与伟大的中国人民相见，谨以此书为献。

关于徐氏陪同泰戈尔自南到北又自北到南的游程，笔者无从找到徐氏的亲笔记述。有一位作家曾应徐氏之邀，与泰氏一行由汉口坐船到上海，他曾记述泰氏的这一段行程。他说他们在长江船上一同赏月，泰戈尔有时朗诵或解释他的诗篇，有时为他们用印度文题写扉页。泰氏黎明即起，旅行期间照常写作，每天还有定时的静默与散步。泰氏说，他认为文艺当从沉思中得来，能沉默是东方民族的大优点。这位作家也记述他对泰戈尔的印象说：

"我觉得太翁的体态表情，是画、是雕塑。他那魁梧的体格，他那清秀而又和蔼的面庞，他那银丝飘飘的须发，与那印度式的长衫相节奏，真是人间最美丽的塑像……他谈话就像诵诗，他演说就好像从百丈悬崖泻下来的瀑布。"

大概泰戈尔的美髯，当时也受到国人的赞美。他在他的《自我介绍》中幽默地说："我听到你们说，你们相信我是诗人，因为我有一撮美丽的白须，我也觉得开心。"接着他却严肃地说："然而我要你们能体认我的发自诗歌之声，我的虚荣才能满足。"

此番以诗人传译诗人，诚然是文坛佳话，其次是泰戈尔在杭州会见了散原诗人陈三立，陈氏当时已是七十多岁的高龄，泰氏与他握手言欢，觉得很感动。他还在清故宫会见了郑孝胥。散原诗人与郑氏是晚清同光诗人在那时候仅存的硕果，以诗人说，郑氏是无可厚非的。泰氏在北京时，文化界人士还曾一度与他聚会于骚人墨客们常聚集的法源寺的丁香花林。这些都算是为印度大诗人访华之行平添无限诗意。

在这四十八天里，印中两大诗人舟车南北，几乎形影相随，随行的印度朋友们记述他们老少两人，志趣相投，诙谐百出，他们以诗情与意气结成了忘年的知心朋友。泰氏归国以后，徐志摩立即与梁任公、胡适之在北京组成了新月诗社。（泰戈尔有《新月诗集》）而泰氏与徐书札往返，一直到民国二十年（一九三一）徐氏因飞机失事丧生为止。

◎诗人在华庆寿

再说到泰氏访华时与我国文化界交往的情形。泰氏与国人的接触可以回溯到他的名著《吉檀迦利》（献颂之歌）的诗篇在一九一三年获得诺贝尔奖金之后，有中国学者（这位中国学者可能是许地山）打算翻译《吉檀迦利》和他通信。一九二一年泰氏的国际大学邀请了一位法国兼通梵汉的学者雷锐开设汉学讲座。可见泰氏很早就注意到中国文化的研究。民国十二年(一九二三)中译泰戈尔的《新月诗集》出版，民国十三年（一九二四）泰氏接到北京大学界的邀请。

泰氏接到邀请后，似乎要为他所创立到此时还不过三年的国际大学做一点宣扬功夫，他刚好获得一位印度资本家比尔拉捐助旅费，就组成了他的大学访问团，邀约了下面的同行人员，国大教授梵文学者沈谟汉，国大艺术学院院长、现代孟加拉画派大画家南达拉波斯，国大乡村建设指导英人爱尔姆赫斯特，这位先生也就是访问团的秘书，还有加尔各答史学教授纳格，再加上一位美籍社会工作者格莉恩女士，一行六人，因此诗人与随行人员的阵容，拥有印度文学艺术与历史的专家。显然他们也有意对当日中国的政治文化艺术各方面做一次全盘的考察。

至于主人方面，北京学术文化界人士与泰氏交接的可真不少，就其中主要的知名人士说，有梁任公、蔡元培、胡适、蒋梦麟、梁漱溟、辜鸿铭、熊希龄、范源濂、张君劢等。

泰氏抵达北京车站时，受到中国特有的爆仗的欢迎。在北京各界的欢迎会上，梁任公致辞，历举从东汉到唐代贞元约略八百年之间，多少印度学者到中国来；从西晋到唐，多少中国僧徒到印度去。因此这八百年间，中印两民族是亲爱如兄弟的。他又列举中国文化在许多方面受惠于印度之处。他提到今日印度之有甘地和泰戈尔，表明印度仍能保持它的文化精神。最后他从中国佛教史的观点说，今日北京欢迎泰戈尔，正如千年前庐山人民欢迎真谛一样，而泰戈尔对我们的重要性，就像佛陀传记（《佛所行赞》）的作者马鸣一样。我们希望他对中国的影响，将可以比美于鸠摩罗什与真谛。

五月八日是泰戈尔的诞辰，这一年泰氏的六十四岁诞辰就在北京度过。而当年我国的学术界人士也就让这位大诗人在中国古都度过了一个不平凡的诞辰。那天北京学术界正式为他祝寿以前，同行的印度人员先有一项私庆，梵文大师献了一首梵文偈，历史学者献了一首诗，画家献了一张画，都可以说是很有意思的。

北京的泰戈尔祝寿会由胡适主持，中国的寿礼呢，除了十儿张名画一件名瓷之外，并为泰氏举行赠名典礼。主席报告友人们决定为诗人献赠一个中国名字。此项赠名典礼由梁任公主持。任公说泰氏的名字拉宾德拉（Rabindra）的意义是"太阳"与"雷"，如日之升，如雷之震，所以中译当为"震旦"。而且"震旦"是古代印度称呼中国的名字，Cheena Sthana重译华文为"震旦"（按意译当为秦土）。泰氏华名"震旦"，也就是表明中印文化悠久结合的意思。他说，再照我国往昔译称外面人名之例，加上印度国名——天竺，诗人的中国名字，以国为氏，当为竺震旦。

当时中国学者们译定的泰氏的名字是很正确而又饶有意义的。梵文"拉维"（ravi）或（rabi）是太阳。Indra旧译"因陀罗"或"帝释天"，是印度教中的雷雨之神，而 Nath "纳特"就是天神。三字拼合起来为泰氏本人名字拉宾德拉纳特（Rabindranath）。这个名字的本义似乎是太阳东出西没，融合了东西。这是一种神圣的使命，泰氏自己觉得他要把这一个使命担当起来。他所著《我的童年》的结语就是"在我这儿，东方和西方有了友谊；在我的生命中我的名字的涵义实现了"。

梁任公为泰氏命名后，引起了全场热烈的掌声，泰氏并获得一颗"竺震旦"的大印章。祝寿会的次一节目是由梵文学者读了一首梵文诗，印度历史教授读了泰氏的一首《新年》诗。

最后一项余兴，是演出泰氏创作剧《齐德拉》（Chitra）。这个剧本的本事是由印度史诗《摩诃婆罗多》的一点情节推衍而来。

齐德拉是一个公主，是一个国王的仅有的女儿，生来不美，因此从小受到王子应受的训练，成为一个平定盗贼的女杰。同时邻国有一个王子叫阿俊那（Arjuna），他发愿苦行十二年。一天他在山林中坐禅之后就睡着了，不料齐德拉和她的侍从入山行猎，看见这个独卧山中的少年就叫醒了他。当她发现他是一位王子的时候，她生平第一次感到她的缺憾是没有女性美。于是她叫侍从给她百般打扮，再来到静坐的王子跟前，希望能博取他的欢心，不料她竟然遭到王子的责骂。失望的公主就只有祈祷爱神，能赐予她青春的美貌，纵然只有一天之久也好。爱神居然应许她，而且给她一年的美丽，公主一变而为如花似玉的美人，掠取了修行的王子而结为夫妇了。可是这位英雄公主究竟不甘假冒佳人，恰好王子表示羡慕邻国的一位英雄公主，他不知她就是这位公主，于是这位公主再祷爱神收回她的美貌，她向她的夫君暴露了女杰的真面目。此一剧本后来在国际大学改编为歌舞剧，是他们所爱演的一出拿手好戏。

当日这个剧本由新月社演出，林徽因女士饰齐德拉，张歆海饰阿俊那，徐志摩饰爱神。印度画家事先从旁稍许指点化妆。上演以前泰氏登台说明他怎样创作《齐德拉》。演出的成绩据印度朋友的评论是很不错的。他们说，年轻的林女士英语说得够流利。他们说只有一点化妆上的困难，就是咱们中国人是以小小的"杏眼"著称的，看来跟眼睛又大又圆的印度男女毕竟有些两样。不过他们也就打趣地说："他们（指中国演员）看来也很像曼尼埠的人啊！"曼尼埠在印度阿萨姆，人民大都是蒙古型，很像中国人。

这次的庆寿会，特别是赠名典礼，使泰氏深受感动，几年之后他谈到这件事还说他自觉是在中国的新生，他终其身忘不了中国。

◎当年逆耳忠言

可是诗人在华所遇到的也不全是热烈的欢迎。他刚刚抵达中国时，还曾受到一部分文化界人士，特别是若干青年学生的揶揄。他们以为这位印度诗人所代表的印度宗教文化，是落后的，不科学的。时在我国新文化运动之后，而这位白须飘然，穿了一件大袍像道人模样的印度诗人，所谈的是东方精神文化显然是一肚皮不合时宜。某次北京某处讲演会，泰氏晚到了半小时，就受到某一报纸的批评，说他是过时人物，只该与古人对酒当歌才是。于是泰氏在另一次讲演中回答说，他不会解释他的一次迟到。可是他不能对于"过时"的批评，无动于衷，事实上他从小被他国人指责，说他过于近代化，忽略了往昔的教训。而现在到中国来，却被视为太陈旧，他也不知道哪一方面的批评是对的。他做过一次自我介绍说，远在他诞生的那一年（一八六一），他的故乡孟加拉就发生了三种运动：就是民族运动、改革印度教与文学改良。他也谈到他怎样用孟加拉俗语写作。他表明他是维新的，才渐渐取得一般中国人士的同情。他老实地说："当我被邀来华，我不知道你们是否都需要我这个来自印度的人。我甚至听到有人反对我来，因为恐怕我会妨碍你们寻求西方进步与武力的现代热情。"

但他对于东西文化的均衡的认识，也该是我们不当漠视的几句诤言："我们要从西方输入科学是不错的。我们要从西方人民学取一件伟大事物，不能不承认他们的广泛的与优越的智慧。但是如果忘记我们自己所有的智慧的道德价值……那么我们将是堕落与玷辱我们的祖先。"

此时在中国已经酝酿着偏激的思想，有些人就曾阻止学生去听泰戈尔的讲演，这些事实都不曾逃过诗人的注意。他说："我听说你们中国人多少是讲实用，甚至是讲唯物的……我不能相信你们是唯物的。"他是尚美的诗人，他认为："单纯的功利是足以扼杀美术的。""文明要止于至善，文明精神之表现在于美。"

当时我国新文化运动提倡科学，不免流于褊狭的功利论，还有一种浅薄的反宗教思想，混宗教与迷信为一谈，此时一般国人不了解印度文化，也不了解人类宗教的价值。大学生们简单到要问泰戈尔是否相信上帝，或者要他论证上帝的存在。泰氏说："论证与体认是全不相同的。"他更说得好："我的宗教主要的是诗人的宗教。"也有人向他说，中国曾没有感到宗教的需要。他却以为"一般人通常依照狭隘的世俗的定义，判断他人的宗教"。他的意思是说，中国文化自然是有一宗教精神的，而他的明确的诤言，也不幸预料到时代的巨变。

"如果牺牲人类，毁灭上帝所创造的世界，而得到成就，此种成就，有何价值？"

◎ 雅爱中国人物

泰氏强调中国古代文化与精神，恐怕是当日一般学术界人士当作耳边风的，谁相信他是对东西文化有亲身观察与比较研究的呢？爱好中国文物是他访华的主要动机，他之最早认识中国文物是在日本。他在一个日本富豪的家里，看到他所收藏的中国画都是艺术珍品，因此引起了他对于此种艺术创造者的国土的向往。一位日本学者也力劝他来中国一游。其次是他注意到日本保存了许多中国文物，因此他游华时又劝请几个中国朋友与他同游日本。

这次他游历中国，亲见往昔的许多遗迹，都认为是稀世之珍，他特别喜爱北京太庙与天坛的建筑，他以为中国古代曾有伟大的创造精神，他注意到中国文化中美的一个因素，他以为中国人天生能运用事物的韵律，他要中国学生爱护中国文化。

他鼓励学生要爱美尚美，就叙述他从上海坐船到南京，溯江而上他竟夜起床看两岸景物，静夜里只是村落的灯火，朦胧的山色，一到拂晓，小舟成群而下，怎样使他悠然神往。

他在中国南北旅行之后，看到人民勤劳耕种，日用物品也求精美，商店多少都有些点缀，他称赞中国人能爱人生，所以才能美化。他更称赞中国文化中的人情味（human touch）。"若不是这种显著的人性，若不是具有充分的精神生活，这种文明不能维系如此之久。"他说他在中国如饮长生甘露，以异国人而有宾至如归之感。

中国文化给予诗人以美丽的印象，诗人爱上了中国文化，他返国以后就计划与中国交换学者，预备邀请梁任公到印度去，可是由于此后中国北伐统一前后政局的演变，他的计划因此耽误，直到一九三七年，一个以研究汉学、佛学为中心的中国学院才在他的国际大学中成立。

◎ 华梵情理相通

回头再谈到诗人徐志摩，他的思想作品受到泰戈尔的影响是一般公认的，试读他的一些文句："人是自然的产儿，好比枝头的花与鸟是自然的产儿。""有幸福的是永远不离母亲抚育的孩子，有健康的是永远接近自然的人们。"读过泰氏诗歌的人，能不感到亲切吗？

可是以泰戈尔之热爱中国与中国文化，他的思想与文学，是否也曾受过一点中国哲学与文学的熏染呢？他的《在华自述》中就曾说到他读过一些中国诗的译文，他很欣赏中国文学的一些特质。他在《文明与进步》一篇中，就曾大讲其老子，他的父亲是哲人，曾写过论述中国儒道的文字。

泰氏有一篇小说叫"鹦鹉的训练"。是说一个国王养了一只鸟，却要叫它"学文化"，于是召集大臣学士要怎样教育这只鸟，他们就给鸟做了金笼金链条，抄集经典，鸣钟击鼓，朗诵诗偈，在鸟前不断教诲，群臣煞有介事地推行对鸟的教育，结果呢？这只鸟死了。泰氏所讽刺的是违反鸟性的也就是违反自然的教育。我们试读下面一段文字：

> 昔者海鸟止于鲁郊，鲁侯御而觞之于庙。奏九韶以为乐，具太牢以为膳，鸟乃眩视忧悲，不敢食一脔，不敢饮一杯，三日而死。此以己养养鸟也，非以鸟养养鸟也。

以《庄子》的这一段寓言比较泰氏的鹦鹉训练，我们是不是认为有一种思想上的同感或共鸣呢？

再看他的一首诗：

> 海洋呀，你说的什么？
> 一个终古的疑问。
> 天空呀，你怎样回答？
> 只有终古的沉静。
> What language is thine，O Sea？
> The language of eternal question；
> What language is thy answer，O Sky？
> The language of eternal silence.

此中寓意可不是多少像孔子所说，"天何言哉？四时行焉，百物生焉"。再看他的名著《吉檀迦利》中的几句诗：

摘取这朵小花儿，别迟疑！

不然，我担心它，就要凋谢，

飘落尘泥。

Pluck this little flower and take it,

delay not! I fear lest it droop and drop into the dust.

我们会自然地联想到唐代女诗人杜秋娘的名句："花开堪折直须折，莫待无花空折技。"（《金缕衣》）这首诗早经一位汉学家译过，下面是这两句诗的英译，试与上面泰氏的英文诗对照一读。

Go，pluck the blooming flower betimes，

lest when thou com'st again

Alas， upon the withered stem

no blooming flowers remain.

古今来诗文作品的类似，是数见不鲜的，除非是托古拟古之作，每每是由于阅读前人著作无意中所受到的影响。以上所说泰氏作品，也许是如此。不然，我们就只该说古今中外诗人哲人，此心同，此理同，华梵情理的相通融处，不是正多着吗？

二

「沉沦」才子郁达夫

自由的人

1. 郁达夫其人其文

（秦贤次）

郁达夫，原名文，达夫为其表字，后即以字行，浙江富阳人，生于前清光绪二十二年（一八九六）阴历十一月初三。在新文学家中，与徐志摩、陈西滢、傅斯年、沈雁冰、谢六逸、胡愈之、郑伯奇、何畏等同年生。是年，为中国和日本甲午战争失败后第二年，清廷正下罪己诏，准备变法自强。大清政府于是年二月，由总税务司英人赫德主事，成立邮政总局，是为中国自办邮政之始；四月，李鸿章借赴俄祝贺俄皇尼古拉二世加冕典礼，与俄签订密约，共同防日；七月，黄遵宪、梁启超等在上海创办《时务报》，鼓吹维新变法。同年，严复译成英人赫胥黎之《天演论》；又，张之洞奏派二人赴日本留学，是为中国派遣留学生赴日之始。

富阳县位于富春江之北，离杭州水道约一百里，虽是山明水秀，但实地瘠民贫，是个小县城。达夫家为世代书香，自太平天国乱后，渐渐没落，家境贫困。父名企曾，母姓陆，达夫则排行第三，为郁家幼子。长兄名庆云（一八八七——一九三九），后改名华，字曼陀，清末以官费留日，毕业于法政大学法律科，回国后一直在司法界服务，曾于民初加入"南社"，精于诗画，民国二十八年（一九三九）十一月二十三日，为汪伪政权派人暗杀，时任上海高二分院庭长；二兄名浩（一八九四一？），字养吾，清末杭州陆军小学堂毕业，入民国后，改入国立北京医专深造，毕业后，曾于民国八年（一九一九）考取第一一届文官高等考试，分发至海军部服务，后来回家乡行医。

达夫七岁时始开蒙，接受旧式的书塾教育，九岁时即能赋诗，其《自述诗》云："九岁题诗四座惊"，正显示出达夫的聪慧和具有文学家的天分。翌年，即光绪三十一年（一九〇五），清廷诏令废止科举考试，并将各省县原有书院，一律改建为新式学堂，一切士子皆由学堂出身，一千余年之传统的科举制度，至此终止。

十一岁，即光绪三十二年（一九〇六）初春，达夫入富阳县立高等小学肄业，"在全校的学生当中，身体年龄，都属最小的一个"。同学中，并有几位是进过学的秀才，年龄都在三十左右。时晚清教育系春季始业，高小需肄业四年，始能升入五年制的中等学堂。翌年春，以学年成绩优异，跳了一班，直接升入三年级，至宣统元年（一九〇九）初春，修满三年后毕业。毕业的第二天，首次远离故乡，由水路赴省垣杭州，考入杭州府中学堂，但以费用不足，改考学膳费较为便宜的嘉兴府中，肄业半年，暑假回乡后，在家自修，即不想再回去。两年后，异日成为"文学研究会"巨子的沈雁冰也来嘉兴府中求学，他们两人可说是先后同学。

宣统二年（一九一〇）春，达夫又转入年前考而未入的杭府中学，同班同学中，后来成名的有诗人徐章垿（志摩）、国学家蒋起龙（伯潜）、儿童教育家董时（任坚）及教育学教授赵乃抟（述庭）等人。达夫这时在同学中得了一个"怪物"的绰号，因为由同侪眼中看来，达夫是个"不善交际，衣装朴素，说话也不大会说的乡下蠢才，做起文章来，竟也会得压倒侪辈，当然是一件非怪物不能的天大的奇事"。

是年秋，达夫长兄曼陀自日学成归国，应清廷留学生考试及格，奖给举人衔，以七品小京官分发外务部服务；二兄养吾亦自陆军小学堂毕业，入部队担任相当于现在排长的职务，达夫的家境也渐富裕起来。

之江大学是我国教会大学中成立最早的一家，在清道光二十五年（一八四五）由美国长老会创办于浙江鄞县，当时称为"崇信义塾"，嗣后迁移至杭州塔儿巷，并更名为"育英书院"，至宣统三年（一九一一）成立校董会，并于二月再迁至江干二龙头新址，更名之江学堂，旋又改称之江大学，设有正预两科，是时学生仅有百余人。宣统三年春，达夫由杭府中学转入之江预科，自云系为了学好英文，同时也为大学这一个诱人的名衔所惑，然而进去之后，却大失所望，主要是为了学校太过于浓厚的宗教气氛及课程，这一点可说是清末民初各教会学校的通病，以达夫性格之不羁，自较他人更不易忍受，终于引发风潮而退学，在校还不及半载。

从之江退学后，杭州另一所教会学校，浸礼会所办的蕙兰中学反而把达夫他们当作义士看，以极优厚的条件表示欢迎他们就读，不到三月，武昌起义，革命的浪潮瞬间波及杭州，各学校乃提前放假，达夫这时已对学校教育感到万分绝望，回乡后，即不再复学，结束了三年来的中学生活。

达夫在就读杭府中学时，曾偶然于旧书肆中买了一部《西湖佳话》及一部《花月痕》，这是达夫有意看中国小说时，最早接触的两部小说。当时，达夫的兴趣主要仍在于旧诗词，首先试着投稿于《全浙公报》，其后渐及于《之江日报》，甚且远至上海的《神州日报》，起初用的是假名笔名之类，直至两三年后，觉得投稿已经有七八成的把握，才用真名发表，当然所登的作品均为旧诗词。在后来"创造社"诸作家中，旧诗的造诣，无疑以达夫的功力最为深厚，论及投稿之早，也非达夫莫属，时当宣统二年（一九一〇），年仅十五岁。

大革命的浪潮过去之后，新体制的政府迅即成立，然而对于达夫的影响似乎不大，由于对学校教育的悲观，达夫在家乡过着将近两年的独居苦学生活。达夫以为："而实际上这将近两年的独居苦学，对我的一生，却是收获最多，影响最大的一个预备时代。"

然而蛟龙终非池中物，达夫并不愿甘心死守故乡默默以终的。时机终于到来，民国二年（一九一三）九月，达夫长兄曼陀原服务于京师高等审判厅，担任推事之职，当时北京政府为拟改订司法制度之故，选派其赴日本考察司法，达夫终于乘机随行赴日留学。达夫事后回忆说："实在再也忍耐不住了，即使没有我那位哥哥的带我出去，恐怕也得自己上道，到外边来寻找出路。"

到了东京之后，为期能考取官费生，达夫于十一月起除了白天在神田正则学校补习中学功课以外，晚上还到夜校学习日文，孜孜苦读半年多，终于翌年七月考上东京第一高等学校预科，获得官费生的资格，时年十九。

清末中国政府和日本文部省（教育部）曾订有五校官费的协定，五校指东京第一高等、东京高等工业、东京高等师范、千叶医学专门、山口高等商业，自光绪三十四年（一九〇八）起，十五年内，凡考取该五校者，由中国政府给予官费，可收学生一百六十五人，其中东京一高占六十五人。该五校，入民国后，专为中国学生设有一年预科，毕业后即升入本科与日本学生一起上课，若高等学校则肄业三年后，更可直升帝国大学。以是考取一高预科者，不啻保证如能顺利升学，则七八年内直至大学毕业止，都能享受公费，是以竞争特别激烈。

当时日本学制，高等学校共分八所，除一高在东京外，余均在外县市，课程分为三个部门，修文、哲、经、政等科列为第一部；修理、工科者列为第二部；修医科者列为第三部，为中国学生特设的一高预科也是这样分科的。预科毕业后，需凭成绩及志愿分发到八个高等学校，因此若想直升一高本科者，就得成绩特优始能如愿。

民国三年（一九一四）三月，与郁达夫同时考入一高预科者有阮湘（淑清）、李希贤（闪亭）、陈延炯（地球）——以上第一部；彭维基（钦明）、张资平——以上第二部；郭开贞（沫若）、钱潮（君胥）、范寿康（允臧）——以上第三部，其中范寿康后来由第三部改入第一部，而郁达夫考入时是第一部，毕业前改入第三部，改科的原因是听了长兄曼陀的话，为了将来医生的出路好。

张资平，广东梅县人，民初留日，元年（一九一二）十月至二年七月肄业东京同文书院，三年夏考入一高预科，时年二十。郭沫若，四川乐山人，三年元月留日，考取一高预科，时年二十三。后来"创造社"的成立，实契机于郁达夫、郭沫若及张资平在一高预科同学一年的关系。

在一高预科的一年，达夫曾回顾道："这一年的功课虽则很紧，但我在课余之暇，也居然读了两本俄国杜儿葛纳夫（即屠格涅夫——笔者）的英译小说，一本是《初恋》，一本是《春潮》。"同学郭开贞也回忆说："达夫很聪明，他的英文、德文都很好，中国文学的根底也很深，在预备班（即预科——笔者）时代他已经会做一手很好的旧诗，我们感觉着他是一位才士。他也喜欢读欧美的文学书，特别是小说，在我们的朋友中没有谁比他读得更丰富的。"

一高预科毕业时，达夫考得第三部的第四名，分发至名古屋的八高；郭沫若考得第三名，分发至冈山六高；张资平考得第二部第十二名，分发至熊本五高。达夫的选择八高，如果《沉沦》这中篇小说可视为他的"自叙传"的话，那么我们从小说中可找到他选择八高的可爱理由，他说："预科卒业之后，他听说N市（名古屋——Nagoya——笔者）的高等学校是最新的，并且N市是日本产美人的地方，所以他就要求到N市的高等学校去。"达夫的眼光的确不错，轰动文坛的处女作《沉沦》，描写的背景即在名古屋。

民国五年（一九一六）九月第二学年开学时，达夫因先前与长兄曼陀起了争执，并写信同他绝交，为了报复长兄起见，由第三部医科又改回第一部文科，须从头念起，达夫因此在八高前后共读了四年。除了应付学校功课以外，整日就是阅读西洋小说，从屠格涅夫到托尔斯泰，从托尔斯泰到陀思妥耶夫斯基、高尔基、契诃夫。更从俄国作家转到德国各作家的作品上去，后来甚至于弄得把学校的功课丢开，专在旅馆里读当时流行的所谓软文学作品。在高等学校里住了四年，共计所读的俄、德、英、日、法的小说，总有一千部内外。

民国八年（一九一九）七月，郁达夫毕业于八高第一部丙类，三十四人中得第二十八名。九月，升入东京帝国大学（今之东京大学）经济科肄业。同时，前一高预科同学张资平也来东大念地质科。张资平肄业熊本五高时，曾于七年（一九一八）五月为反对中日军事密约而回国请愿，为校方留级一年，以是读了四年方毕业。又"创造社"四巨头之一的成灏（仿吾），则早一年入东大。成仿吾，湖南新化人，民初随兄劭吾留日，二年（一九一三）秋考入一高预科，第二部毕业后分发至冈山六高，曾与郭沫若同学两年，六年（一九一七）九月升入东大，念造兵科。与张资平情形相仿佛，民七也曾回国请愿，在东大修了四年，始于十年（一九二一）四月初回国。

东大经济系当时教授阵容鼎盛，诸如高野岩三郎、森户辰男、舞出长五郎、糸井靖之、大内兵卫、矢内原忠雄等，皆为一时俊彦，达夫在诸名师指导下，也曾发过雄心，拟撰写一部《中国货币史》，终未果成。

九年（一九二〇）暑假，达夫回国与同乡孙荃结婚。孙荃小达夫一岁，是典型的旧式乡下女子，缠着小脚，《列女传》《女四书》之类书籍读得烂熟，性情柔顺，诗文尚佳。他们订婚多年，奉的是双方家长之命，受新式教育的达夫为抵制这种旧式婚约，留日后，多年来的暑寒假都不愿回家，希望能打破这婚约，最后终抵不住女方家长的日日催促，以及寡母的含泪规劝，终于回国成婚。这是"五四"以后新旧交替时的最大悲剧，勉强的婚姻，仅维持了七年，至十六年（一九二七）春夏，因王映霞的闯入而终告破裂。新文人中，能像胡适之先生的"从一而终"，绝不后悔，实不多见。

先是，民国七年（一九一八）夏，郭沫若刚由六高升学福冈九州帝国大学，在博多湾邂逅了三年不见的预科同学张资平，两人谈起出文学杂志的计划，并拟约郁达夫及成仿吾为同人，这一番谈话可说是"创造社"的受胎期。同人杂志的提议，旋因成仿吾的主张缓行而搁浅下来，但最初发起的几个同人却个别的活动起来了。郭沫若在《时事新报》的《学灯》上发表诗作，张资平在《学艺》上发表小说，郁达夫也向上海各报投稿。只有成仿吾默默地写了些诗和小说给同人传观而已。

民国九、十年之交，在东大求学的成仿吾、张资平以及在东京高师念书的田汉（寿昌），曾在达夫的寄宿处开过三次会，拟约请在京都求学的郑伯奇（君平）、穆敬熙（木天）、张定璜（凤举）、徐祖正（耀辰）加入为同人，田汉并自告奋勇回国找出版处，且想邀请些国内的友人来参加。田汉，湖南长沙人，五年（一九一六）夏长沙县立师范毕业后留日，"五四"前后曾加入过"神州学会""丙辰学社""学术研究会"及"少年中国学会"等团体，并有诗文及戏剧在上述各学会的刊物上发表。八年（一九一九）四月考入东京高等师范，在"创造社"发起人中，是成名最早，关系较广的一人。

郑伯奇，陕西西安人，时正肄业京都三高二年级，亦为"少年中国学会"会员，由田汉介绍与郭沫若认识；穆木天，吉林伊通人，"五四"前毕业于天津南开中学，八年九月入京都三高，与郑伯奇同班；张凤举，江西南昌人，为田汉在东京高师之学长，九年（一九二〇）三月毕业后，再入京都帝大文学部文学科深造，十一年（一九二二）七月毕业。徐祖正，江苏昆山人，与张凤举同时自高师毕业，同入京都帝大深造。可注意的，张凤举与徐祖正两人在高师与京大念的都是文科，是早期"创造社"人物中，少有的文科出身者。

达夫在东大时，对于嗜读西洋小说的癖好，始终改不过来，书看得多了，不觉技痒，也开始写起小说来。处女作《银灰色的死》脱稿于十年（一九二一）元月初二，即寄给上海《时事新报副刊·学灯》，半年后始登出来。第二篇《沉沦》，再稿于五月九日；第三篇《南迁》，完成于七月二十七日，七月底，郁达夫即将三篇小说集成一册，加上序言，以篇首《沉沦》为书名，安排由国内出版社出版。

就是这年的七月初旬，"创造社"在郭沫若的奔走筹议下，终于在东京正式成立，离博多湾的初议，刚好满三年。杂志决定暂出季刊，名称达夫主张用"创造"两字，获得大家的赞同，出版时间则愈早愈好。

十年八月，郭沫若的诗集《女神》由上海泰东图书局出版，为创造社丛书的第一本。同年十月十五日，郁达夫的《沉沦》接着出版，立即轰动文坛。成仿吾在《〈沉沦〉的评论》一文上说："郁达夫的《沉沦》是新文学运动以来的第一部小说集，它不仅在出世的年月上是第一，它那种惊人的取材与大胆的描写，就是一年后的今天，也还不能不说是第一。"郁达夫在《沉沦》自序上说："第一篇《沉沦》是描写着一个病的青年的心理，也可以说是青年忧郁病（Hypochon dria)的解剖，里边也带叙着现代人的苦闷——便是性的要求与灵肉的冲突。"达夫因此被人送上了"颓废派"的称号，然而他的自我暴露与大胆剖析青年人的性苦闷，也着实吸引起了无数读者。

是年九月，达夫应友人邀请，回国任安庆法政专校英语教师一学期。在赴任之先，曾逗留上海一短时期，与郑伯奇共同负责"创造社"出版事宜，很快就在沪上大登《创造季刊》的出版预告，说明季刊准于明年元旦出版，以及有人垄断文坛的意气话。这种影射激怒了当时的"文学研究会"，造成了后来两个社团的对立。

十一年（一九二二）元月，达夫由安庆回沪，二月间，完成了小说《茫茫夜》，并把《创造季刊》创刊号的稿子发出，一切停当之后，即赶回日本接受毕业考试。三月底"以比较还好的成绩"毕业，即于四月初赶回上海。

的那篇《茫茫夜》。达夫是雄心万丈的人，如在一种刊物中，他自己的文章不能压卷，他是不肯苟且的。《季刊》出版后，"文学研究会"的主将沈雁冰即以"损"之笔名，在会刊《文学周报》上发表《〈创造〉给我的印象》一文，予以严厉的批评。当时"文学研究会"提倡自然主义，标榜"为人生的艺术"；而"创造社"则崇拜浪漫主义，主张"为艺术而艺术"，是艺术至上派。在初期创造社，他是受攻击的一个主要对象，所谓"颓废派""肉欲描写者"都是指郁达夫。

达夫在自我暴露这一方面虽然非常勇敢，但在迎接外来的攻击上却非常的懦弱。他的神经是太纤细了，对于这种攻击，他很感觉着孤独，有时甚至伤心。达夫的反击仅是写成短篇小说《血泪》，嘲弄沈雁冰和郑振铎等人鼓吹的"血泪文学"。

十一年五月初旬，达夫又回到日本，不久并考取了东大研究院，最后他却决定不想念了，毅然于七月下旬归国，离开了留学八年的日本。

十一年秋，《创造季刊》第二期出版，中有达夫十年（一九二一）五月四日仍肄业东大时的旧作《夕阳楼日记》一文，指摘少年中国学会会员余家菊由英文重译《人生之意义与价值》一书开头之错误。

九月，达夫仍回安庆法专任教，同事中有陶希圣、易君左等人。同月，北大教授胡适在其主编的《努力周报》撰《骂人》（二十期）及《浅薄无聊的创作》（二十三期）两文，指责达夫的《夕阳楼日记》，神经敏锐的郁达夫，气得差点"跳黄浦江而死"。终于，达夫写下了他的名作《采石矶》一文，回敬胡适，以黄仲则自况，而以戴东原隐喻胡适。胡适对于郁达夫之以戴东原比他很是高兴，两人终于误会冰释，这真应了一句话"不打不相识，英雄识豪杰"。

十二年（一九二三）四月初，郁达夫由安庆卸职抵沪。由于失业的悲愤及生活的重担所逼，达夫写出了不朽的感人名作《茑萝行》来。这时郭沫若及成仿吾也都在沪上，只有张资平，东大毕业后，于十一年五月回到广东乡间采矿去了。"创造社"在郁、郭、成三人主持下，进入了成立以来的全盛期。

五月十三日，"创造社"第二种刊物《创造周报》创刊了，成仿吾的《诗之防御战》一文，得罪了许多作家，致使曾参预过"创造社"成立初期的张凤举和徐祖正也为避嫌而断绝了关系。达夫在五月二十七日的《周报》第三期上，发表《文学上的阶级斗争》一文，最初在中国的文艺界提出了"阶级斗争"这个名词的，怕就是达夫了，然而达夫始终只是个客厅里的社会主义者，尽管题目吓人，内容是离题很远的。

七月二十一日，由于张季鸾的提议，"创造社"第三种刊物《创造日刊》作为《中华新报》的副刊而诞生，由郁达夫、成仿吾、邓均吾三人负责编辑。张季鸾后为中华民国最杰出的报人之一，前清末年曾肄业东京一高，与郁达夫等算是前后同学，当时是《中华新报》主笔，而《中华新报》当时是政学系刊物。此时，为达夫早年写作最勤之时，在《季刊》上发表《中途》《春风沉醉的晚上》（二卷二期）；在《周报》上发表

《青烟》（八期）、《秋河》（十五期）、《落日》（十九期）；在《日刊》上发表《艺术家的午睡》（七月二十四日）、《立秋之夜》（八月八日）、《诗人的末路》（八月十三日）、《还乡后记》（八月十九日）及《苏州烟雨记》（连载未完）等。此外另有一些文艺论文，后来收于《文艺论集》一书中，十五年（一九二六）四月，由光华书局出版。

十月初旬，达夫应北大聘，继赴国外进修的陈启修（豹隐）教两小时的统计学。陈豹隐，四川中江人，民国六年（一九一七）夏，东京帝国大学政治科毕业，达夫的接任即系其建议的。达夫离去之前，还写了一篇小说《离散之前》送《东方杂志》发表，似乎在那时"创造社"开始有裂

同月，达夫第二本创作集《茑萝集》，列为创造社"辛夷小丛书"之一，由泰东图书局出版，内收《献纳之辞》《茑萝集自序》《血泪》《茑萝行》《还乡记》《写完了茑萝集最后的一篇》等文。

达夫北上后，即不再为"创造社"寄稿，使得刊物难以顺利维持下去。因《季刊》与《周报》系同人刊物，不收外稿，水准较高，然维持已是不易。《创造日刊》则系公开园地，外稿较多，水准自不易齐平，成为盛名之累，且日刊需每日发稿，平时已感吃力，自达夫走后，更觉捉襟见肘，苦于无机会抛弃此烫手的热山竽，故当政学系要角章士钊（行严）对《创造日刊》稍有微词时，郭、成两人自感正中下怀，适时予以停刊，时为十月二十八日，《创造日刊》刚出满百期。

紧接着，《创造季刊》出到十三年（一九二四）元月二卷二期后即不再续出，仅余《周报》而已。十三年四月，郭沫若回日本转研究社会科学，《创造周报》由成仿吾勉强独力支撑，至五月出满一年五十二期后，终于停刊。在五月初旬，达夫因坚持把《周报》停刊，跟"太平洋社"所

办的《太平洋》杂志合并，由北京急回上海，赶着在《周报》终刊号上挟上一张预告，说明两社不久将合办一份周刊，这即是后来的《现代评论》周刊。《周报》的停刊，也使"创造社"与泰东图书局脱离了关系。不久老散处四方，不得不结束了第一期的"创造社"。

《太平洋》杂志于六年（一九一七）三月创刊时原为月刊，十四年（一九二五）六月出至四卷十期时停刊，构成分子多为当时开明的自由主义者，具有相当学识的归国学人，其中以留日与留学英法占两大部分；留日者多为湘人，与仿吾长兄又多是同学关系，因此多半与仿吾相识；留学英法者，大多执教北大法科，与达夫有同事之谊，以故两社的酝酿合并，倒不是没有理由。

十三年（一九二四）十二月十三日，《现代评论》在北京出版，政论重于文艺，初期达夫甚为热心，沫若与仿吾则很冷淡，仅应付而已，达夫后来与"新月社"人物交往即种因于此。

郁达夫自十二年（一九二三）十月初旬北上，在北大任教整整一年。因为环境的变迁和预备讲义的忙碌，在十三年中间，心里虽感到了许多苦闷焦躁，然而作品终究不多。在这一期的作品里，自家觉得稍为满意的，都已收在《寒灰集》里了。这些满意的作品计有《零余者》《薄奠》《秋柳》《小春天气》《给一位文学青年的公开状》《十一月初三》等篇。

十三年秋末，"太平洋社"的北大教授石瑛（蘅青），继张继煦长国立武昌大学校长，达夫做他的辅佐，由北京南下，充任文科教授，时张资平亦来，任理科教授。文科同事，另有杨振声，后以写《玉君》中篇小说而出名；此外有谢循初、方东美、余家菊、李璜等四位，均系"少年中国学会"会员，分别由美、英、法学成归国任教；教国学的老教授则有黄侃（季刚）、熊十力（子真）及胡光炜（小石）等，可说是人才济济。

十四年（一九二五），武昌大学国文系部分师生组织一文艺团体"艺林社"，四月十日创刊《艺林旬刊》，由达夫之介绍，附于《北京晨报副刊》上出版，自十九期起，改为半月刊，由武昌时中合作书报社印行，至十二月二十五日第二十四期时停刊，撰稿者除黄季刚、胡小石、郁达夫等教授外，余如刘大杰、胡云翼、贺扬灵等均为学生，后来多成为名作家。"艺林社"是年编有创作集《长湖堤畔》一书，由武昌时中书店出版；后来又编有创作集《海鸥集》及《秋雁集》两册与论文集《文学论集》一册，均由上海亚细亚书局出版。

达夫在武昌大学也是整整一年，至十四年秋季开学一月后，因校长石瑛与教授黄侃之争，愤而离校去沪。达夫回忆说："一九二五年，是不言不语的一年。这一年在武昌大学教书，看了不少的阴谋诡计，读了不少的线装书籍，结果终因为武昌的恶浊空气压人太重，就忽忽地走了。自我从事于创作以来，像这一年那么的心境恶劣的经验还没有过。在这一年中，感到了许多幻灭，引起了许多疑心，我以为以后的创作力将永久地消失了。后来回到上海小住，闲时也上从前住过的地方去走走，一种怀旧之情，落魄之感，重新将我的创作欲唤起。"

在十四年（一九二五）一年中，作品写作年份可考者，仅有《说几句话》《骸骨迷恋者的独语》《寒宵》《街灯》《送仿吾的行》《咒〈甲寅〉十四号〈评新文学运动〉》《牢骚五种》及《山天气》等八篇文章。笔者以为收于《文艺论集》中的《诗的意义》《诗的内容》《诗的外形》三文，以及收于"艺林社"所编《文学论集》一书中的《文学上的殉情主义》《戏剧的一般概念》两文可能都写于这一年。

一九二五年的"五卅惨案"如怒潮似地震醒了中华民族的自觉心，反帝国主义的运动弥漫全国。而创造社的作家，在这时期有了新的觉悟，提倡革命的文学，《洪水》半月刊创刊号在一九二五年九月一号出版。素来被他们所疏忽的社会问题，现在已成为讨论的中心，《洪水》的内容不仅限于文学，关于一切政治、经济、社会的论文，都一齐登载，所以发生的影响异常广大。《洪水》半月刊的刊行要算是第二期“创造社”的开始，新加入周全平、周毓英、严良才、叶灵凤等一批生力军，还有洪为法、漆树芬（南薰）、穆木天、许杰（子三）等也投稿很勤，声势自然浩大[illegible]

[illegible]年秋，达夫自武昌辗转回沪后，不幸罹病，乃回富阳老家休养。《洪水》出版后，达夫曾写有《牢骚五种》及《小说论及其他》两文分别登在八期及十三期上。

十五年（一九二六）元月，达夫病愈后回上海，重新参加创造社的活动。三月一日，《创造月刊》创刊，由达夫编辑，创刊号的“卷头语”及“尾声”出其手笔。此时，达夫又恢复了以前的创作活力，《月刊》自二期起，几乎每期都有小说发表，依照顺序是《怀乡病者》（二期），《南行杂记》（三期）、《蜃楼》（四期）、《一个人在途上》（五期）。

三月十八日，在北伐的前夕，郁达夫与郭沫若及刚由法国苦学六年后归国的王独清连袂赴革命策源地的广州，任教于广东大学。不久，由京都帝国大学毕业的穆木天及郑伯奇也先后来到广大，创造社人物几乎包办了广大文科。是时，成仿吾也在黄埔军校担任政治教官。同时，继上海“创造社出版部”于四月一日成立，接着在广州和汕头也成立了分社，显然“创造社”的大本营已由上海移至广州了。上海的出版部则由“小伙计”，即前述的生力军在掌舵。

四月，《文艺论集》由甫成立不久的光华书局出版，收有三年来的论文十四篇，这也是达夫一生唯一的论文集。

六月十四日，即是年旧历端午节，达夫长子龙儿不幸因脑膜炎死于北京，等达夫匆忙由广州赶到时，已过世五天了。这年的暑假，“就是这样的，在悲叹和幻梦的中间消逝了"。暑假后，达夫才由北京南下，抵广州时已是十月二十日。

十五年（一九二六）三月，郁达夫初次来广大时，校长为褚民谊。此次回广大时，校名刚改为国立中山大学，校长制也改为委员制，以戴传贤（季陶）为委员长，顾孟余为副委员长，徐谦、丁惟汾、朱家骅为委员。文科学长由代理的王独清改为刚留欧回国的傅斯年（孟真），达夫改任为法科教授兼大学出版部主任，时法科学长为粤人程天固。此次回校，很是不快，自十一月三日起开始写《劳生日记》，后来发表于自己主编的《创造月刊》第七期上，开作家卖稿日记的先河。十一月底，郁达夫辞掉中山大学教职，于十二月十五日离开广州回上海，担任创造社理事，负整顿创造社出版部与编辑《创造月刊》及《洪水》之使命。

是年，达夫的《戏剧论》一书，由商务印书馆出版，列为"百科小丛书"之一。

回沪后，首先用"日归"的笔名在十六年（一九二七）元月出版的《洪水》二十五期上发表几乎引起达夫与沫若、仿吾内讧的《广州事情》一文，以宣泄他对广州的愤懑。接着写出改变作风后的第一篇小说《过去》，发表在二月出版的《创造月刊》第六期上。周作人曾来信称赞："《过去》是可与陀思妥耶夫斯基、加西亚相比的杰作，描写女性，很有独到的地方。"

元月十四日，达夫在同乡孙百刚家首次遇到王映霞女士，达夫一见钟情，堕入了爱河，这可说是达夫的初恋，他并将追求王映霞女士的经过及心理变化，赤裸裸地写在日记中。二月起，开始到上海法科大学讲课，时间排在晚上，原来的课程系德文，后应学生要求，改讲时事问题及德国文学史，仅教一学期即止。

爱情的魔力是伟大的，与映霞的相恋，成为达夫"新生"的里程碑，他不仅把热恋期间所写的日记题名为《新生》，且在三月三日的日记上写道："我打算……把但丁的《新生》译出来，好做我和映霞结合的纪念，也好做我的生涯的转机的路标。"生活对达夫来讲不再是"槁木的"与"死灰的"了，三十二岁的他，即雄心勃勃地计划出版全集。五月六日，他在《寒灰集题辞》上说："全集的第一卷，名之曰寒灰。寒灰的复燃，要借吹嘘的大力。这大力的出处，大约是在我朋友王映霞的身上。"

收《茫茫夜》等小说散文十一篇。

六月五日，达夫与映霞在杭州的聚丰园行结婚典礼。婚后不久又回上海住。八月，《文学概说》一书，由商务印书馆出版，列为"百科小丛书"之一。

大约在八月初旬，郁达夫退出了"创造社"。八月十四日，达夫在《日记九种》后序上说："……如何的作了大家攻击的中心，牺牲了一切还不算，末了又如何的受人暗箭，致十数年来的老友，都不得不按剑相向，这些事情，或者这部日记，可以为我申剖一二。"翌日，上海的《申报》及《民国日报》即发布了达夫与"创造社"决裂的消息。

九月一日，《日记九种》由北新书局出版，收达夫自一九二六年十一月三日起至一九二七年七月三十一日止所记的九篇日记。从日记上虽约略可看出达夫退出创造社的蛛丝马迹，但达夫实不曾明言。据我的粗浅看法，大约有以下几点原因：

一、达夫由广州回沪的主要目的，即为整顿出版社，负责编辑《月刊》及《洪水》。回沪后，虽然受尽闲气，终于赶走了周全平、潘汉年、叶灵凤等"小伙计"，然而七个月内，仅编了两期《创造月刊》（一卷六、七期）及八期《洪水》（三卷二十五期至三十二期），达夫的怠工引起了同人尤其是王独清与成仿吾的不满。

二、达夫的《广州事情》一文，抨击革命政府的后方——广州，对于随军北伐中的郭沫若与成仿吾非常不利，引起郭、成两人对达夫的指摘。沫若曾来信责备达夫的"倾向太坏"；仿吾也写有《读了〈广州事情〉》一文，为广东政府辩解，同样刊登于《洪水》上。

三、达夫回沪时，以从前执教北大及与徐志摩同学的关系，不时与《现代评论》及《新月》人物周旋，甚至参与其会议，引起同人的不满，认为达夫背叛"创造社"。

四、达夫的兴趣、积习与当时的倾向，实无法与创造社同人共存下去，只有求去的一途。事隔多年之后，郁达夫说出了部分真相道："凡属于党派的行动，我都不能满意，我并非和创造社有什么不和的感情，只因趣味不同而分了的。自谓我是中人之资，卑卑排斥，但我并不以为意。当时的创造社，年少的左倾分了其多，我很不满意他们的态度。"

大约，反对的主力来自于王独清，但他孤掌难鸣，一直等到成仿吾于七月底抵沪后，事情才明显化。达夫退出创造社后，由王独清续编《月刊》及《洪水》，这也是为什么达夫特别嫉愤独清，而写出《二诗人》这篇在达夫作品中绝无仅有的讽刺小说，来奚落王独清了。

从创造社的演进来看，郁达夫的退出，正是创造社由提倡革命文学转向无产文学的前夕。十七年（一九二八）初，《文化批判》月刊的出版，即结束了创造社的第二期。

九月初旬，《民众》旬刊在上海创刊，仅四五期即停刊，达夫除为《民众》写发刊词外，并在上面刊登四篇评论，提倡农民文艺，这些文章后来都收于《奇零集》一书中。

十月二十日，《达夫全集》第二卷《鸡肋集》，由创造社出版，内收《沉沦》等小说散文共八篇；十一月十五日，全集第三卷《过去集》，由开明书店出版，内收《五六年来创作生活的回顾》及《过去》等小说散文共十九篇。在达夫所支持的《民众》旬刊夭折不久以后，一向为创造社眼中钉的"世故老人"鲁迅，也飘然由广州抵达上海了。原来在北京创刊的《语丝》周刊，自四卷一期即十六年（一九二七）十二月起，迁到上海继续出版，改由鲁迅主编。达夫与鲁迅这时居然握手言和，互相提携起来，开始为《语丝》写稿，且写得很勤。不久。鲁迅受到提倡无产文学的"创造社"与"太阳社"的联合围剿，这与郁达夫的加入《语丝》不无些微

《迷羊》的写作并不算成功，所描写的人物可说与以前所写的《沉沦》《秋柳》《十一月初三》《过去》等短篇中的角色，无论在性格、情感、人生观方面都没有两样，达夫并没有跳出他自己写作的窠臼。

三月一日，全集第四卷《奇零集》，由开明书局出版，所收的是历年来所写所译的小文章，而为前三集所未收者，计有《谁是我们的同伴者》等文共三十篇。

四月十五日，全集第五卷《敝帚集》，由现代书局出版，全书分为三部：一、人物和书，计文五篇；二、艺术杂论，计文四篇；三、书序批评及翻译，计文七篇，总共十六篇。

六月二十日，"语丝社"的鲁迅、林语堂、郁达夫等人合办《奔流》杂志，由鲁迅主编，北新书局发行。《语丝》原为同人杂志，社员稿件编者并无取舍之权，以是水准及言论很不一致，最后终成强弩之末，已无精彩可言，鲁迅也终于推卸编辑责任，另外创刊《奔流》。《奔流》系月刊，第一卷出十期，第二卷出至五期时停刊，时为十八年（一九二九）八月。达夫在《奔流》上所发表的，除散文《灯蛾埋葬之夜》及《通讯两则》之外，余均为翻译作品。

九月，郁达夫与陶晶孙主编的《大众文艺》杂志创刊，由现代书局发

行。陶晶孙，原名炽，后以字行，号晶明馆主，江苏无锡人。晶孙幼年时即留日，中学毕业于东京第一中学，八年（一九一九）夏一高毕业，随后入九州帝大医学部，与郭沫若同学。十二年（一九二三）夏毕业后，再入东北帝大研究生理学，回国后，一直在上海从事本行工作，为创造社早期人物。《大众文艺》系月刊，曾出过上下两册《新兴文学专号》，至十九年（一九三〇）六月的二卷六期时，以提倡新兴文学为中央党部禁刊。

本年冬，《达夫全集》全部改由北新重排出版，第一卷《寒灰集》于十一月一日出版；第二卷《鸡肋集》于十二月一日出版。

十八年元月，《小说论》一书由光华书局出版。二月七日，"创造社"为政府当局封闭，结束了八年来不平凡的历史，这时郁达夫早已与它无关，故不遭查果。

本年春，达夫觉得全集的瑕瑜兼收不能使自己满意，因此应春野书店的要求，委钱杏邨编一本《达夫代表作》，钱并为《代表作》写一篇长长的"后序"，过分抬扬达夫作品的伟大。是书后因春阳书局停版，翌年元月，改由现代书局重版发行。

本年夏，小说集《在寒风里》，在厦门由世界文艺书店出单行本。本书亦有广州书局版，唯出版年代不详。

本年秋起，北新书局继续出版《达夫全集》，第五卷《敝帚集》于九月十五日出版；第三卷《过去集》及第四卷《奇零集》均于十月一日同时出版。

十九年二月十五日，"自由运动大同盟"在上海成立发起，郁达夫被列为发起人的第一位，其实这是冤枉的，达夫生性散漫，最厌恶组织活动。"自由运动大同盟"在当时实别具用心，成立当天达夫仅系应邀前往演说，是第一位在来宾簿上签名者，会后有人提议要有什么组织，因此凡是日到会者，第二天报上发表时，均变为发起人了。

三月二日，"左翼作家联盟"在上海秘密成立，成员五十多人，推鲁迅为盟主，郁达夫的参加，不用说是因与鲁迅有深厚的感情才加入，然而也引起真正左派作家的不满，说达夫的作品是个人主义的。是年十一月十六日，达夫就自动退出了，原因是共产党要达夫去做实际的宣传工作——分发传单，而为达夫拒绝。

四月一日，翻译集《小家之伍》由北新书局出版，集中所收的五篇小说都是生前在《奔流》上发表过的，郁的批评是词理并茂，态度认真，为名作家中所少见有。

自去年元月发表了《在寒风里》以来，一年半中，郁达夫不曾写过小说，自本年暑假起，又恢复小说的创作，计写有《纸币的跳跃》（七月）、《杨梅烧酒》（八月）、《十三夜》（十月）等三篇。

本年秋，达夫第三度赴安庆，任安徽大学中文系教授，时安大校长为前考试院长杨亮功先生，据杨亮功先生言，郁达夫学问好，教书亦认真，可惜仅约四个月即因故离去。

十二月，全集第六卷《薇蕨集》由北新出版，计收有近年发表的小说共九篇。

二十年（一九三一）这一年，可说是达夫一生中，作品产量最少的一年，生活上的不安定，应是最主要的原因。其中《志摩在回忆里》一文系追悼是年十一月十九日因飞机失事而遇难的中学同学徐志摩，发表于《新月》月刊四卷一期志摩纪念号上；《忏余独白》，登于《北斗》月刊一卷四期上，系达夫第二次的发表创作经验谈。

本年十二月，素雅编辑之《郁达夫评传》由现代书局出版，除了编者所写的简略的《郁达夫传》及《著译一览》外，共收有访问郁达夫或评论其作品的文章共十六篇。

二十一年（一九三二）春起，郁达夫在吴淞中国公学教书，担任一点功课。

四月，第二部长篇小说《她是一个弱女子》由湖风书局出版，这是因上海"一·二八"事变，郁达夫在逃难之余，得了十日的空闲而写就的。作品中的女主人"她"，是一个被色情的本能所支配，而干出许多无识的活动的女子。她一刻也少不得一个寄托的人，于是便造成了她一生的大悲剧。达夫在后叙上说道："写到了如今的小说，其间也有十几年的历史了。我觉得比这一次写这篇小说的心境更恶劣的时候，还不曾有过。因此这一篇小说，大约也将变作我作品之中的最恶劣的一篇。"的确达夫的长篇小说，常不如其短篇受人重视，这点刚与张资平相反。

五月，贺玉波编辑的《郁达夫论》由光华书局出版，收有评论达夫的文章共二十三篇。

九月十六日，提倡幽默的《论语》半月刊创刊。该刊系由林语堂主编，由邵洵美主持的中国美术刊行社发行。自徐志摩逝世，《新月》要角相继北上后，《新月》月刊日渐式微，林语堂主持的《论语》杂志可说是反对普罗文学的新大本营。郁达夫与林语堂的关系甚深，曾为北大同事，后期《语丝》杂志同人，《奔流》杂志同人，自脱离"左联"后，更与语堂接近，互相唱和，甚至一同游山玩水，以是达夫益为左派所批评。达夫自《论语》创刊后，投稿甚勤，几乎隔期有之，有名的散文《钓台的春昼》即发表于创刊号上。

十月初旬，以肺有病到杭州湖畔休养，费了十天工夫写成小说《迟桂花》，自认为系本年作品中的杰作。《迟桂花》后来发表于施蛰存主编的《现代》月刊二卷二期上。养病期间，并写有日记，题名为"沧州日记"及"水明楼日记"。

二十二年（一九三三）元月，"民权保障同盟"在上海成立，北平亦设有分会。郁达夫、林语堂、蔡元培、胡适之均以"人道主义"的立场，参与发起该会。该会后来日益"左"倾，身为北平分会主席的胡适之即毅然退出，郁达夫则同前一样，仅参与发起，喊喊口号而已，实际行动是不会有的。

二月，不列全集卷数的《忏余集》由天马书店出版，除序文《忏余独白》外，共收有小说五篇，散文五篇。

三月，写成《光慈的晚年》一文，后发表于《现代》三卷一期上。蒋光慈前为创造社作家，后自组"太阳社"，参加"左联"，然而当蒋光慈夫写出了《光慈的晚年》，为光慈的死抱不平，这是达夫的可贵处。

同月，《达夫自选集》由天马书店出版，除序文外，收有小说十篇，散文五篇。

四月二十五日，由上海移居杭州，理由是为了节省开支及方便孩子的就学。

七月一日，《文学》月刊创刊，由"文学社"主编，生活书店发行。《文学》有人视之为《小说月报》的后身，因为"文学社"十个编委中有九个是前"文学研究会"会员，仅达夫一人例外，且是文研会死对头"创造社"的发起人。在《文学》创刊号上，达夫曾写有《五四运动之历史的意义》一文。

八月，全集第七《断残集》由北新书局出版，收有论文、杂文、散文、译文等共四十二篇。

十二月二十日，长篇小说《她是一个弱女子》，现改名为"饶了她"，再由现代书局重排出版。

二十三年（一九三四）起，郁达夫新任浙省府参议，闲来无事，即偕夫人、友人到处游山玩水，所至之处，皆有游记或日记发表，因此博得

"游记作家"美名。

三月，《几个伟大的作家》一书由中华书局出版，是书收有《托尔斯泰回忆杂记》《哈姆雷特和堂吉诃德》《伊孛生论》《阿河的艺术》等四篇评介西洋作家的译文，此四篇译文均曾发表于《奔流》杂志上。

六月，《屐痕处处》一书由现代书局出版，收历年来所写的游记共十一篇。达夫的游记写来清新有味，诚为游记中的杰作，较胡适之先生的《庐山游记》之夹议夹叙，实为高明。

是年冬起，郁达夫应书店的要求，开始写起自传来，自十二月五日出版的《人间世》半月刊第十七期起，断续发表了八篇自传，自呱呱堕地起写至离家留日止，篇目分别为《悲剧的出生》（十七期）、《我的梦我的青春》（十八期）、《书塾与学堂》（十九期）、《水样的春愁》（二十期）、《远一程，再远一程》（廿一期）、《孤独者》（廿二期）、《大风圈外》（廿八期）、《海上》（卅一期）。达夫的自传，可说是美丽的散文小品，唯在年代的记叙上，据笔者的考订，有些许失误，以致前后无法衔接。

二十四年（一九三五）春，郁达夫应上海良友图书公司之邀，担任《中国新文学大系：散文二集》部分之主编，是书不久于十月出版，厚厚的一册，书前附有达夫精撰的"导言"，抒发他对散文的看法。

夏起，达夫深以前所出版之全集内容及次序杂糅凌乱为憾，因此起意将全集去芜存菁，重加分类编订后出版。

五月，《达夫所译短篇集》由生活书店出版；六月，《达夫日记集》由北新书局出版；十月，《达夫短篇小说集》两册由北新书局出版。

十月，中篇小说《出奔》完稿，不久在十一月一日出版的《文学》五卷五期上刊出，这是达夫所写的最后一篇小说。

二十五年（一九三六）初春，在达夫的苦心擘画下，容有住屋三间、书室两间的"风雨茅庐"终于落成，也完成了达夫晚年最大的心愿。由于达夫是个"书迷"，生平藏书总共有数十万卷之多，几乎把"风雨茅庐"所有的房间都排满了。这时的达夫既有娇妻相伴，又能坐拥书城，为人人所艳羡，方期久居，然而席不暇暖，昔日友人，时任福建省主席的陈公洽，突然一纸相招，达夫竟然"别妇抛雏"匆忙就道，这一去，种下了后来"毁家"的悲剧。

二月七日，达夫就任闽省府参议兼公报室主任，月薪三百大洋。初来时天天有应酬交游，时以为苦。

同月，达夫办《谈颂》半月刊出大，聘卜至叔《咽唉……

……达夫久在福州，实际编务由上海的邵洵美负责，这时《论语》与林语堂主编的《宇宙风》常见有达夫的文章发表。

三月，《达夫游记》由上海"文学创造社"发行，上海杂志公司总经售。四月，《达夫散文集》由北新书局出版。至此，达夫改编分类的新的全集已出五种，至于为数众多的文艺论文及杂文时论之类，后来终未见出版。

五月三十日，达夫生前自编的最后一本书《闲书》，由良友图书公司出版，列为《良友文学丛书》第二十六种，全书收有散文及日记共四十篇，文字之精练优美，已到炉火纯青的地步。

六月七日，上海友人发起"中国文艺家协会"，会员总共有一一一人，达夫在福州亦响应加入为会员，该会事实上并无任何活动。

十一月十三日，达夫应日本各社团及学校之聘，赴日演讲，颇受彼邦文人学士的欢迎。十二月十七日离日回闽时，特地绕道台湾，并接受台湾文化界杨云萍、黄得时诸氏的访问，因惊闻"西安事变"，始匆促回国，时已是岁暮之交。

二十六年（一九三七）初，以思家故，去电杭州促映霞来闽同居，住于光禄坊刘氏旧筑，实即黄莘田十砚斋东邻，至五月时，以水土不服，映霞仍回杭州。

"七七"抗战军兴后，达夫主编《福建民报》与《小民报》的副刊《新园林》及《新村》，每天均有其执笔的每日谈话之类，下段排着锌版制的签名。

二十七年（一九三八）二月，原军委会总司令部政训处经扩大编制，改组为政治部设于武汉，部长由当时鄂省主席陈诚兼任。政治部底下共辖三厅、二委员会。那时为全面抵抗日本侵略，国共第二度合作，郭沫若任三厅厅长，下设三个处，第五处主管"言论宣传"，处长为范寿康；第六处主管"艺术宣传"，处长为田汉；第七处主管"对敌宣传"，处长原定郁达夫，后以达夫迟迟未到，改由胡愈之担任。

达夫携眷到武汉时，政治部第三厅人事已安排就绪，乃改任不限名额的"设计委员"，主要亦由陈诚兼任。

三月二十七日，全国文艺作家为团结抗日起见，在汉口成立"中华全国文艺界抗敌协会"，郁达夫被选任为常务理事、研究部主任及编辑委员等职。五月，协会主编的《抗战文艺》三日刊出版，五期后改为周刊，以后又改为半月刊和月刊，达夫在该刊上曾发表有杂文及通信多篇。

四月中旬，达夫随团去徐州劳军，并视察河防，在山东、江苏、河南一带，冒烽火炮弹，巡视至一月之久。六月底，又奉命去第三战区视察。七月初，自东战场回武汉，其后与映霞之间，闹得不可开交。

九月中旬，闽省主席陈公洽又来电促达夫回闽相助，达夫因此只身就道，奔赴闽中。在回途经建阳道中，写了底下这首诗寄武汉之映霞，表示"决心去国，上南洋去作海外宣传，若能终老炎荒，更系本愿"。《毁家诗纪》诗云：

此身已分炎荒老，远道多愁驿递迟。

万死千君惟一语，为侬清白抚诸儿。

　　但是据达夫抵星后所作的第一篇文章《槟城三宿记》所载，知此次南下实系应胡兆祥的电招，为《星洲日报》编辑副刊而来，再由达夫的匆促买舟南渡日期推算，得知决定南下的时间约在是年十二月中旬，即达夫抵闽约二个月之后，由此可知达夫的《毁家诗纪》应视为文人的游戏笔墨，实不可尽信。

　　十二月二十八日，郁达夫携王映霞及映霞长子飞（阳春）抵新加坡，

早版的《晨星》副刊与《文艺》周刊，以及《星洲日报》晚版的《繁星》副刊，旋又兼编星洲日报姊妹报《星槟日报》的《文艺》双周刊。此后又曾担任《星光画报》文艺栏及《华侨周报》等杂志的主编，有时也常在《总汇报》的《世纪风》副刊及《星洲半月刊》等刊物上发表文章。

　　自二十七年十二月二十八日抵新加坡起，至三十一年（一九四二）二月四日逃往苏门答腊止，郁达夫在星马共住了三年二个月又八天。在这期间，他一方面提携年轻作家，爱护后进；一方面与旧诗人互相唱合，实际上成为星马文坛的盟主，没有人名望比他更高，也没有人比他更受人尊崇，虽然有些比较激进或妒忌他的人反对他，"和蔼可亲"的达夫仍然是新旧文人的中心。国内的文人艺术家来到新加坡，达夫必定亲切地接待，同时在报上予以热诚地宣扬，名副其实成为国内文坛在新加坡的代理人。

　　二十八年三月五日，郁达夫的《毁家诗纪》发表于香港陆丹林主编的《大风旬刊》第三十期上，促使王映霞终于离去。登报协议离婚在翌年的二月，王映霞五月二十四日回国前夕，郁达夫还设宴为她饯行。大约在三十年（一九四一），原籍福州，任职新加坡英国新闻部的李筱英又闯

进了达夫的生活中，不久即赋同居，至新加坡沦陷前夕，两人终又劳燕分飞。

在这三年多中，国破家亡，妻离子散的屈辱与悲愤，使达夫更坚强地站了起来，他用笔来捍卫国家，打击敌人。他写了许多抗战论文，来鼓舞国人的爱国情操；也写了不少与抗战有关的随笔散文，来抒发自己的思想抱负，并不时报导或介绍马华文学作品。达夫在南洋的发表作品，不仅博得爱国主义者的令誉，同时也在新马文学史上占了光辉的一页，至今仍为人所津津乐道。

在新加坡的抗日活动中，郁达夫也占了重要的地位，英国新闻处曾委任他为《华侨周报》的编辑，推动抗日宣传；他也曾担任过文化界战时工作团主席，及文化界战时干部训练班主任。

三十年十二月八日，太平洋战争爆发。十二月底，新加坡华侨抗敌委员会（又称华侨抗敌后援会）正式成立，郁达夫被推为执行委员，并负责文艺组工作。此外，他也是当时文化界抗日联合会的主席。这些显赫的职位，使他不得不在新加坡沦陷的前夕，冒险逃亡荷属苏门答腊，时为三十一年（一九四二）二月四日。

五月初，郁达夫抵达巴爷公务——一个位于苏门答腊中部的小市镇，他在那里化名赵廉，并经营酒厂，这酒厂其实成为掩护反日的流亡知识分子的大本营。在这同时，达夫在被日本宪兵知悉他能说流利的日本话时，即被请做宪兵队通译，在那种环境下，拒绝是不可能的。经过六七个月后，达夫买通医生，伪装生了肺病，才得获准辞掉通译之职。

三十二年（一九四三）九月十五日，郁达夫与一位印尼华侨陈莲有在巴东结婚，陈原籍广东台山，小时丧父，为陈姓收养，生父原姓何，因此达夫替她改用原姓且改名为何丽有，当时年二十岁，达夫则四十八，后来他们生有一子一女。

三十四年（一九四五）八月十五日，日本终于向盟军投降，郁达夫很快就得知了消息，便松懈了原先一直对于日本宪兵队的防范，在二十九日的晚间，有一位讲印尼话的人来喊达夫出去，达夫以后一直就不再回来。杀害达夫的，大家都知道是日本宪兵，原因是怕战后达夫成为控诉日军暴行的主要证人，达夫死时刚好五十岁。

关于达夫晚年在南洋的这一段生活，目前已有许多篇文章详细讨论过，因此笔者可免去在此细加说明，但请读者能参阅新文学史家刘心皇先生所撰的《郁达夫在南洋》一长文以及政大西语系学友王润华兄《郁达夫在新加坡与马来亚》与《中日人士所见郁达夫在苏门答腊的流亡生活》两

以前国内读者一直以为郁达夫在南洋除了编编副刊，写写旧诗外，没有什么创作。直至一九五六年，南洋作家温梓川出版了《郁达夫南游记》，在所收的二十三篇文章中，才首次看到有十五篇旅星时的作品。其后经过南洋作家尤其是方修先生以及日本东京大学东洋文化研究所伊藤虎丸、稻叶昭二、铃木正夫三位先生的苦心搜集，找到郁达夫在南洋发表的作品百多篇。后者在近六七年来曾陆续出版了《郁达夫资料》一册及《郁达夫资料补篇》上下两册，在《补篇》下册（一九七四年七月出版）里，收有达夫在星马三年中所发表的诗词文章、编者启事及译文等共二百篇，可惜凡《郁达夫南游记》一书所已收者，均只列篇名而略去本文，是为缺陷。前者方修先生自六十年代后期起，即以个人力量苦心孤诣搜集达夫遗文，至一九七二年中即已编纂成书，取名《郁达夫抗战论文集》，共收一〇四篇文章。这在当时可说是唯一的一册比较完整的郁达夫晚年创作集，可惜因排印工作的意外耽搁，等到由星洲世界书局出书时，已是一九七七年二月，较上述《补篇》（下）慢了二年又七个月，在编印的意

义上虽打了一个折扣，但方书是公开发行，而日文书则为非卖品，对读者来讲，方书是有其贡献的。

去年六月，方修先生及其学生张笳合编《郁达夫选集》一书，由星洲万里书局出版，所收篇数虽较上述两书为少，却也新发现若干新的资料，如《为星中日报四周年纪念作》《报告文学》等数篇，为上述两书所未收。

可惜前述之四书，均为本地读者所未见，笔者既早对郁达夫倾心，读政大时，即不自量力在校刊上发表过一篇《郁达夫评传》。去年年底旅游新加坡时，利用友人到各处观光时，独自一人到南洋大学图书馆及当地各书店搜集资料。回来后因比对此四书，去其重复，编成一本到目前为止最为完备的达夫南洋文集，为顾及读者兴趣，将此文集依内容分为两类，分别名之为《郁达夫南洋随笔》及《郁达夫抗战文录》，已交此间"洪范出版社"印行，不久即可出版，因此简介如上，并说明成书经过，最应感谢的，还是前此几位编辑者。

一九七八年七月二十二日完稿

《传记文学》第三十三卷　第三、四期

2. 郁达夫与王映霞的悲剧

（刘心皇）

小　引

一九六二年七月，我在《畅流》半月刊发表了《郁达夫与王映霞》，这部稿子是一九六一年间，在撰写《现代中国文学史话》时所作的笔记，为当时《畅流》编辑石叔明先生看到，他因为在福州曾和郁达夫认识，所以对这部稿子，特别感兴趣，一定要拿去在《畅流》半月刊上连载。

但当时主管机构对文学作品的"查禁"很严，似乎连郁达夫的作品也不能流行。石叔明先生因为编刊物的关系，对此事十分了然，还特别请我到主管机构去交涉，免得一连载便遭到禁止。我曾将郁达夫的生平及为抗战死难的情形，向当时主管其事的唐棣先生说明，他慨然应允打电话给《畅流》半月刊，准予连载，连载之后，便出版了。其实那是一部笔记式的书籍，一俟有暇，当再加以增订，因为近年关于郁达夫和王映霞的资料，出现得非常多。把这一部书增加和修改之后，使这一幕文坛爱情悲剧，更加完备地呈现在读者的面前。

关于王映霞对许绍棣偷情式的"爱情"，从郁达夫发表《毁家诗纪》之后的《答辩书简》看来，除了谗骂郁达夫之外，对许绍棣的私情的否认，没有什么说服力。最近，《传记文学》选载的《郁达夫前妻王映霞自白》（原题：《郁达夫与我婚变的经过》），还是一口气否认，她已到衰老之年，还不能坦白地写出一篇值得佩服的《忏悔录》，实在令人失望，由此看来，王映霞的嘴如铁硬，至死不悟，至死否认，倒像是《金瓶梅》里所描写善于"偷情"的女人，往往说大话："老娘是清白的，老娘拳头上走得人，臂膊上跑得马……"她可不知道她面对现实，承认了现实的一切，反而令人觉得更可爱，她如此的虚伪，如此的老羞成怒，竟骂郁是"包了人皮的走兽""疯狗""无赖的文人"等的恶毒话，反而得不到同情；因为事实胜于雄辩，更胜于谗骂。

看了王映霞这次的"白白"，我要对郁达夫和王映霞的悲剧，表示点意见。

◎ 一见倾心种下悲剧的基因

（一）王映霞的背景和仪容

首先要说明的，是王映霞个人的背景和她的仪容。

王映霞，浙江杭州人。生于清光绪三十三年（一九〇七），今年七十八岁。本姓金，名宝琴，是杭州学者王南（号二南）先生的大女儿与金冰孙的女儿。十二岁时父亲去世，即随母亲搬回外祖父家。王二南特别喜欢这个外孙女，遂改姓王，取名旭，字映霞，成为王二南的孙女。

王映霞于民国十五年（一九二六）在浙江省立女子师范学校毕业，到温州市立第十中学附属一小学教书。这年冬天学校放寒假时，北伐战争遍及江南，温州开始动乱。王映霞随王二南友人之子孙百刚夫妇乘船到了上海。为等待战事平复，沪杭路通车返回杭州，遂租居上海马浪路尚贤坊。王映霞就住在孙百刚家中。

王映霞在孙百刚的笔下是这样的：

> 在将近半小时的谈话中，我知道她是那一年暑假毕业……她校中的先生我有不少熟人，顺便谈到很多朋友的事情。她的亭亭的身材、健康的姿态、犀利的谈锋、对人一见就热络的面庞、见着男子没有那一种忸怩作态的小家派头，处处都表示出是一位聪明伶俐的女孩。

> 店，更给人以轻松愉快的印象。

> 从这次初会面后，隔了几天我就偕同掌华到附小去回看映霞。她和那位年纪比她稍长一两岁的宁波孙小姐同住一个房间。她俩是在杭州同班毕业的同学。房间布置完全是女学生排场。两张单人床上铺着洁白蓝花的褥单，折成四方形的棉被斜摆在床的一头。房间当中是对摆的两张三屉桌，作为她俩的写字台，上面摆着白台布，放着几本《东方杂志》《小说月报》之类的零杂书。其他各处的陈设，也楚楚有致。这一间她俩的卧室兼书房，虽说不上怎样窗明几净，就大体而论，也够得上整齐清洁。

这就是王映霞二十岁，毕业刚做小学教员时的情形，他特别把王映霞容貌和仪态描写一番，是值得参考的。看他所描写王映霞的美，连举止在内，也是一种普通年轻女孩的美，并非如古今历史上所歌颂的美人一样，但是，从老人或中年人的眼中看来，年轻就是美丽而已。

（二）郁达夫初遇王映霞

郁达夫到上海整理创造社，在内山书店遇到留日同学孙百刚，他们热情地约定再会面的时间。追郁达夫到尚贤坊去拜访时，遇到了王映霞，他是"惊才绝艳"一见倾心。孙百刚说：

在一星期后的一天中午边，我听到扶梯上有人喊着我的名字走上来，一听就知道是达夫来了。他进来后，我先指着掌华给他介绍。

"唔！这位就是孙太太。我和百刚是老朋友，以后要常常走动，请孙太太不要客气。"

达夫一边对掌华说着应酬话，一边望着映霞，似乎在想这位是什么人。

"这位是王小姐，我们从温州一起逃难到上海来的。"我随即指着已经站起来在招呼的映霞说。

"唔！王小姐，请坐请坐！"达夫自己也坐下来了。

"不要客气，她们都读过你的小说，一向景仰你的。"我对达夫说。

"郁先生！最近有什么新作品，我们好久没有看见你的大作了，大约有杰作在创造中吧。"掌华忙着招呼，映霞这样敷衍着达夫。

"我的小说都是年青时期胡乱写成，说起来是难为情的。近来也没有心思多写了。"达夫神经质的脸上，薄薄泛起一层红晕。今天他说的一口杭州话，他虽是富阳人，但在杭州读书，不过他的常带重浊音的杭州语调，有时听去，像似略有江干、闸口一带的土音，这也许是他曾在之江学堂读过书的缘故。

"郁先生，郁太太是不是在上海？"掌华坐下来这样问。

"她是乡下人，在乡下没有出来。"达夫很自然地回答。

不知怎样，话题转到映霞的祖父王二南。

"二南先生的诗，我从前在杭州报上常读到的，一向很佩服他老人家的。"达夫似乎对映霞表示好意地说。

"他近来年纪大了，也不常做诗。"映霞淡然地回答。

"我觉得从前在什么地方见过王小姐似的，一时想不起来了。"达夫突然这样说，额角上的青筋有点鼙起来了。

"……"映霞不说什么。

"也许是在杭州什么地方碰到过的。"掌华只好这样敷衍着。

（三）马上请吃饭看电影

不料达夫站了起来拦住掌华。

"孙太太，你不必客气，我今天特诚来邀你们出去吃饭的。在上海，我比百刚熟些，应该让我来做个东道。"达夫一只手拿着呢帽，做着手势，要我们一同去吃饭。"既来之，则安之。今天就在此地便饭吧。附近有家宁波馆子，烧的菜还不错，去喊几样很便当的。"我要达夫重新坐下。"不行不行，今天我是诚心诚意来请你们两位及王小姐的。我现在去打电话，喊汽车去。"达夫也不管三七廿一，说了就向门外跑。"达夫！等一等，即使要去也要让她们换换衣裳。"我看上去没有方法拒绝了，只好这样说。"好的好的，反正辰光还早，请孙太太、王小姐慢慢地收拾起来。"达夫边说边走到隔壁的韵逸（按：韵逸，姓赵，百刚邻居。）房间去和韵逸招呼了。（尚贤坊楼上住三家：（1）赵韵逸兄弟二人；（2）李剑华夫妇；（3）孙百刚夫妇及王映霞。所谓"尚贤坊内七人居"是也。）等达夫过去后，掌华和映霞同时对我说："我们不去，还是请郁先生在此地吃便饭算了。""我们要是一定不去，他要不开心的。大家是老朋友，没有关系的，你们赶快打扮起来吧。"我反而代达夫邀她们了。"有什么打扮呢？去就这样去好了。"掌华随便地说。"孙先生！我想不去了。你和孙太太两人去吧，我觉得不好意思的。"映霞从来没有这种忸怩的样子。"有什么不好意思呢？你莫非还怕难为情吗？不要耽搁时间，快些换衣裳吧。"映霞被我一催，就关照娘姨（按："娘姨"沪语，即女佣人。）舀水来，预备化妆。我也到韵逸房中去谈天。不到二十分钟，她们衣裳换好了。今天映霞似乎特别出色，一件大花纹模样的鲜艳旗袍，衬托出发育丰满的均匀身材，像一朵夏天晨光熹微中盛开的荷花，在娇艳之中，具清新之气。"唔！王小姐，真漂亮！"那时候才十四五岁的韵逸的弟弟，对她开玩笑。"喔唷，小弟弟！你真调皮啊！"映霞旋转了头，向各人扫了一眼，似嗔非嗔地说。"你们等一等，让我去喊汽车。"达夫特别兴奋的神气，又向着韵逸说："赵先生！你和令弟也一起同去，大家都是熟人，不必客气。""我下个礼拜有课，谢谢！"韵逸客气着。达夫不但很开心而且特别周到，还拿出一张名片插在剑华（按：剑华姓李，是百刚的邻居。）锁着的房门上，就匆匆跑向楼下去。"何必如此？为什么一定要喊汽车？你预备到什么大饭店请我们这班贵客吗？即使要坐汽车，也只要大家一起走出去，街口不就是汽车行吗？何必一定喊到公馆门口，排场十足呢？"我追出去，在扶梯口朝下对达夫边笑边说。同时，招呼映霞、掌华，别了韵逸一同下楼。

（四）在美人面前反常的慷慨

在我的记忆中，我和达夫无论在东京、在杭州，和他一道白相（玩耍的意思）、吃馆子，也不知有多少次，但达夫似乎未曾有过那天那样的兴奋、豪爽、起劲、周到。譬如说：他向来遇见陌生女人，常会露出局促不安的腼腆样子；可是今天掌华和映霞都是他第一次会面的女人，他似乎只是热络。再譬如：达夫向来用钱，虽不是吝啬，但处处地方不肯做"洋盘"，（按："洋盘"上海习语，这里是指花冤枉钱的人。）特意要表示出他是非常精明的内行，不愿给人家刨去一点点的黄瓜皮。（按："刨去一点点的黄瓜皮。"杭州话，意思是说不给占少少便宜。）如对黄包车还价，在未坐上车之前，一两个铜

先吃亏的。然而今天先是坐汽车到南京路"新雅"吃中饭，下午出来坐黄包车到"卡尔登"看电影，无一次不是他抢着付钱。坐上黄包车时，一络大派，不讲价钱。种种情形，在我看去，似乎都有点异常。那天电影片子并不好，我暗中在那里思索："和达夫分别不到两年，何以他的人竟变了样子，莫非在广州发点小财来了吗？决无此事。他不是能够发横财的人，从他的谈话中知道，经济情形也不过尔尔；然则今天完全为了和老朋友的友谊关系吗？这似乎有点过分，然则为什么呢？……"我正在思索不出头绪来的时候，看看银幕上表现的剧情，是一位中年富翁突然爱上了比他年纪小二十来岁，辈分低一辈的一位美丽女郎，因此抛弃了家财、妻子、儿女，和这位女郎私奔到北非洲去……这时，我的想象中似乎发现了思索的端倪："莫非达夫对映霞有野心吗？"但是我立刻自己打消："真是匪夷所思，决不至如此吧？像达夫那样已届中年的人，照理对映霞这种少女不容易发生特

殊兴趣的。而况达夫明明知道映霞是书香人家的千金小姐，决非普通一般人可比，也不至于起这种无聊的亵狎妄念吧！"

（五）希望这个局面不散

电影完了，我看达夫的余兴未尽，想索性给他一个痛快。我说："达夫，我们现在到南京路白相一转，回头到三马路'陶乐邮'吃夜饭，由我请客。"

"赞成你吃夜饭的提议，请你取消最后那句尾巴。"达夫说。

"不行不行，再要你花钱，我们无论如何不去了。你如若不答应，就此告别，今天多谢！"我和她们预备转身走了。

"好的好的，一切遵命。我只希望今天这个局面不散。"他无意中吐出心中的真话来了。

"郁先生的兴致真好。"我们已经穿过派克路，沿人行道向东走去，掌华向达夫说。

"我这次到上海后，一直没有白相过，今天还是第一次呢。"达夫说。

"郁先生预备搜寻小说资料吧？"映霞似乎有点熟了。

"哈哈！王小姐又要挖苦我了。"达夫笑得一双本来不大的眼睛，眯拢成一条缝。

"达夫倘若照今朝情形找寻小说资料，真要蚀煞老本呢。"我由后面赶上达夫面前说。我们四个人一哄的笑声，引来身旁路人多少带着好奇的一瞥。

（六）希望奇迹出现

从"陶乐邨"吃完出来，已经华灯灿烂，夜景方浓的时分了。达夫差不多有六七分酒意，坐上汽车里只有他一个人东说西说，忽而用日本话对我说：

"老孙！近来我寂寞得和一个人在沙漠中行路一样，满目黄沙，风尘蔽目，前无去路，后失归程，只希望有一个奇迹来临，有一片绿洲出现。老孙！你看这奇迹会来临吗？绿洲会出现吗？请你告诉我！"

"你真在做小说吗？"我只得和他开玩笑。

"人生不就是一篇小说吗？"他差不多声音有点发颤了。"今天

车子停在尚贤坊口，我们下来后，他再改用杭州话说了。车子再送他回闸北的创造社去。

（七）二次来访自带酒菜

在第三天或第四天的黄昏将近，我们正在预备吃夜饭时，突然达夫来了，手中提着两瓶王宝和的太雕，有点气急喘喘地神气说："你们没有吃过饭吧？我已经在街口那家宁波馆子喊好几样菜，马上就可以送来了。孙太太！这两瓶酒请关照娘姨烫一烫。"

"喔唷！郁先生！这是什么话？你来吃饭尽管请过来好了，何必要买酒叫菜，蜻蜓咬尾巴，自吃自呢？我们无论怎么穷，也不至于穷到来个客人无肴无酒呢！"身为主妇的掌华不得不如此说。

"孙太太！你这样说法使我难为情了。我因为时候不早，恐怕你

们吃过饭，急急赶来，为简便起见，所以走过酒店就沽了酒，走过菜馆就喊了菜。我和老孙是兄弟一样的朋友，不拘任何痕迹的，请孙太太千万莫要介意。"达夫辩解着。

"郁先生恐怕此地买不到好酒，所以特别到王宝和去买了酒来。"映霞望着酒瓶上的招纸，随便说。

"对呀对呀！王小姐的话真是一语破的！"达夫笑得嘴闭不拢。

宁波馆子的四样菜也送到了，娘姨拿去烫的酒也烫好了。达夫又到间壁去邀了韵逸的弟弟过来一道吃，其余的人都不在，这顿夜饭是我们五个人吃的。

在家中吃饭和在馆子里吃的气氛，截然不同。这一餐比前天两餐更加增进了达夫和映霞的热络和亲切。我在"卡尔登"自己所消掉的那一种假设，照今天晚上的情形看去，差不多到无可否定的地步了。

（八）从肉麻举动中露出企图

第二天，映霞出去时，紫华对我说："我看郁先生颇有意于映霞。"

"你也看出来了吗？"我反问她。

"怎么会看不出来呢？昨晚打牌郁先生坐上家，尽量放好张给映霞吃，映霞和倒一副大牌，郁先生差不多比自己和大牌还要开心。那种肉麻的样子看了真好笑，郁先生今年多少岁了？"

"总比我大五六岁吧。"我也记不清楚达夫的年龄了。"他的太太我未曾见过，但记得也是姓孙，是富阳一家大家的小姐，读过旧式书，对达夫感情很好，达夫对她也不错。我只知道有一个儿子，就是他在小说中常提起的龙儿。另外是否还有小孩，我不清楚了。"

"照这样说来，郁先生不应该再在外边弄人。"

"他的小说似乎表现出他是一个极浪漫的人，其实达夫倒并不是一个对女人瞎搞的人。照我所知道的，他从未对女人有搅七捻三的事情过。"

"那么或许是我们神经过敏吧。"

"但愿如此。总之，此后不希望达夫常来。男女间的感情是极微妙的，同时希望映霞早日能找到适当的对象，可以使达夫失去目标。"

我们这样谈过，也就淡然置之了。

以上是孙百刚所见到郁达夫"一见"王映霞而"倾心"的情形，和他们交往时，郁达夫的内麻火志情 情况逼真，对于郁、王悲剧 是极有参考价值的。

（九）日记和书信 的心声

郁达夫在一九 七年一月十四日的"日记"中这样记道：

十四日星期五，晴暖如春。午前洗了身，换了小褂裤……就上法租界尚贤里一位同乡孙君那里去。在那里遇见了杭州的王映霞女士，我的心又被她搅乱了，此事当竭力进行，求得和她做一个永久的朋友。中午我请客，请她们痛饮了一场，我也醉了，醉了，啊啊，可爱的映霞，我在这里想她，不知她可能也在那里忆我？……我真想煞了霞君。

郁达夫第一次和王映霞见面，真的达到了"一见倾心"的热烈程度，此后，几乎天天和王映霞见面，不见面就写信，在一九二七年一月十九日的长信里曾说：

今天想了一个下午，晚上又想了半夜，我才达到了这一个结论。由这一个结论（彼此痛苦）再演想开来，我又发现了几个原因。第一我们的年龄相差太远，相互的情感是当然不能发生的。第二我自己的风采不扬——这是我平生最大的恨事——不能引起你内部燃烧。第三我的羽翼不丰，没有千万的家财，没有盖世的声誉，所以不使你五体投地的受我的催眠暗示。

郁达夫这封信中所说的三个原因，每一个原因都是千真万确的，都是可以造成后来的悲剧的。他既然知道得如此真切，为什么还要疯狂地追求到底呢？

当时，郁达夫是三十二岁，当时的三十二岁，不像八十年代的三十二岁，因为八十年代的三十二岁，还是在青年时期，而二十年代和三十年代的三十二岁便是中年了。当时，王映霞是二十岁，那时的二十岁，她还认为是"一个未成年的少女"呢。郁达夫和王映霞的年龄相差十二岁，所以郁说："我们的年龄相差太远。"这在当时，的确是"相差太远"，假如结合，到后来，男的渐老，女的因年龄增长，识见增广，自然会出现麻烦。

当时，郁达夫还有第四个原因，也是最大的原因，就是他是已婚的，他已有了太太孙荃，且已有了六年的时间，他在他的作品中还常常写到她，如《还乡后记》《一个人在途上》等篇中都说到孙荃的可怜。

王映霞经不起郁达夫疯狂、痴情地追求，终于对他允诺，并且结婚，最伏有危机和后遗症的，是郁达夫对孙荃不是离婚而是分居。

◎反对的声音

（一）孙百刚的"逆耳之言"

关于郁达夫热烈追求王映霞的事，引起他朋友、家人、熟人一片反对的声音。首先是孙百刚，他认为对郁达夫是"逆耳之言"，他说：

> 我们虽不希望达夫常来，但事实上他却三日两头地跑来。起初几次来时，总假借一种口实：或是说在附近看朋友，路过我处；或是拿几册新出版的书来送我们。记得有一次，他实在无话可说，走进门就吟着两句唐诗："出门无知友，动即到君家。"他来了后，不是哄我们出去吃饭看戏，就是想法找搭子打小牌。有一次夜饭后，达夫已有醉意，脸上像似充血的样子，青筋突起，满面通红，用差不多要哭出来的语调对我说日本话："我自己也不知道是什么缘故，自从第一次看见她——你当然知道我指的是谁——之后，就神魂颠倒，无论怎样想抑止下去，但总控制不住自己的感情。眼睛一闭拢，睡梦中梦见的也是她，眼睛一睁开，做事也无心，吃饭不在意，眼面前只见她的影子在摇晃。一出门，脚步不期而然地到此来了。一到此处，只要看见她，似乎我的灵魂找到了归宿处，像迷途的孩子重复来到母亲的怀抱一般。即使她不和我说话，也觉得精神安慰。如果她偶尔和我谈上几句，我全身的细胞神经，像似经过烫斗烘过似地舒适服帖……我明知道中年热恋的结果，常不佳妙，但教我如何办呢？"达夫的眼泪几乎流出来了。
>
> 掌华和映霞看他那副紧张兴奋、热情奔放的样子，虽不懂说话，也看出苗头了。映霞到自己床上横身假寐着。我一面关照掌华绞一把热手巾给达夫揩面，一面非常冷静地对达夫说：

"其实我们早就看出你的变态了，也正在这里替你担忧着这事的前途。你到底是偶然一时的感情冲动呢？还是要作永久打算呢？倘若是一时冲动，我希望你立刻离开上海到北平去。"

"我已经失去自己的理智，那里还分辨得出是一时冲动还是永久感情。我只知道她是我的生命，失去了她，就等于失去我自己的生命；要我现在离开上海，意思就要我立刻毁灭我的生命。单刀直入一句话：请你太太替我问一问她的意思，到底如何？"达夫说出了他的目的，稍稍镇定些，喝几口茶，拿起帽子走了。

自从这次谈话后，每逢达夫来时，我和掌华尽量避开他。他要约我们出去吃饭看剧，我们也尽量说出种种不能奉陪的理由，让映霞和他两个人同去。映霞有时夜间回来，我们也有意不去问她外面白相的情形。

这样经过了十天八天，我关照掌华问一问映霞的主意。事后据掌华告诉我：映霞初则一言不发，经一再追问，只说了一句："我看他可怜。"我听了这段报告，心中大致明白。经过仔细考虑后，我想尽一番最后的努力。

一天早晨，我趁达夫没有出门的时候，跑上宝山路三德里创造社去。

"喔！你来得这样早？"达夫刚在那里盥洗。

"我特意早一步来，恐怕你出门去。"我就坐在他床上。

"我上次托孙太太问她的话，结果如何？"他似乎猜出我的来意。

"你这几天和她出去的时候，你自己总已经找到了答复吧。"我有意刺探他一句。

"我不好意思那样单刀直入地问她，还得要拜托孙太太啊！"他回避了我的刺探。

"达夫！我今日特诚来劝告你，克服你近来的冲动的；你倘若要和映霞结合，必须先毁弃了到如今为止是安宁平静、快乐完满的老家，这于你是大大的损失。感情是感情，理智是理智，我们差不多快近中年的人了。写小说，不妨不顾一切，热情奔放，轮到现实的切身大事，总应当用理智衡量一番。同时，你也得替映霞设身处地想一想：以她的年龄、人品、家庭、学识，当然很容易找到一个比你更合适的对象。她何必要一个已经有了家，必须毁灭了家再和她结婚的男人？你倘若是爱她的，也应该顾全到她的幸福，你以为对吗？再有一点：你和她年龄相差过大，贸然结合，一时即无问题，日久终有影响。我以清醒的旁观者的地位，对你忠告，希望你郑重考虑。我明知道你对她一见钟情，缘由前定，巫山沧海，断念为难。但事关你的家庭，你的前途，做朋友岂可知而不言，言而不尽呢？"我一口气这样说了。边说边看他的表情，我知道我是多说了。

"莫非映霞已经明白拒绝过吗？"他思索了一会，突然这样反诘我一句。

"映霞也没有拒绝，也没有同意。"我淡然地说。

"莫非孙太太没有替我问吗？"

"问是问的，她没有表示。"

"喔！没有表示？"他再追一句。

"是的。你何妨再直接试探她一下，也不是什么难事，何必一定要经过旁人。"我预备置身事外。

"再看吧！我希望你们勿加阻碍。"他有点不放心我们了。

"当然不加阻碍。"我使他安心。

"我还希望你们给予助力。"他更进一步。

"不，凭良心说，我不愿给予助力。"我毫不犹豫地使他绝望。

"老朋友这点情分没有吗？"他叹息着。

"唯其是对双方都有不平凡的友谊，我不愿违心地给予助力。"我坚定地说。

他认为话不投机，多说无益。我们就另外谈创造社的事情。谈了不久，我就告辞。临走时我还不甘休，再对他说：

"达夫！我盼望你再冷静缜密地思考一下，千万不要孟浪从事。"

"百刚！这一次是我生命的冒险，同时也是生命的升华。我们再见吧！"他甚至有点气愤的样子了。

从创造社回到家中，时光还早，碰巧掌华出去未归，家中只有映霞一人。我想今天索性一不做二不休，稍稍休息一下，我对映霞说："你和我们相处，虽则不过半年多，但大家感情颇好，彼此有如兄妹一般。因此我们无时不在考虑你的事情，最近达夫对你的疯狂追求，你总应当知道了吧。你觉得如何，你对他的意思到底怎么样？"

"……"她一声不响。

"达夫是已经有妻子，有儿女的中年人了。他对于你的爱慕，虽则是出乎真情，然而多少总是不健全不正常的。你是否应当接受他的追求，在你自己应当有你自己的考虑。你以为如何？"

"我当然不会马马虎虎答应他的。"映霞的声音很低。

"我知道你所谓不马马虎虎者，无非要他和富阳太太离婚；但我以为男女的结合，决不是如此简单朴素的形式问题。人的感情是流动的，尤其是像达夫那样的罗曼蒂克的文人，感情的流动性比任何人更大。再讲到人道，何必要牺牲那位无辜的富阳太太，而来建筑你们的将来呢？就你而论，人品、家庭、年龄、学问，哪一样不及人家，正可以从容不迫，任意选择，何必一定要找一个像达夫那样，必须毁弃一个家，再来重建一个家的男人呢？我们的意思：希望你断然拒绝他的追求，一面解救了他的烦恼，一面成全了你自己的前程。你以为我的说话对吗？"我热忱而婉曲地说了。

"我怎么会愿意答应他呢，不过我倘若断然拒绝，结果非但不能解救他的烦恼，也许会招来意外的事件。"映霞听了我的话，非常感动，她的表情似乎十分痛苦。

"那么你已经动怜才之意了。既然有如此伟大的精神，我希望你索性伟大到底，可以无条件地和他结合，不必一定要他毁灭了已成的家庭。你能这样做吗？"

"这是万万得不到我家庭方面的同意的。"她说。

"好吧！希望你们有一个美满的将来。不过我总希望你在最后决定之前，应当回到杭州去，和家中仔细商量一下。"我对映霞当然不能像对达夫那样坚决地说，只好就此而止，我自己觉得已经过分了。

三四天之后，映霞借了某种口实，搬出尚贤坊，到另外一家同学家中去住。达夫也绝迹不来，我也急急赶编好那本书，和掌华回杭州去了。

孙百刚之所以对郁达夫和王映霞两方面，都说了"逆耳之言"，是因为他们的相遇，是在他的家里，使他有一种挽回悲剧的使命感。郁达夫自己认为王映霞是他的生命，"失去了她，就等于失去我自己的生命"。郁已经沉迷到如此的程度，当然不会听孙百刚的"逆耳之言"了。而王映霞也没有听孙百刚的劝告，没有对郁的追求加以断然拒绝，以致渐渐地软化，使不可能成为可能，接受了郁不离婚而和孙荃分居的事实。这不能不说王映霞自己也有了错误。她后来在《答辩书简》中承认自己"未成年"，便含有悔恨的意思了，也同时隐藏了她后来以"红杏出墙"为报复的张本。

（二）创造社下一代的反对

当时，郁达夫负责"创造社"的整理工作。创造社的年轻的职员如周全平、叶灵凤等，对郁达夫疯狂追求王映霞时的挥霍情形，曾表示了反对的意见。叶灵凤说：

> 他们要我写几句以作介绍，我却将这个委托搁置了许久不曾动笔，因为我不仅不是很适合写这样一篇文字的人，同时我也明白自己实在不该写，因为我已经屡次说过，不论这件事情的真相是怎样，我在感情上始终是同情我们的达夫先生的。尤其是王映霞女士在《答辩书简》里，斥达夫先生为禽兽，实在使我读了很有感触。虽然达夫先生为了创造社出版部的事情，甚至就为了王女士，曾经斥我同当时几个其他年轻的朋友为"丧尽天良的下一代"，说我们应该铸成一排铁像跪在他的床前。但我们在文艺上，始终将他看作是我们的前辈；在私交上，也始终对他保持应有的敬重，因此看到王映霞女士对他所下的这种断语，实在使我对他们的事情不忍有所论述。

> 只有一点，虽然已经事隔三十多年，却使我仍不曾有所改变的，那就是我们当年认为达夫先生结识了王映霞女士，实非达夫先生之福。这正是当年除了创造社出版部的问题之外，我们这一群一向崇拜他的小伙子同他"交恶"的原因，因为我们曾经在他面前表示过这意见，使他大为生气。可是，事隔三十多年，现在有事实摆在眼前，再证以他自己的《日记九种》中所记的当时情形，要叫我们当时那一批二十几岁将新文艺当作自己生命的热情青年，对他与某太太通宵打麻雀，为了追求王映霞女士要那么挥霍的情形，予以赞许，实在是做不

到的。

甚至直到今天，我个人的这种见解，可说仍不曾改变。这也正是当年虽然为了不赞同他追求王映霞女士，挨了他的骂，现在想起他们的离合经过，反而要站在达夫先生一边的原因。

我一直认为，没有这一场婚变，达夫先生根本不会投荒南下，因此后来也就不会不明不白的遭了日本人的毒手。他可能至今还健在。试想，在这近二十年的时间，以他的那一支才笔，可以为我们写出多少美好的作品。可是他的文学创作生命，却被这一段不幸的结合所影响，过早的遽然结束了，我觉得这乃是中国文坛的一项重大的损失，也正是我们对于义兼师友的郁达夫先生，每想起了就要觉得心痛的原因。

其余的问题，现在看来，实在是枝节的了。

郁达夫如何能听得进呢？于是老羞成怒地骂他们为"丧尽天良的下一代"，经过创造社下一代的叙述，就知道当时郁达夫对追求王映霞一事，是怎样的疯狂，怎样的痴迷了。

（三）长兄郁华的反对

郁风在《三叔达夫》中说到她的家庭、熟人、朋友都不赞成。她说：

单凭他的满腔热情，在当时的环境下，要以行动闯出一条革命道路来虽然不足，但对于排除爱情的障碍，战胜宗法社会的种种非议却是有余的。他和王映霞——杭州名士王二南的外孙女终于结婚了，在赫德路嘉禾里安了家。熟人、朋友、两方面的家庭自然都不赞同。听母亲说，父亲在北京知道后非常生气，不知写过多少信去告诫三叔，作为法官的父亲首先提出，这是要犯重婚罪的。然而既成事实终究是既成事实。

其实新旧交替的婚姻问题上，这样的事毫不稀奇。在受害者的旧式妇女方面，已经承受惯了千百种封建的压迫，与其再遭受"离婚"更受歧视的打击，勿宁接受生活的一定保障来抚儿育女更来得现实些。三叔也确实是这样做的，经常汇钱回富阳去给三婶。

郁风是郁达夫长兄郁华的女儿，她说的父亲便是郁华，她说的三婶，便是郁达夫的元配夫人孙荃。郁达夫的长兄虽然反对，也没有阻挡得了。

但是，众人是圣人，众人的意见当然是正确的。这个郁、王的婚姻后来的发展，更足以证明众人的意见是正确的。

◎名女人·风雨茅庐

（一）名女人易惹是非

郁达夫自从在上海尚贤坊孙百刚家，遇到王映霞之后，便"一见倾心"，疯狂地追求，一方面陪他们吃馆子，陪他们通宵打麻雀，大事挥霍；一方面利用文笔宣扬王映霞的美，发表追求王映霞的日记，后来成为畅销的《日记九种》。又从文坛消息上加以鼓吹，使爱好文学青年，都知道了郁达夫在追一位美人，渐渐成为文艺界的话题。而王映霞之美，便名扬全国。俗谚所说"人怕出名，猪怕肥"，因为人出了名，便有人打他的主意，假如是女人出了名，那就更有人注意她，想她，对她有企图了。

假如说王映霞是美，是娇的话，正应该"金屋藏娇"，不必向全国人宣传映霞的美，使他"一见倾心"，使他疯狂追求，使王映霞为众人所仰慕。这也是悲剧的基因之一。

（二）短暂的"富春江上神仙侣"

关于"风雨茅庐"，是代表郁达夫偕眷迁移杭州的问题。郁达夫和王映霞在上海居住时，虽然王映霞成了名女人，但在上海还是不能特别突出的，同时还有政治方面的问题，大多数作家，都不能公开活动，王映霞的活动天地自然也只有自己的家庭了。孙百刚说：

> 其间由友朋传言，晓得他们婚后生活非常和好。住在赫德路嘉禾里，映霞已经有孕了。以后又知道达夫曾经大病一场，病中映霞看护周到；病后每天请达夫吃鸡汁、吃甲鱼、吃黄耆炖老鸭。只要想得到办得到的补品，尽量弄给达夫吃。还知道达夫的生活，变成很上轨道，相当安定。几部从前写的小说，都重新编过，由北新书局出全集，按月抽相当数目的版税。达夫再每月写点东西，零碎卖之。大部的收入都由映霞运用调度。区处有方，家庭经济也就渐趋稳定。这一连串的消息，使怀念他们的朋友，听了感到安慰，有说不出的欢忻。大约此一时期是他们婚后最美满的一段。照达夫自己在《毁家诗纪》中所说，就是："频烧绛蜡迟宵柝，细煮龙涎浣宿熏。佳话颇传王逸少，豪情不减李香君。"照旁人眼中看去，也就是"富春江上神仙侣"（易君左赠达夫诗中语）了。

（三）迁杭州有弦外之音

这种美满的时日不多，郁达夫听了王映霞的劝告，把家迁移杭州。鲁迅曾劝他们不要那样办，并曾写诗一首寓规劝之意。郁风说：

> 据达夫说鲁迅对杭州是绝对的厌恶，有一年他同许钦文去杭州玩过一次，因湖上闷热，蚊子多，饮水不洁，在旅馆一夜睡不好，第二

天就逃回上海了。当然这厌恶还有政治的原因。那首《阻郁达夫移家杭州》的诗说得很明白："钱王登遐仍如在，伍相随波不可寻。平楚日和憎健翮，小山香满蔽高岑。坟坛冷落将军岳，梅鹤凄凉处士林。何似举家游旷远，风波浩荡足行吟。"达夫在《回忆鲁迅》中说："这诗的意思，他曾同我说过，指的是杭州党政诸人的无理高压。他从五代时的记录里，曾看到过，钱武肃王的时候，浙江老百姓被压榨得连裤子都没得穿，不得不以砖瓦来遮盖下体。……我因不听他的忠告，终于搬到杭州去住了。结果竟不出他之所料，被一位党部通缉我们的先生，弄得家破人亡。"他指的就是当时官拜浙江教育厅长的狐鼠之辈许绍棣。

当然，郁达夫当时没有听鲁迅的劝阻，而移家到杭州。并设法建筑一座洋楼，命名为"风雨茅庐"。孙百刚说：

　　他们是民国二十二年春举家迁杭的，他们为什么要那样不惮烦地迁居呢？真正的原因我不明白。当时据映霞口头所说：似乎是孩子大了，杭州的小学比上海好，一切生活都是杭州方便，所以到杭州住家。但据我猜想，原因恐不如此单纯。说不定经济的因素，也占着主要的成分。因为在嘉禾里这几年中，历年达夫稿费收入，除家用开支外，经映霞的运用，相当积储了一笔数目。但在民国十九年以后，达夫小说的销路不及从前，生活逐年加高，收入反而减少，当一家主妇的映霞，当然觉得有变更计划的必要。其时杭州的生活程度，低于上海，这也许促成他们离沪赴杭的一种动机吧。（按：弦外有音，映霞可在上流社会活跃。）

（四）动用省府关系购买地皮

有一天上午，达夫、映霞来看我，碰巧有很多来客，大家在那里瞎谈，沈太素亦在其间。太素当时是在办省立救济院。救济院的组织，是继承从前同善堂而加以扩大的。那时候他正在进行一种整理院产的计划。原来同善堂有很多地产，包括沿西湖边上许多义冢地在内，他预备将义冢的枯骨，集体瘗埋，再把沿湖的地皮出售，以所得款项，充裕省库。同时在清泰门外，盖造平民住宅若干幢。这计划的原则当然不坏，然而却招来不少的非难。这天大家正在谈论此事，刚巧达夫映霞跑来。我替太素介绍之后，映霞似乎对于太素所说的出卖救济院地产一节，非常感到兴趣，孜孜不休地向太素询问详情。后来太素和其他客人陆续散去，映霞对我说：

"请你明后天去沈先生那里问一声：我们场官巷里有一家废庵，大约有两亩光景地皮，听说是救济院的产业，我想把它买下来，可否请他帮忙。"

"废庵买下来干什么？"我说。

"我欢喜这块地皮，它是长方形的整整一块，四面围墙俱至，里面只有三四间坍败的庵基，地面很平整。只要把庵基拆掉，立刻可以造房子的。"映霞显然有点兴奋的样子。

"你想造洋房吗？"我问。

"是的，不管怎样，先把它买进再说。"

"庵基上造住宅，是不吉利的。"我说笑话。

"这那里管得许多，无论如何请你去托沈先生帮忙。"她郑重托我后和达夫走了。我看达夫自己对于买地皮造房子的事情并不十分起劲。

我受她之托，当然去和太素谈起此事。据太素说：只要那块庵基是院产，一定可以帮忙的。……

两三天之后……映霞说：

"孙先生，真要谢谢你！我已经去看过沈先生两三次了。那块庵基是救济院院产。面积，老亩有两亩另，新亩只有一亩八九分光景。沈先生答应设法卖给我们，或者弄其他的地皮去交换。不过要经过省政府会议通过，才可决定。省政府方面以我们的关系去说，是绝无问题的。所以此事十分之八九拿得稳了。"映霞很兴奋地一口气说了。旁边纪瑞（按：百刚妻掌华死后，又继娶纪瑞为妻。）听了不十分清楚，映霞索性又加上一段："我自从搬到场官巷后，楼上房中一张梳头桌的窗口，正对着这块庵基。我每天早晨梳头时，老是望着这块地皮发呆。我想：有朝一日我能把这块地皮买进，造一排小巧玲珑的五开间平房，前后左右空地上种些花草树木，在花园一角，再替达夫造三间书屋。动工时节，我自己设计，自己监工，这是多么快乐啊！因此，我就探听这庵基的所有人，大家都说是省立救济院的产业。我正在那里走路子找人，不料那天在孙先生处遇见沈先生。这真是踏破草鞋无觅处，得来全不费工夫！"映霞欣欣得意地说了这一大套。

（五）建筑"风雨茅庐"

记得在民国二十四年（一九三五）秋，达夫就有信来说：那块地皮，结果花了一千七百多元另外买进十七亩山地和救济院交换的。照时价算，约便宜五千元。房子已经动工，冬天可以落成。映霞宿愿得偿，殊为欣快。每日东指西划，栽花种木，忙碌万状云云。

我们回杭州时，达夫已经上福建去做省府参议了。不到几天，就接到映霞一个人出名发来一张请帖……

我们正在说笑话时，映霞跑来了。她和纪瑞谈了几句别后普通应酬话后，她就问：

"我发来一张帖子收到了吗？星期六请早。"

"帖子是收到了。我已经关照纪瑞记下你的日期和次数，一共有十六次，恐怕记不清楚被你赖了去。"我对她说笑话。

"用不着孙太太记，我决不赖掉，一次一次地请你好了。不过你吃得胃病复发，我可不负责任，孙太太可不能怪我。"映霞边说边笑。

"说正经话吧。你何以发帖子请我们呢？你还找什么人做陪客吗？和从前嘉禾里一样自己弄几样菜吃吃不好吗？"我对她正经地说。

"我不是请你的，我是请孙太太的。"映霞说。

"郁太太客气了，何必如此费事。"纪瑞客气着。

"原来我是陪客，那么，恕我不道谢了。"我说着笑话。

（六）"风雨茅庐"气象相当豪华

因为南归后，未曾去过场官巷，所以到了星期六下午，我和纪瑞特意辞去了另外一个饭局，早一点去参观他们的新居。到门口一看，气象相当豪华。两扇铁门敞开着，一条水泥路的铺道，可以一直通进去。要是坐汽车去，可以一直开到正屋面前下车。我和纪瑞一路走进去，映霞已迎了出来。我们先看了南向的三间正屋：当中一间是客厅，上面悬着一块记得是周承德写的"风雨茅庐"四字的横匾，似乎还有一小段跋语写在后面，内容我记不起了。我问映霞：

"'风雨茅庐'四字是何人拟的？"

"当然是达夫自己啊。"

"唔！"我觉得此四字萧索些，但将话咽住，没有说出来。

客厅旁边东西两间，好像都是卧室。开间相当宽阔，每间各有后轩，陈设的家具大部是新的。壁上挂的字画镜屏，都是别人送的。有一股新的油漆气味荡漾着，纱窗也都是新装的。映霞对我们说：因为三个孩子要乱坐沙发，弄脏地板，所以平时这三间正屋都常关着。白天吃饭坐起，多在后面三间小屋中。在东北角上水泥的铺道，有一条支路引我们来到三间小屋。这里摆的家具大多是上海嘉禾里搬来的旧东西，看了倒有点亲切之感。由此折回出去，向东沿铺道走去，经过一重小墙上开着的月洞门，出现一个小小院子，点缀着一些假山石，摆着几盆荷花缸，里面是一间朝南的大花厅，这里就是达夫的书房。三面沿壁，全都排列着落地高大书架，密密层层地放着六七千册的中、英、日、德、法各国文字的书籍，达夫的书，我一向知道是多的，光是英国十八、十九世纪的名家小说和诗集，他大多搜购了的。但以前都住小房子，也没有一间正正式式的书房，所以未窥全豹。经现在这么陈列一番，真是坐拥书城，洋洋大观了。

我心中想：达夫好容易自己有了风雨茅庐，自己有了这样明窗净几的书斋，不在杭州享受几年清福，偏偏要跑到福州去当什么参议，未免可惜。我想或者是经过此番大兴土木，将映霞历年积蓄耗去不少，所以不得不为五斗米折腰了。

（七）"风雨茅庐"多应酬官场中人

"你着实花一番经营，煞费苦心呢。"我们由花厅回来，纪瑞向映霞说。

"怎么不是呢？达夫一概不管，全是我一个人费心思弄成功的。这里无论是一砖一木，一树一花，都有我的心血在内。事非经过不知难，早知如此麻烦，我也决不造房子了。"映霞边走边说。

"到底一共花了多少钱？"我问。

"基地之外，再加木匠、泥水、花匠、石匠、装折、家具等等，总要两万光景。还有很多东西，都是别人送的：两扇铁门和各处种的花木是周市长送的。……"映霞说出什么人送什么东西，背了一大篇，我也记不清楚了。不过所说的人，大多是当时现任官吏。我心中想：达夫他们到杭州住了两三年，何以尽和官场交游。这时我脑海中又浮起了达夫的名士型的掠影。

映霞又告诉我们：达夫平时并不十分迷信，独独这次造房子，迷信万分。特意请了杭州闻名的风水先生郭某，一次一次来履勘指点：大门的方位、正屋的坐落、门户的开闭、日期的选择，莫不遵从郭某的指示。据这风水先生说：这所房子落成后，除了人口平安、家运兴隆外，屋主人立刻可以得着差使。果然在房子落成不到两个月，福建的陈公洽就来邀达夫去当什么参议了。

其时客人陆续到齐。那天晚上，映霞约的都是一对对的夫妻。除我和纪瑞外，另有四对夫妇，也是官场中人。有两对是我们熟的。因为是正式的酒席，你请我请，吃来并不怎样舒服。还不如在嘉禾里吃油炸豆腐干来得有味。

以上是孙百刚描写的王映霞购地建屋的情形，因为花钱太多，郁达夫不得不到福州去充任省府参议，拿固定的收入，来弥补亏空。又据王映霞说的很多东西都是别人送的，而送的人又都是杭州的官僚。可见郁达夫移家杭州之后，和杭州的官场混得很熟。而"风雨茅庐"建筑成功，更可以在家中应酬宾客，看孙百刚对"风雨茅庐"的描写，那种气象，正可以作为杭州官僚的"俱乐部"。郁风在《三叔达夫》一文中说："一九三六年春新屋落成，而达夫却没有享受，为了赚得固定收入和还债，去了福建当一名参议闲差。而风雨茅庐就成为名流、大官出入的地方。……"这个"名流、大官出入的地方"言外之意，是含有玄机的。

（八）"风雨茅庐"中招风引蝶

郁达夫不在杭州，正好给予王映霞主动社交的好机会。王映霞以名女人的身份，在上海无法施展，不能显露她这方面的才华，到杭州之后，就不同了。杭州的上流社会接纳了她，省府、市府、党部的高级人员都和他们来往，也都以郁达夫朋友身份出现，自自然然地也接近了女主人王映霞。

也正在这个时候，许绍棣闯进了郁家，和郁达夫成为莫逆。许绍棣当时是浙江省府教育厅长，有钱有势。当时许绍棣经常出现郁家找郁达夫，正如当年郁达夫经常去找孙百刚一样，目的都是在接近王映霞。郁的目的达到了，许的目的也达到了。这一点，倒是出于郁达夫的意料之外，古有明训"朋友妻不可欺"，他怎么能想到许绍棣这个友人，会成为他太太的入幕之宾呢？

说到这里，"风雨茅庐"更是这个悲剧的重大基因之一了。

◎《毁家诗纪》真的毁了家

（一）王映霞早想报复

郁达夫当时是一代的颓废作家，为表现小说中颓废生活的逼真，往往和女人打交道，正如他自己所说的，小说都有自传的成分，他的小说中对女人的可怜的遭遇以及性心理，都描写得非常透彻。关于他自己的太太王映霞与许绍棣有"私情"的纠纷，他当然能体会出来，更何况他获得了三封情书，他实在忍不下这口气，曾将情书照相印刷赠送朋友。以致闹得不可收拾，但他终于还是舍不得王映霞，经朋友劝解，曾有协议书的签订，在公开的几则启事方面，也曾有反反复复，前言不照后语的地方，以挽救王映霞的面子问题。原因便是王映霞已向郁达夫写了"悔过书"。

王映霞到底在什么情形之下，接受了第三者许绍棣的"热恋情事"（王悔过书中语）呢？就是王映霞心中早有不平，早想报复的问题。她说：

> 但是兽心易变，在婚后的第三年，当我身怀着第三个孩子，已有九足月的时候，这位自私、自大的男人，竟会在深夜中窃取了我那仅有的银行中五百元的存折，偷跑到他已经分居了多年的他的女人身边，去同住了多日。像这样无耻的事情，先生能否相信是出于一位被人崇拜的文人行为么？等他住够了，玩够了，钱也花完了，于写成了一篇《钓台的春昼》，一首"曾因酒醉鞭名马，生怕情多累美人"的七律之后，亦许是受了良心的责罚吧，才得意洋洋地，又逃回到当时我曾经牺牲了一切的安乐，而在苦苦地生活着的上海的贫民窟里来。

郁达夫与王映霞的结婚，郁达夫与其妻孙荃不是离婚而是分居，对王映霞来说已种下不幸的因素，何况他又跑去和她同住？这在女人方面说，也是不可忍受的事。她在无可奈何之下，演出了这一幕"红杏出墙"以为报复，这也就是她到现在还不肯悔过的原因吧。

（二）王、许"热恋情事"不容否认

不管如何说，王映霞与许绍棣的"热恋情事"，不是王映霞能否认得了的，因为那是事实。

王映霞与许绍棣"热恋情事"，也不是偶然的，为了证实不是偶然，我才举出了上面所说的几个"悲剧的基因"。

郁达夫知道自己戴上"绿帽子"之后，心理极不平衡，一方面舍不得离异，一方面又忍不下这口气。于是，在南洋和王映霞一起生活，又暗中写了《毁家诗纪》，将王映霞与许绍棣的"热恋情事"——也就是"私通"情形，注入诗中，并在"注解"中说得清清楚楚，细细看来，虽稍有夸张，但绝非"谣言"。哪有人把"绿帽子"硬向自己头上戴呢？郁风在《三叔达夫》一文中说："后来终于发生了《毁家诗纪》中的悲剧。在武汉，他用尽了弱者的报复手段，用最恶毒的字眼公开地宣扬'家丑'，甚至饥不择食地拿起腐朽的封建武器掷向王映霞（如称她为'下堂妾'）。同情他的朋友们也觉得他做得太过分了。"王映霞虽然"九州铸铁终成错，一饭论交竟自媒"的大错之后，又曾写了"悔过书"一类的东西，在郁的一方面便不应屡屡不休地"宣扬家丑"了，但郁达夫自我暴露成性，不能自已，使她"羞愧难当"，她焉有不"老羞成怒"的道理呢？

本来，王映霞的随郁南来，而郁能带她南来，是不预备离婚的，但经《毁家诗纪》的发表，把王映霞的不守妇道，宣扬于世，王映霞实在无脸面再和郁达夫生活在一起了。

（三）《毁家诗纪》毁家丧命

《毁家诗纪》真的毁了家。

假如向前推论的话，郁达夫与王映霞的悲剧，是郁达夫不仅毁了家，还丧了命。

郁达夫不迁杭州不造"风雨茅庐"，王映霞不能认识那些官僚，也便没有许绍棣的"私通"。

没有王映霞和许绍棣的"私通"，郁达夫也不会到南洋。因为郁达夫认为自己是戴"绿帽子"的人，无法无脸在国内混了，才到南洋去。到南洋才丧了命。这不能不说是王映霞造成的悲剧。

王映霞既然造了这样的文坛悲剧，到了行将就木之年，还不坦白地说实话，实令人对她不能谅解。

《传记文学》第四十五卷　第六期

3. 郁达夫前妻王映霞自白（选载）

（王映霞原著）

——原题《郁达夫与我婚变经过》

◎ **漫天烽火　达夫远去**

一九三六年的二月间，照农历算来，正是正月十二日，离元宵节还有三天。郁达夫从他杭州场官弄的旧居里出发，到了杭州城站。他是预备启程去福州的，去担任福建省政府公报室主任。

郁达夫和福建省政府主席陈仪并不认识，因为陈仪的亲戚葛敬恩这时住在杭州，在朋友请客的宴会中，郁达夫和他认识了。于是由于葛的介绍，才知道了陈仪，他才知道陈仪是留日的。于是一来一去地通了几封信，陈仪便邀郁去福建工作。

离家三日是元宵，灯火高楼夜寂寥。

转眼榕城春欲暮，杜鹃声里过花朝。

这一首诗，就是郁达夫到福建后数日，寄回杭州来给我的。

这时，我们在杭州建筑的新屋尚未完工，郁达夫在到了福建后的第三个月，他又请假回到杭州，由于新屋刚刚落成，所以他就在西湖边的镜湖厅里，请过一次客，作为我们新屋落成的庆祝宴会。

八月十三日，我在新屋里分娩，是第三个男孩，我们把他取名郁荀，又名建春。满月后我就打算去福州，郁达夫来信叫我不要去，我也只能不去。

次年（一九三七）二月，我征得了郁达夫的同意，才带了第二个孩子去到福州，住在城内光禄坊。我去时还带了一个保姆同行，这是打算在福州久居的意思，光禄坊的房子，是郁的朋友暂时借给我们用，是一所大房子里的花厅。一共才住了五个月。

七月七日，卢沟桥事变发生了，我想到杭州有老母，有郁飞和郁荀两个儿子，和郁达夫商量了一下，他的意思是还是要我先回杭州。战火若扩大，那么在杭州也好有个打算。于是我仍旧带了第二个孩子启程回上海，再转杭州。陈仪的女儿陈文瑛，这次也是和我同轮回上海的。

到上海之后，因为要去北新书局拿版税，我就在旅馆里住了两天，然后再回杭州。等我回到杭州以后，眼看战火就要扩大，若扩大之后，马上要波及杭州。在杭州的许多亲友，有的去金华，有的避上海。我们这一家究竟是走还是留，我没有人可以商量，当然唯一的办法，只能写信去福州征求郁达夫的意见。大约过了快十天，他的回信才到。照他的看法，说是战争不会扩大，如果要移家，第一步就回富阳去，到富阳后，再可以和他的二哥商量商量。

郁达夫的二哥叫郁浩，字养吾，在富阳城里做医生，和郁达夫最好。

向当时的杭州市长周企虞借用了汽车，整理了一家简单的行李，我就偕同老母、三个孩子、一个建春的奶妈，浩浩荡荡地回到了富阳，因为我已先有信通知养吾，所以他已经给我们租定了靠富春江边的两间房间，总算是我们全家的安身之所。

过了没有几天，郁达夫回到富阳。他说，他是因为所乘的轮船在海上遇见航空母舰，轮船无法开行，他便从宁波回到杭州。到场官弄的住所里看，一个人也没有，知道我们一定是已经回富阳，便马上回富阳来看我们的。

我在心情烦乱之余，见郁达夫回来，倒松了一口气，总以为一个家庭里的大小事，可以有人商量了。没有料到，隔不了几天，他又单身从金华江山翻仙霞岭而去了福州。

◎移居丽水 接近许绍棣

这时，我唯一可以商量的人，只有养吾，只有郁达夫的二哥了。

我家在富阳住不上两个月，养吾告诉我，他准备把他的全家（即他的夫人和孩子）全部搬到富阳的南岸环山去住，暂时在他的妹婿家住一个时候再说，并且问我去不去，我们打算怎样？我听了之后自然心里很焦急，想来想去，只有一条路，就是和二哥他们同行止。

于是整理行李，雇了一条小木船，去到了环山叶家。

这叶家原是郁达夫的姊夫家，姊姊自小就嫁给姓叶的，不久病故，但这位忠厚的姊夫还在和郁家来往。他自己造了新房子，也就完全让我们两房人家占用了。

我们在环山还只住了两个多月，已经是木叶萧萧的初冬气候了。外面但听人说，战争扩大，富春江也快要封锁起来，我想富春江若一封锁，则我们住处的水上交通就断，只有到十里外的场口这一条通道了。这个时间如果郁达夫能回富阳来，则我是一定要和他同回福建的，一家同住一处，我那紧张的心情，也可以松弛一些。

正在走投无路之际，我打算单身再到富阳城里去打听一下消息，不料在富阳城的街上碰到了程远帆。

程远帆是浙江省的财政厅长，也是我们从上海搬来杭州住下后才认识的。这时他刚从杭州到金华去，路过富阳，听说富阳是郁达夫的家乡，便下车来找找我们看，不料，就在街上遇见了我。

据他告诉我说，我们现在住的环山，不能久住。若一旦富春江被封，环山到富阳的交通只能依靠十里外的场口镇，场口又是一个小镇，容纳不了许多人，程远帆劝我们还是出来，走出这一个圈子，从金华方面走。先到金华，住定之后，然后通知郁达夫，要他马上来接。

对程远帆的这一个建议，我是完全同意的。但如今即将封江，富春江若被封，则我们又如何能出来呢？

程远帆叫我不要着急。他说如果富春江被封，他可以向富阳县的县长解释一下，并向县政府借用一条木船，把我们一家老小，从环山接回到富阳，再在县政府借住一夜，第二天车子一到，不就可以走了么？至于程远帆自己，今天马上要回杭州去，第二天，他就会叫一辆卡车，到富阳来把我们全家接往金华的。

我当时听了他这一番有见解、有安排的话，觉得不论往后如何，在目前，这实在是一个忠厚长者的肺腑之言。

于是，我只能别了程远帆，马上再回环山去。向母亲把这一个计划讲了。母亲听后，也认为这计划不错。于是把行李整理好后，别了养吾，我们这一家老小，用木船重新又把我们装回富阳。

第二天，程远帆的车子从杭州开来富阳，我们这一家，就搭上了他的车子，一直到金华。到金华住下后，马上去信福州，告诉郁达夫我们已经到了金华了，盼望他能到金华来把我们接走。

谁知到金华不久，大约是要过春节的时候，听说浙江省政府要搬到丽水来，若从丽水去江山再到福建的浦城，是比较容易。至于我们的家，住在金华和住在丽水，也是相仿。何不就在大家搬家的时候，我们也搬到丽水去住呢？这念头一转，索性一搬再搬，在一九三七年的冬日，我们老小六人，租下了丽水燧昌火柴公司的两个房间，住定了下来。

燧昌火柴公司在丽水是新造的房子，而且相当的大，这次搬到里面去住的，计有浙江省政府，民、财、建、教四个厅，还有浙江省政府属下的附属机构，里面的房子，是可以论间出租的，我们虽说非厅非局，但也因为有熟人可以通融，居然也住了进去，伙食可以包在里面的大厨房里，在这里面住家的人，既省事，又安全。

教育厅厅长许绍棣，他的妻子于两年前病故，他带了三个女儿，也和浙江省主席黄绍竑一样，住在燧昌公司里面。和我们住的地方相近，两家的孩子，也总在一起玩耍。

◎ 为许做媒 对象孙多慈

一九三八年三月间，郁达夫从福建来到丽水，说是将去武昌担任军事委员会政治部第三厅的设计委员。把我们也一同接了去。我私心自慰，觉得这是再好也没有的事情。

在我们刚要动身的头一天，来了一个李立民，他是郁达夫的多年老友。现在在浙江省政府担任秘书。他来的原因，据说是想托我们把他的大女儿李家应带到武汉。他说："我妻子早年亡故，留下了五个女儿，在这战乱期间，到处轰炸，真连自己也难保，怎么还能顾及这五个没了母亲的孩子呢？知道你们将全家迁武汉，真是再好也没有的机会。达夫！我烦你们把家应带到武昌，她就能自己去找亲友找工作做的。"李立民就这样地托了郁达夫。

这一位李家应大约有廿六七岁，是在南京中央大学西画系毕业的，是画家徐悲鸿的学生。

从丽水到武汉，我在寂寞的长途旅行中，能添上这样一个人作伴，该是多么高兴。我的年龄虽然比她大不了多少，但毕竟我是比她长一辈，因此她总称呼我郁伯母。

从丽水到南昌虽说是一段不短的途程，在火车上谈谈说说，日子也过得很容易。

在火车上的闲谈中，李家应告诉我：她有一个同班同学和她感情很好，名叫孙多慈，也是画家徐悲鸿的学生，她和徐悲鸿因为是师生关系，所以和徐悲鸿比较接近。而徐悲鸿正在追求她，不过李家应并不赞同这一件事。因为徐是有妻子的，又是留法的，孙多慈又不懂法语，若和徐结了婚，日后在生活上的问题正多着呢。况且，孙多慈的母亲早年病故，她父亲是在浙江丽水工作，因此，她现在还住在丽水。李家应的口气，很盼望我能够给孙多慈在丽水介绍一个朋友。这些愿望，当然也是人之常情。

火车在向前疾驶，我的心为了想替孙多慈介绍一个适当的朋友而开始了不平静起来。望了几眼从我身边踱来踱去的郁达夫，我想，倘若这件事被郁达夫知道了，他会不会嫌我多事，尤其是拆散了徐悲鸿在进行的这一段姻缘，去找麻烦。又考虑到也许不会吧？君子成人之美，也是应该的。我想郁达夫，他决不该说我多事的。

然后我想到，我们熟人虽多，但要找一个没有妻子的人，就只有许绍棣。就是这样吧，就决定给许绍棣介绍试试看。我心里这样在打算，也就把这个意思，向李家应讲了。

◎达夫猜忌　顿生风波

到了武昌，在住定之后，李家应便送来了孙多慈的照片，托我写封介绍信给许绍棣，这样来来去去地写了几封信，郁达夫便有所猜忌。他的意思是，不喜欢我去做许孙两人的介绍人。他说：叫我不要去管这闲事。

经郁达夫这样的向我表示态度以后，我信也没有再继续写，李家应也不好意思再来我们家里。后来听说，许绍棣和孙多慈经过我和李家应介绍后，就做了朋友，两年后他们结了婚。

又据说，我所写给许绍棣的这几封介绍孙多慈的信，后来竟被算作了我给许绍棣的"情书"，郁达夫还去影印了许多份，分发给他的朋友。

我和郁达夫在结婚以后的十年之中，夫妻间小小的争执不是没有，但吵过争过也就算了。这一次却有所不同，情况似乎较为严重。

在郁达夫去台儿庄劳军回来之后，我经常见他眉头一皱，头略略一摇，从经验告诉我，这是他快要发脾气的先兆。他脾气发起来，唯一的办法就是出走。但他出走几天也就会回来的。不过在这个时候，非寻常可比，飞机日日在乱炸，一家老小要吃要用，无论如何我决不能让他再走。

母亲可以由我带去，还有三个幼小的儿子呢！这一个重担，教我去如何挑得起？想到这里，我只能先开口问他：

"你又打算走么？要走，可以的，你须把三个儿子也带了走。否则，就让我走！"

其实，我所提出的"就让我走"这四个字，原是一无准备，是打算探一探他的口气的。却不料他居然来个"你走就你走"这几个很坚定的字。这些年来，我从未听见他对我讲过触犯我自尊心的话，这时，我顿时怒火高烧，站起身来，马上去我母亲房内取了两件替换衣服，手中提了一个拎包，三步并两步地，从堂屋走到天井，再从天井里跨出了大门。假戏已经在真做，郁达夫看了我这一个样子，也跟在我身后走了出来。

走到大门口，正好看见有一辆空车，我就一边跨上车去，一边向车夫说：

"你给我踏到火车站！"

因为心中有气，所以便不经考虑，就说出了"要走"的话。其实，我到车站去做什么呢？找什么人呢？我的亲人就只有老母和孩子，不是都在我的身边么？不是都在武昌么？我真的还有什么人可找？我正在这样地反问自己的时候，车夫却已把车子拉了起来，要起步样子。我的头脑里，略略地清醒了一些，就又重新对车夫说：

"不，不去车站了！你把我拉到小朝街四十一号！"

原来，小朝街是我们在杭州时候的朋友曹秉哲的住所，曹先生是杭州的名律师。在杭州和富阳，他的熟人最多。现在他住在武昌，是以军事委员会政治部部长陈诚的秘书的名义。他是我们在杭州时候极好的一个朋友。

我离开家庭时，应该去到什么地方最为适当这一个问题，是着实要经过一番缜密地考虑的。就是说，我不能去到单身男子的人家，又不能去到一个只有女子的家庭，要在几分钟之内，马上决定下来，这实在是一件极难的事情。在这种情况下，我终于决定了去曹家。

曹秉哲夫妇一看见了我，就知道一定是我们家庭中又在发生口角，就劝我：

"休息休息，慢慢来，你就在我们家住几天，然后我会去叫达夫来接你回去！"曹先生说。

我一听说要来接我回去，就着了慌，马上摇手示意，并对曹先生说：

"曹先生！今天之来，是打算在你们这里住几天，你可万万不可以去通知我家里。若你要去通知，我马上就走。"

曹律师夫妇看到我这副心慌意乱的神情，倒是可怜了我起来，说：

"你不要再走，我不去通知你的家里！噢！我一定不去通知。"

经过了这样的一番周折之后，我总算才安定地住了下来。

◎弄假成真　刊登启事

这一夜，曹律师把他们自己的房间让给了我，让我可以舒舒服服地住下来。但是人是有灵性的动物，思前想后，这一夜中我心情恶劣，为十多年来所未有。

八月初的天气，在武昌是相当的炙热，我心中的郁闷也与天气的炎热成了正比例。好心的曹律师夫妇，总以为我们是一种极平常的夫妇间的争吵，过上两三天，气平静下来，不就可以平安无事了么？

这一天，曹律师夫妇把我的住处暗暗地去告诉了郁达夫，这使郁达夫的心境十分安定了下来。

第一，知道我并未与他所想象的那样，去到浙江许绍棣的地方。第二，既知道了我的下落，则他就要向我出出气了。首先，去叫了第三厅的他的许多同事，到我家来看我的所谓"情书"。（就是给许绍棣介绍孙多慈的几封来往信件。）然后，他又写了两封给许绍棣的上级的上级的长信去告状，最后，到大公报馆去刊登了一则启事。

这几件事情一做，他觉得他的身子是轻松了，心里的气也已经出了，而我这一个人又仍在武昌，他的心中是极为安定的。

他在宽心之后，马上就跑到曹律师家里来看我，要叫我回家。当时我尚未知道他已经登了报写了信的这一系列事情的。

第二天和第三天，正是一九三八年的七月五日和六日，武汉的《大公报》上，登有：

王映霞女士鉴：乱世男女离合，本属寻常。汝与某君之关系，及携去之细软衣饰金银款项契据等，都不成问题。唯汝母及小孩等想念甚殷，乞告以住址。

郁达夫谨启

我看到了这则启事，一时气得说不出话来，私心念及这一个含辛茹苦支撑起来的穷家，大约这一次要完蛋了。我想念母亲，想念三个儿子，并深深地在考虑今后的打算。次日，郁达夫又若无其事地到曹家来，还是要叫我回家，并问我有什么条件。

这时候我所想到的是怎样把事情化小。当然也不可能无条件地言归于好。于是我要求郁达夫在《大公报》上刊登道歉启事，等登出后我再回家。

一九三八年七月十日，武汉《大公报》上郁达夫的《道歉启事》刊登出了。原文是：

达夫前以神经失常，语言不合，致逼走妻映霞女士，并登报招寻启事中，诬指与某君关系，及携去细软等事。事后寻思，复经朋友解说，始知全出于误会。兹特登报声明，并深致歉意。

郁达夫启

道歉启事登出来后，郁达夫又来曹家，接我回到家里。我环顾四周，真是万感交集。

◎ 武汉协议　立约为证

自从一九三三年春天我家从上海迁到杭州以后，为了应付环境，我们平时所交往的人，几乎各党各派都有，浙江的教育厅厅长许绍棣，就是我们在交游中认识的一个。张三请客有他们夫妇，李四请客自然也少不了他们夫妇。后来许绍棣的夫人病故，大家在请客的时候，自然总也不能没有许绍棣，再后来，逃避战乱到丽水，多少朋友都住在燧昌公司里。当然许绍棣也是其中的一个。

如果说，我不应该把孙多慈介绍给许绍棣，这你也可以好好地对我讲，我也从未想到，介绍朋友有什么应该不应该的。况且，李家应是你的朋友的女儿，与我实在无关，又何苦为了这一件小事，把我们这一个家，闹得支离破碎。

我走进家门，在坐定之后，马上想到了上列的这些情况，但嘴里还是不声不响，一个人倒在床上睡了。

已经到了深秋，敌军大举进犯。武汉正在风雨飘摇之中。大约是易君左，他来劝郁达夫暂时还是搬到湘西汉寿去，暂时去避一下战乱为是。汉寿是易君左的老家，也可以称得上是鱼米之乡，家用不会太大。郁达夫听了易君左的劝告，就把一家七口，全都搭上了小轮船，从武汉到汉寿去住了下来。

易君左在汉寿的一个朋友，姓蔡，原也是日本留学生，这时他在经营醋业。听了易君左的介绍之后，马上就让出了两个房间，作为我们七个人的临时借住之所。我也就昏昏沉沉地既不知身在何处，心在何方。总时常想到孩子太多，又太小，真正做了我的绊脚石。

在汉寿居住的两三个月中，从表面上看来，我家是相安无事的，彼此心境也还平静。我们在武汉临行之际，还有好心肠的朋友，来劝我和郁达夫写了一张协议书，书的原文是：

> 达夫、映霞因过去各有错误，因而时时发生冲突，致家庭生活，苦如地狱，旁人得乘虚生事，几至离异。现经友人之调解与指示，两人各自之反省与觉悟，拟将从前夫妇间之障碍与原因，一律扫尽，今后绝对不提。两人各守本分，各尽夫与妻之至善，以期恢复初结合时之圆满生活。夫妻间即有临时误解，亦当以互让与规劝之态度，开诚布公，勉求谅解。凡在今日以前之任何错误事情，及证据物件，能引起夫妻间感情之劣绪者，概置勿问。诚恐口说无凭，因共同立此协议书两纸，为日后之证。

民国廿七年七月九日

立协议书人　夫　郁达夫　妻　王映霞

见证友人　周企虞　胡健中

周企虞是杭州市市长周象贤，胡健中是浙江省《东南日报》的主笔。我当时只淡淡然地签了字，把协议书收藏好。

气候已经进入初冬，孩子们的衣服要添要补，使我想到黄仲则当年的诗句："全家都在秋风里，九月衣裳未剪裁。"正是我此时此境。

◎ 查探我是否和许同居

正在这个时候，福建省主席陈仪来电报叫郁达夫回到福州去。他和我商量了一下，我觉得还是让他走，让他回福建。不过自从到汉寿以来，我看郁达夫的精神状态，觉得总有些异乎寻常，我又想到夫妇间的争吵，是会影响人的精神的。郁达夫的精神异常，大约也是这一个原因。我也就不十分在意了。

谁知郁达夫一离开家,虽然沿途写了多少封信寄回来,但同时他却打了许多电报到丽水去,向浙江省政府里我们所认识的人中,询问我是否已到丽水了,去和许绍棣同居了,等等。而我呢,当时一点也不知道这些事情,心中却还在想着,等待他到达福建后消息。后来,还是我在浙江工作的兄弟,写信告诉了我这一件事,我才晓得这些情况。

到了十月中,住在汉寿的认识与不认识的人们,都开始在搬动,因为武汉已经失守,照我一个人的想法,觉得也没有再留在汉寿的必要,和母亲商量,和孩子们商量,自然也都商量不出结果来。这时,正可以说叫天天不应,叫地地不灵,我只能托平日关心我们的朋友找来了车子,又把我们全家从汉寿运到长沙。

这时的长沙是一个战争的要地,有人对我说,长沙早晚要出事,叫我们这一家人马上搭火车离开。我到火车站一看,连火车顶上都坐满了人,我从人丛中挤了进去,仍旧没法上车。只得先把行李上了行李房,我们重新又退了出来,等待第二天的火车。大大小小在车站上等了一夜,总算等到了第二天的午后,把老的小的扶上了火车。好容易等到火车开动了,我的一颗心才放下,总以为可以平安地到达江山,然后翻仙霞岭而去福建浦城的了。谁知火车行驶不到两小时,消息传来,说长沙在大火了,满城都在烧了,我想这如果是真话,则我家的全部行李,包括六七个人的全部衣着,全焚于火了。

火车一到江山,先得找裁缝做替换衣服,然后再给郁达夫去电报。这时候我的心啊真是又气又伤悲,想到最要紧的,还是行李中历年所积下来的照片和信件,这个损失,将永远也夺不回来。

我们在江山住了四天,总算福建派了车子来接我们。老小上车之后,已经没有什么行李可装。看看也真寒心,车子直驶浦城县停下,已到福建境界,我首先和早到福州的郁达夫通了电话,只听见他在电话中说:

"你带了大的孩子，明天马上来福州，还有两个小的，可以暂时交给你的母亲带往云和县，暂时由她抚养。"

云和，是浙江的一个小县分，当时因我的兄弟在浙江的建设厅工作，建设厅是在丽水，可以遥相照顾母亲。所以我的兄弟叫我暂住云和。这是预先已约好的地点。我只能照他在电话中所嘱咐的去做。第二日，我就带了大的孩子首途去福州。

◎《一封长信的开始》

到福州之后，郁叫了人来接我们，我心中已知有异。后来和郁达夫见了面，他说：

"我已经答应了新加坡《星洲日报》之聘，马上就要到《星洲日报》去报到，并且，也已经为你们母子二人领好了护照。"

第三天，就跟他上了船。船行三日，先到香港，我昏昏沉沉地上了岸，住进了旅馆，又接受了朋友们的招待。隔了三四天，我们三个人，就乘"康得罗苏号"意邮船离开了香港。

在船上，我想念的是现在还守在浦城县的老母和两个孩子，这次和他们一分开，不知什么时候才能相见。想到将来，也就是这样的渺渺茫茫。

船抵马尼拉，我因为晕船，想调换一下空气，郁达夫陪我去菲律宾大学门口走了一圈，令人混混噩噩，真有如在梦中。

一天过后，邮船渐渐地靠近了新加坡海岸。我的梦才醒，觉得我所处的是另一个环境，我是以另一种心情来迎接这个新的环境的。上岸之后，去到报馆里早已为我们租定了中峇鲁的住所时，虽然沿途都是绿树浓荫，我还是和木头人一样，一任周围的人摆布。总算，我知道我已经到达了星洲，和中国、和母亲、和弟弟等，是已经分离得很远很远。

三个月极平凡的生活过去了。香港出版的《大风》杂志，寄到了我的手中。我最早读到了郁达夫写的《毁家诗纪》。我的心在翻腾起来。记得当我们离船上岸在去新居的途中，郁达夫曾对我讲过：

"这里是一个新的所在，你没有什么人认识，我要和你在这里终老。"

原来，这半个月的奔波，是为了得到这样的一个结论，我才恍然。

我关上房门，一个人坐在里面很久很久，大约从白天坐到黑夜，等电灯亮了，我才提笔写，写我心中要说的话、要诉的苦，这就是《一封长信的开始》和《请看事实》这两篇文章，两封未完成的信。

写好之后，我亦寄给了《大风》的编者，请他发表。这时候天快亮了，我于书信写完后，才深深地透出了一口气。

廖内，是距离新加坡八十海里的一个清静安宁的小岛，岛上没有车辆的喧闹声，又没有挤来挤去的人群。在岛上有一所学校，一所夫妇两个人所开办的学校。男的是校长，女的是教导主任。而这位女的，正是我在杭州读书时，女子师范里的同学李君。不晓得她怎么知道我已来星洲，写信来叫我去教书，叫我到她们的学校里去教书。

自从接到《大风》杂志以来的心境，的确有些和平常不一样，终日坐在家中，好像已经失去了知觉的人，只在等待死神的降临。我打算，还是去廖内，可以和我唯一的这一个同学谈谈心。

说去就去了。一霎眼，已经一个月过去了。郁达夫写来了信，要我马上回星岛，他信中对我说，同时亦有信写给我同学的丈夫，叫他不要妨碍我们的家庭，要劝我回星洲。我没法，只能重又回到星洲去。

◎无可奈何　请求离婚

我眼前的各条道路已经都被郁达夫塞住，只有无可奈何的一条，就是请求他离婚，无条件地协议离婚。我清醒了，我要冲出家庭，各人走各人的路。

在一九四〇年的三月，跨过了重重难关，郁达夫同意了我的要求。彼此都在一张现成印好的协议书上签了名。但是，郁达夫没有把进新加坡的护照交我，使我无法申请领回国护照。因为，按照新加坡的规定，若没有进新加坡的护照是不能领取出口的护照的，而当时我的进新加坡的护照，是被锁在他的办公室的保险箱里，钥匙是在郁达夫身边随身带着。我没法，只能等机会。一直等到这年八月，我才得到机会提取了我的进新加坡的护照。也就是在这个时候，我才得到办出口护照的时机。总算孑然一身，毅然回国。因为我不懂马来话，所以办回国护照等一切手续，都是我不认识的一位在星洲中华书局里工作的，姓黄的先生为我包办的。而今虽已事隔四十多年，我已经忘记了这一位好心的黄先生的名字，但在我内心里，还在感谢他对我当年的援手。

回到香港，我请戴望舒先生为我在《星岛日报》，请程沧波先生为我在重庆的《中央日报》，请刘湘女先生在浙江的《东南日报》，登载了我单独一个人登的离婚启事。启事原文如下：

《中央日报》一九四〇年六月五日和六日

王映霞离婚启事：

　　郁达夫年来思想行动，浪漫腐化，不堪同居。业在星洲无条件协议离婚，脱离夫妻关系。儿子三人，统归郁君教养。此后生活行动，各不干涉，除各执有协议离婚书外，特此奉告海内外诸亲友。恕不一一。

王映霞启

在《毁家诗纪》中《南天饯别》这两首诗，本来是没有的，郁达夫于我离开新加坡后加进去的，我想也好，既然能后来加入，总算还有一份情感存在其中，但我并不要接受这种情感。

◎他的形象依然埋藏在我心底

四十年来我的生活过得很安定。在安定的生活里是不容易使人回忆着过去了的辛酸的。许多朋友都劝我写点回忆，我只是望着他们笑笑。意思是说，我这数十年的日子过得平凡得很啊，有什么好回忆，有什么值得回忆的，即使偶尔有想到，就也像浪花一样，一瞬即逝。

我好比做了一个梦，做的是一个噩梦，等噩梦醒来，依然是蓝天白云。不过在那蓝天白云中间，偶尔也曾飘过几点浅淡的乌云，这也算不了什么，马上就又被风吹散的，在上面这一段回忆里，自认为其可贵之处，是在真实，完全是真人真事真地方，任何人对我诽谤，我还是这么认为，因为我不善于说假话，或者借题发挥，或者攻击什么人，我总是平心静气地来衡量别人的。

和郁达夫做了十二年夫妻，最后虽至于分手，这正如别人在文章中所提到的，说郁达夫还是在爱着我的，我也并没有把他忘记。四十多年来，他的形象，他的喜怒哀乐变幻的神情，我依然是存入心底深处。

现在，西德的这一位马汉茂先生给予了我力量，发表几封我给郁达夫的旧信给予了我力量，我似乎是应该说一说明白的时候了。我写完了这一段不成文的东西，我要感谢马汉茂先生。

一九八二、五、十 王映霞于上海
《传记文学》第四十五卷 第四期

4.郁达夫遗孀谈他的晚年与遇难（选载）

（马力原著）

关于郁达夫晚年在印尼的生活情况，胡愈之的《郁达夫的流亡和失踪》以及了娜（张紫薇）的《郁达夫流亡外纪》两文，均有详细介绍。最近，笔者有机会在香港访问了当年和郁达夫共同生活了两年的夫人何丽有女士，请她谈谈她所知道的郁达夫。

◎ 结婚

何女士是台山人，小时候跟随她的姨丈去印尼，她的姨丈姓陈，所以去印尼时就改姓陈。一九四三年，郁达夫化名赵廉在武吉丁宜（Boekit Tinggi）的日本宪兵部做翻译，由于他不愿做违背良心的事，而且当时他又向日本人表示他是做生意的人，所以坚持不收受日本宪兵部的薪水，当然，在宪兵部做翻译可以暗中营救一些人，但是郁达夫始终不忍心眼看许多华侨、印尼人被拉到宪兵部去毒打，所以一直设法要离开。开始时，他装作害肺病，但是日本宪兵因为找不到日语的翻译，不准他辞职，后来郁达夫买通了宪兵部的医生给他开证明，希望借此脱身，宪兵队长还是不准。后来，终于找来了个通日语的女的，才请了她代替郁达夫做翻译，适值宪兵队长换人，郁达夫也就辞职了，但日本宪兵部仍然要他随叫随到当翻译。

郁达夫离开武吉丁宜的日本宪兵部，就回到巴爷公务（Pajakoemboeh），和朋友合伙，开了赵豫记酒厂，由他做老板。当时有朋友劝他最好是建立自己的家庭，这样一方面生活有人照顾，另一方面，结了婚，日本宪兵就不会怀疑他是中国来的。九月，郁达夫去巴东，经友人介绍，和一个年轻的华侨姑娘结婚，她就是何丽有女士。

何丽有并没有受过什么教育，当时媒人告诉她说，巴爷公务有个姓赵的老板想娶个新娘，她自己也没有意见，于是就和赵老板结婚了。何丽有并不懂得讲国语，只会讲台山话和马来话，所以她和赵先生的沟通很少，平时也是用马来话交谈，赵先生的朋友来找赵，说的多是国语，她也不知道他们在干什么。结婚前一天，郁达夫拟了个结婚证书的稿如下：

　　结婚证书
　　男　赵廉
　　原籍　福建
　　年　四十岁
　　女　何丽有
　　原籍　广东
　　年　二十岁
　　右二人于昭和十八年九月十五日在巴东结婚，因在战时一切从简。
　　此证

证婚人　吴顺通

介绍人　戚汝昌　吴元湖

昭和十八年九月十五日

结婚时，就将证书一式两份，每人各持一份，仪式也很简单。当天晚上，郁达夫还作了四首诗：

无题四首
用《诗纪》中四律原韵

洞房红烛礼张仙，碧玉风情胜小怜。
惜别文通犹有恨，哀时庾信岂忘年。
催妆何必题中馈，编集还应列外篇。
一自苏卿羁海上，鸾胶原易续心弦。

玉镜台边笑老奴，何年归去长西湖。
都因世乱飘鸾凤，岂为行迟泥鹧鸪。
故国三千来满子，瓜期二八聘罗敷。
从今好敛风云笔，试写滕王蛱蝶图。

赘秦原不为身谋，揽辔犹思定十州。
谁信风流张敞笔，曾鸣悲愤谢翱楼。
弯弓有待山南虎，拔剑宁惭带上钩。
何日西施随范蠡，五湖烟水洗恩仇。

老去看花意尚勤，巴东景物似湖溃。

酒从雨月庄中贳，香爱观音殿里熏。

水调歌头初按拍，摩诃池上却逢君。

年年记取清秋节，双桨临风接紫云。

在这四首诗里，可以看出郁达夫当时的真实情感，对于故国，他还是十分怀念的。

婚后，郁达夫把新夫人带回巴爷公务。当地的朋友知道郁达夫新婚，也纷纷来道贺。郁达夫对这位新夫人也很好，雇了几个佣人供她使用。有些经常来赵家吃喝的日本宪兵，也觉得郁达夫是个很安分守己的生意人。何丽有嫁到赵家，看到郁达夫有许多书，也很奇怪，因为郁达夫虽然是酒厂的老板，却不常到酒厂去，一般是每周去一次，其他大部分时间，不是看书就是和朋友打麻雀、闲谈，再不就是应酬日本人，应酬日本人之余又常常替人向那些日本宪兵求情，何丽有也感到赵廉像个读书人多于商人。就这样，在对丈夫没有什么了解的情况下，和郁达夫共同生活了两年，生下了一男一女，长子名叫大雅，次女名叫美兰，还是在郁达夫失踪的第二天才诞下的。

◎ 丈夫失踪

一直到了郁达夫失踪以后，才有人告诉何丽有，她的丈夫赵廉，在中国是文化界的名人，叫作郁达夫，但由于何本身没有什么文化，她也不知道什么文学家郁达夫，只是大概知道丈夫原来在中国是个有地位的人。

郁达夫是怎样失踪的呢？据何丽有的回忆，日本快投降时，郁达夫就常常离开巴爷公务，到别的地方去偷听盟军的广播，回家以后就告诉何丽有说日本人快投降了。有一天他回来说，中国赢了，日本投降了，他很高兴，现在日本人再也没有权抓人打人了，他还说要到武吉丁宜去看看情况。又说，如果中国派人来，他要请他们吃饭庆祝，他也准备回中国。过了几天，郁达夫又约了几个中国朋友到家里开会，商量什么就不知道了，因为当时何丽有将近临盆，很不方便。那天晚上，突然有人来找郁达夫，说有朋友要和他谈话，郁达夫就跟着那人出去了。出门时，佣人告诉何丽有说："先生出去了。"何说："出去就把门关上，你等他回来再开门。"岂料一直等到第二天，也不见赵先生回来。何丽有就叫佣人到街上的露天茶座去找找，看看先生是不是和朋友在打麻将，结果也没找到。许多朋友本来到赵家帮忙的，知道赵先生不见了，也帮着找，整个巴爷公务都找遍了，也没找着。当晚，何丽有就生了美兰。

第二天，日本宪兵还到赵家，问何丽有赵先生哪里去了。何丽有就问日本宪兵："先生不见了，是不是你们把他抓去了？"日本宪兵回答说："不是，赵先生对我们很好，我们不抓他。"何就说："那么请你们帮忙找一找吧。"日本宪兵就说："好！不过我们快回日本了，恐怕找不到。"日本宪兵队长还亲自到赵家，慰问何丽有。有个朋友还到武吉丁宜的日本宪兵部去查，看是不是抓了郁达夫，日本宪兵却劝他别问了，先顾他自己要紧。宪兵部又派人告诉何丽有说找不到赵廉。

后来，新加坡的报纸说郁达夫被日本宪兵杀害了，何丽有才知道丈夫被害。当时日本宪兵取道新加坡回国，有人从他们口中得知他们走以前抓到了郁达夫，并杀了头。新加坡的报纸报导了郁达夫被害的消息，在巴爷公务的人，知道后才告诉何丽有的。许多华侨和印尼人都替何流泪，说她丈夫是个好人，曾经帮助许多人。

大概在一九四四年初，就有人向日本宪兵部告密说赵豫记酒厂的老板赵廉就是郁达夫了。后来有一个日本宪兵到赵家去吃喝，就称他为"郁达夫先生"，并向他勒索金钱。郁达夫知道身份已经暴露，也就承认自己是郁达夫。奇怪的是，以后日本宪兵却没有把他抓起来，还是照样到他家来吃喝、赌钱。有时还告诉郁达夫说宪兵部将准备去抓谁。郁达夫也感到自己会有不测，一九四五年元旦，他就立了个遗嘱，交给好友蔡清竹保管。遗嘱说：

> 余年已五十四岁，即今死去，亦享中寿。天有不测风云，每年岁首，例作遗言，以防万一。
>
> 自改业经商以来，时将八载，所得盈余，尽施之友人亲属之贫困者，故积贮无多。统计目前现金，约存二万余盾；家中财产，约值三万余盾。"丹戎宝"有住宅草舍一及地一方，长有二十五米达，宽二十五米达，共一万四千余盾。凡此等产业及现款金银器具等，当统由妻何丽有及子大雅与其弟或妹（尚未出生）分掌。纸厂及"齐家坡"股款等，因未定，故不算。
>
> 国内财产，有杭州官场巷住宅一所，藏书五百万卷，经此大乱，殊不知其存否。国内尚有三子：飞、云、均，虽无遗产，料已长大成人。地隔数千里，欲问讯亦未由及也。余以笔名录之著作，凡十余种，迄今十余年来，版税一文未取，若有人代为向出版该书之上海北新书局交涉，则三子之在国内者，犹可得数万元。然此乃未知之数，非确定财产，故不必书。
>
> 乙酉年元旦

日本宪兵既然早已发现了郁达夫的身份，却等到日本投降后，才把他绑架杀害，大概是为了要毁灭这个日本宪兵罪行的目击证人。郁达夫曾在武吉丁宜的宪兵部做过翻译，许多宪兵又常到他家去吃喝，所以郁达夫掌握很多他们的犯罪资料，为了防止他日后写文章揭发日本宪兵在印尼的罪行，就找人把他骗出来杀害了。

◎先生是个好人

何丽有虽然对作为郁达夫的郁达夫没有什么认识，其后也曾听别人说郁达夫是个坏人，替日本人做事，她说："先生其实是个好人，他很恨日本人。"何丽有回忆说，郁达夫虽然和日本宪兵来往，请他们回家吃喝，甚至拿钱给他们使用，但郁达夫却常对何说，日本兵很坏，对中国人很残忍，钱财只是身外物，只要他们少点抓中国人、杀中国人，花一点也是值得的。有的日本宪兵和郁达夫熟了，也会告诉郁达夫他们准备去抓谁，或者问郁达夫的看法。有一次他们和郁达夫商量要去抓蔡清竹，说蔡私印钞票。郁达夫就告诉他们说蔡是好人，不会做这样的事，他可以人头担保。后来郁达夫和他们去查，结果原来是蔡清竹借了钱给人，那个人不知从哪里得来伪钞票，买东西时被发现，就说钱是蔡给的，日本宪兵要治那人诬告罪，也是郁达夫说情放了的。还有一次，郁达夫看见宪兵在街上毒打一个中国人，就问宪兵他犯了什么罪，原来是偷了日本兵的香烟叫卖，那个中国人告诉郁达夫说，是有两个日本兵向他买吃的，没有钱，放下香烟代替，他自己不抽烟，所以拿出来卖，不是偷的。郁达夫向宪兵解释，并给了他们一点钱，宪兵才放人的。由于郁达夫和日本宪兵有来往，又肯帮助人，许多华侨和印尼人有事都来找郁达夫帮忙。

郁达夫遇害后，人们知道郁达夫的身份，许多都送钱给何丽有表示慰问，因为赵先生以前救过他们，也有拿钱来还的，说赵先生在他们困难时接济过他们。这些何丽有一直不知情，但她却认为，她虽然不清楚丈夫的行动，如果丈夫是个坏人，肯定不会有那么多人说他好话，拿钱来送给她了。当地的华侨还组织了一个委员会，为郁达夫善后，蔡清竹大概也是其中一人，一直到一九六〇年何丽有离开印尼，蔡清竹还照顾郁美兰的生活。

◎离开印尼以后

一九四九年，何丽有女士在巴东再结婚。丈夫是做生意的，生活还算不错，生了两个女儿。可是好景不长，一九六〇年印尼排华，由于他们没有入印尼籍，全家从印尼回中国。他们从巴东到棉兰集中，准备乘船返华，竟然有许多何丽有不认识的人来看她，向她道别，有的送她衣服，有的送她黄金，何丽有感到很奇怪。原来有人在当地的报纸上登了消息，说郁达夫的未亡人将于某月某日坐某号船返国，有的人就赶来棉兰告别。何丽有说："事情已隔那么久了，人们还惦记我以前的先生的好处，肯定是他对人家好，人家才这样的。"

回到中国，政府安排他们一家到海南岛的农场生活，他们夫妇就靠工资维持家计。不久丈夫因病去世，何丽有便只能独力维持一家五口的生计，当时她的工资只有三十多块人民币，也没有人来帮助她。由于孩子还小，她只有把从印尼带回去的黄金变卖。那是她生活最困难的时期。后来大儿子工作，大女儿也到北京上大学，生活才松一口气。

一九七六年，何丽有决定申请回印尼，获准后带一个小女儿来港，由于印尼不准入境，便滞留香港。其后郁大雅和另一女儿亦先后来港。郁美兰则和胡愈之的侄儿结了婚，本来在新疆工作，现在调到南京教书。

当年何丽有返国，印尼发给她的护照是姓陈，一九七六年离开中国，公安部门发给她的通行证竟然写为"陈友莲"，因为她本人不识字，因而也没有及时更正，所以现在就成了陈友莲。

来到香港以后，何丽有一家都到工厂去做工，她在制衣厂做剪线头的工作，收入仅能糊口，一直住在九龙湾的木屋区。两年前九龙湾木屋区火烛，他们虽然幸免，却是什么东西都被大火烧光了。现在，他们住在新界大埔的鱼角安置区，由于郁大雅已成家立室，住到另一个安置区，何丽有和两个小女儿在鱼角安置区只能住一个单位的四分之三，面积约四十平方尺，一张碌架床就占去了全屋的一半，环境虽然不好，生活倒也平静，邻居都不知道她过去的事。

今年五月，何丽有女士带着两个小女儿回南京探望她的大女儿，又到郁达夫的家乡浙江富阳去旅行，会见了郁飞（达夫前妻所生长子）等其他亲戚。女儿告诉她说，以前人家说她父亲是个汉奸，现在中国又重新印她父亲的书了，还称她父亲为烈士。在富阳，当地政府为了纪念郁华和郁达夫兄弟，还造了个题为"双松挺秀"的亭子。富阳就有一条街道名为郁达夫街，也可见家乡的人对郁达夫的怀念。何丽有看到这些，也感到很安慰。不久以前，郁美兰还来信说内地一家出版社出版郁达夫文集，寄给她一部分分给郁大雅和她的版税，这也是意想不到的事。

（编者按：原载香港《广角镜》一一九期。文中郁达夫年龄及部分时间似有错误，不及详加考订。）

《传记文学》第四十一卷　第四期

5.关于郁达夫之死

（刘心皇）

◎ 传闻纷纭

关于郁达夫的死，在抗战胜利之后，作家从各地渐渐返回上海，只有郁达夫，最初没有消息，后来便传闻纷纭了。经过不少人查考，也有不少人发表文章，综合起来，有三个说法：一是给日本人秘密杀害；一是为日本宪兵杀害；一是死于"王任叔的告密"。当时，在上海是议论纷纷，莫衷一是。

总之，郁达夫处在那种乱局下，以他文人气质特别浓厚的为人，自然没有应变的谋略。当日本宪兵队胡作非为、淫杀掳掠之时，他曾被迫做过"通译"。当日本天皇广播无条件投降之时，一般民众当然欢欣鼓舞，鞭炮连天，而像郁达夫这种曾知晓日军暴行的名人，不知马上躲藏起来，以避免被杀灭口，竟而亦欢欣鼓舞地计划如何帮助接收受降，这不是自寻死路吗？具有诗人情操的郁达夫，哪里会想到这些？因而不明不白地牺牲了，但亦因而得到较高的评价。

◎ 郁达夫被出卖的事实

关于郁达夫之死，劳荣在《缅怀王任叔同志》中说王任叔告诉他关于郁达夫的消息："……还讲了郁达夫先生在南洋的流亡生活，在日本侵略军投降以后惨遭谋杀的遭遇。他说郁达夫先生的日本话，说得比一般日本人还好，这就招来了祸根。日寇宪兵队强迫他替他们当翻译，虽然他利用这个职业救了不少华侨和印尼人的生命，日寇并没有识破改名为赵廉的华侨富商是中国当代大作家郁达夫先生。后来，终于由于叛徒的出卖，被已经向盟军投降了的日本侵略军谋杀了。"

王任叔所说的"叛徒的出卖"，显然并不是他自己，而是另有其人的。这个出卖郁达夫的人是洪根培。胡愈之说：

> 宪兵总部内有一个福建籍的工作人员，名洪根培，是在昭南岛兴亚炼成所受过训练的，对新加坡文化界情形一向十分熟悉，一九四三年到了武吉丁宜以后，就知道赵廉是郁达夫的化名。但最初不敢告发，到了一九四四年一、二月间，他才向宪兵总部告发达夫是联军间谍，并且由巴爷公务中华学校前任某校长作证。这位校长因为性情乖张，被校董会解职，他要达夫替他帮忙保全校长的位置。达夫没有答应他，他怀恨在心，所以和洪根培勾通了去告密。
>
> …………
>
> 大概到了一九四四年八月间，关于赵廉这件案子，完全侦查完毕了。有一天，一个常到达夫家中去的宪兵，又去他家中，一见了

达夫，突然改变了平时的称呼，不再称"赵先生"而称之为"郁先生"。那宪兵说："郁先生，你害我们好苦。为了你的案子，我们工作了有大半年，到上海、东京都去调查了。"达夫神色异常镇定，就回答说："你们为什么不问我？你们早问了我，我早就告诉你们了，费这么多的时间去调查干么？哈哈，现在请你喝一杯罢。"后来，宪兵又说，他为了调查这件案子，用去不少钱，达夫就送了他一千盾军票。这事情过后，达夫照常住在巴爷公务，没有发生别的事故。

关于洪某告密的事，了娜也有说明，他说："洪根培告密的事，达夫先生早就得了'情报'的。武吉丁宜宪兵队收集了达夫先生的据说是全部著作，当然是洪某的力量的表现。宪兵队长叫了达夫先生去，指着堆在那里的书问他：'这些书是谁作的？'达夫先生一见是自己的作品，便镇静下来从容地说：'是我作的。''怎么又是赵廉呢？''赵廉是本名，这是笔名。——中国作家不少这样的，例如鲁迅即周树人，茅盾即沈雁冰，所以郁达夫即赵廉，哈哈哈……'这宪兵队长见他态度自若，便并未申斥，只说：'我们找你，找得好苦啊！''啊啊，是吗？怎么你们不先问问我呢？如先问问我，我早同你们说了。'"接着，是宪兵队长向他要了钱，喝酒尽兴为止。同时，了娜又说郁达夫为洪某告密的事，还打了洪某的耳光。他说："……达夫先生到巴东，我才将这事问他，他说：'不错，他离开武吉丁宜去别处，路巴爷公务，在汽车上，汽车停在路旁，我开了车门，抓他下来打了他两个耳光，我说：'你再去告我的密！'他当时道歉，说：'以后不敢再妄动了。'"这些话，便证明告密的真是洪根培了！

◎ 郁达夫失踪的真相

关于郁达夫被出卖的事实，已如上述。至于郁达夫失踪的情形，是这样的：

在八月二十九日晚间，郁先生和三四位客人……八点以后，有一个人在叩门，达夫走到门口，和那人讲了几句话，达夫回到客厅里，向大家说，有些事情，要出去一会就回来，他和那人出了门，从此达夫就不回来了。

喊达夫出去的人，是一个二三十岁的青年，像一个台湾人，也像印尼人，和达夫说的是印尼话。达夫出门时，身上穿着睡衣和拖鞋，可见并不预备到别地方去。朋友等到午夜过后，还不见他回来，便各自回家去了。

第二天清晨，达夫的妻子要分娩，邻居们便来帮忙，因为郁达夫还未回家。生下的这个女儿，取名为美兰。这时他们虽然很焦急，但不能确定是失踪，因为平时郁达夫经常一声不说，就在朋友家过夜，甚至几天不回家，也是常事。后来四处打听一下，从当晚步出门口之后的现象看来，似乎有点不妙：

……据附近一家咖啡店的伙计说，当晚达夫从家中出来，和一个不相识的青年进了咖啡店，两人用马来话交谈。那人似乎托达夫帮忙一件事，达夫表示不答应，不久两人就出去了。在离咖啡店不远是一条小路，十分荒凉，只有一家印尼农民的茅舍屋，那印尼农民曾看见当天晚上九点前后，有一辆小汽车驶到那路上，里面有两个日本人。汽车停了许久，又有两人过来，上了汽车，就驶走了。那条小路晚间见不到光，所以不能分辨车上乘客的面貌。

根据这种情形，巴爷公务的华人首先肯定带走郁达夫的人，一定是日本人，因为当地只有他们才有汽车。

郁达夫失踪的第二天，一名在武吉丁宜宪兵队警务班的宪兵（C氏），到巴爷公务做例常巡察，因为他与郁达夫来往了一年，便照常去拜访他，他说：

"我想是在战后的几天，日期已记不清楚，我因巡察任务到巴爷公务，照常去赵先生家拜访，我感到奇怪，大门是关着的，当我进去，发现赵太太在哭，我问了她才回答：'前天晚上有两位印尼人来找他，他说有事要出去，到今天还没回来，我很担心，可否请你代为寻找一下？'我答应她去搜查，回部队后，我就报告长官，部队开始调查，几天后并没找到他的踪迹，当时邦人和军人等，离队逃亡、杀害等事件，相继发生，加上印尼独立运动展开活动，人心混乱，搜查工作变得困难，在此情况下，我们没有完成寻找赵先生的工作，就离开苏门答腊，进入收容所，在收容所听说，联军方面也在探索赵先生的下落。"

另一名日本宪兵（A氏）也记得曾奉命搜查过郁达夫：

战后赵廉失踪这件事是真实的。当时我移驻到巴爷公务宪兵队，任务是维持当地治安和保护日本军队等。我记得很清楚，在一九四六年一月前，长官要求我们合作，搜查赵廉私人住宅。我亲自协助检查赵廉屋子有二三次。由开始搜查到四月中我离开巴爷公务为止，只是查出赵廉离开家的情况而已。

还有第三名宪兵（D氏）也曾帮忙搜查郁达夫之下落：

一九四六年四、五月间，我被调到棉兰司令部，曾接到通知，要我们打听赵廉消息。我的老战友们说，他们也去调查这事，因为赏金很高。

中国资料方面也有叙述宪兵出动人马来打听追查郁达夫下落之事。不过正如胡愈之所说的，他们不相信日本宪兵真的不知真相，而是故作猫哭老鼠之状，实际上是他们所谋杀。很多中日人士都同意，由于日本投降到盟军派兵接管苏岛期间，社会秩序非常混乱，尤其再加上印尼独立运动积极乘机而起，在这段无政府之真空状态中，造成很多无法无天之事情发生。

第一次肯定郁达夫死亡的消息，是来自驻扎棉兰的盟军总部，那时已是一九四六年八月。不过这声明很简单，只说是被日本宪兵所杀害，而且是由被审讯的日本战犯所透露出来的。除了这种说明，没有其他的证据，没有日本宪兵因为牵涉杀害郁达夫而被判死刑。至于郁达夫被杀害的理由，中国人士都解释说，因为郁达夫担任过日本宪兵队通译，亲眼目睹宪兵残害被征服的人民，再加上他本身是一位知名作家，担心战后将成为一位强有力的控诉日本宪兵的证人。因此先下手为强，将他杀害，消灭一个必将控诉他们的证人。

铃木正夫开始研究这问题时，根本不相信郁达夫是被日本宪兵杀害，他比较相信被印尼人杀害的说法。可是当他继续访谈了很多当年与郁达夫有来往的日军时，出乎他意料之外，有关人士供证说，郁达夫是宪兵所杀，而且证据确实可靠。铃木正夫说："到了后来随着调查的进展，意外而且非常遗憾，达夫被日本宪兵所杀害变成了确定性的事实。"由于顾虑证人的安全问题，铃木认为时机还不成熟，因此不愿将证人及详细杀害郁达夫的经过事实提供出来。他只透露杀害事件是由几位来自武吉丁宜宪兵队的宪兵所策划。有一位宪兵私下秘密决定，瞒过上司，叫几个部下把郁达夫处决。他们用一个印尼人把达夫从家里引出来，然后带到别处将他处死。后来那印尼人也失踪了。事情发生后，参与其事的几位宪兵因畏罪而离队，全部失踪了。其中一位参与者，在事情发生后，离开部队，改名换姓，混入军队，后来与普通日本士兵一起被遣送回国。至于杀害郁达夫的动机，正如中国人士所说，是要消灭有资格在审讯战犯时的证人。

这位日本学者铃木正夫，曾花了数年工夫调查郁达夫遇害真相，他访问了不下一百个曾在南洋服役的日本人，并曾亲到星马查询，最后是承认郁达夫被日本宪兵杀害了。铃木正夫以学术研究的立场，将郁达夫被杀害的事实调查清楚了。对于郁达夫的失踪和死亡，总算有了正确的答案。

《传记文学》第五十二卷　第五期

自由的人

三

「才情未尽」闻一多

谈闻一多

（梁实秋）

一

闻一多生于光绪二十五年（一八九九）十月二十二日，死于民国三十五年（一九四六）七月十五日，不足四十八岁。早年写新诗比较著有成绩的，一个是徐志摩，一个是闻一多，不幸两个人都早逝，徐志摩死时年三十六岁。两个人都是惨死，徐志摩堕机而亡，闻一多被人枪击殒命。在台湾，知道徐志摩的人比较多，他的文字也有被选入教科书的，他虽然没有正式的全集行世，但坊间也翻印了若干散集，也有人写他的风流韵事；闻一多有全集行世，朱自清、吴晗、郭沫若、叶圣陶编，上海开明书局印行，但是在台湾是几乎无法看到的。因此，年轻一些的人对于死去不过刚二十年的闻一多往往一无所知。在美国，研究近代文学的人士对于闻一多却是相当注意的，以我所知，以闻一多为研究对象的硕士论文即有好几起，但是好像还没有人写闻一多的生平事迹。

闻一多短短的一生，除了一死轰动中外，大抵是平静安定的，他过的是诗人与学者的生活，但是对日抗战的爆发对于他是一个转折点，他到了昆明之后似乎是变了一个人，于诗人学者之外又成了当时一般时髦人士所谓的"斗士"。抗战军兴之后，一多一直在昆明，我一直在四川，不但未能有一次的晤面，即往返书信也只有一次，那是他写信给我，要我为他的弟弟家駟谋一教法文的职位。所以，闻一多如何成为"斗士"，如何斗，和谁斗，斗到何种程度，斗出什么名堂，我一概不知。我所知道的闻一多是抗战前的闻一多，亦即是诗人、学者之闻一多。我现在所要谈的，亦以此为限。"闻一多在昆明"那精彩的一段，应该由更有资格的人来写。

二

闻一多是湖北浠水人，他的老家在浠水的下巴河镇陈家大岭。他的家庭是一个典型的乡绅人家，大家庭人口众多，子弟们都受的是旧式的教育。一多的初步的国文根柢是在幼时就已经打下了的。

闻一多原名是一个"多"字，"一多"是他的号。他考入清华是在民国元年（一九一二），一般的记载是民国二年（一九一三），那是错误的。他的同班朋友罗隆基曾开玩笑地自诩说："九年清华，三赶校长。"清华是八年制，因闹风潮最后留了一年。一多说："那算什么？我在清华前后各留一年，一共十年。"一多在清华头一年功课不及格，留级一次，所以他编入了一九二一年级，最后因闹风潮再留一年，所以是十年。很少人有在清华住上十年的经验。他头一年留级，是因为他根本没有读过英文，否则以他的聪明和用功是不会留级的。

清华学校是一个奇特的学校，中等科四年，高等科四年，比正规的大学少一两年，其目的是准备派遣学生往美国游学。学校隶属于外交部，校长由外交部遴派。学生是由各省按照庚子赔款摊派数量的比例公开考选而来。那时候风气未开，大多数人视游学为畏途，不愿看着自己的子弟漂洋过海地去父母之邦，所以各省应考的人并不多，有几个偏僻省份往往无人应考，其缺额便由各该省的当局者做人情送给别省的亲友的子弟了。例如新疆每年可以考送一名，可是从来没有一个真正的新疆人应考，而每年清华皆有籍贯新疆的学生入学。

闻一多的家乡相当闭塞，而其家庭居然指导他考入清华读书，不是一件寻常的事。例如直隶省，首都所在，每年有五个名额，应考者亦不过三四十人而已。我看过一本小册（史靖：《闻一多》），有这样的记述，闻一多"随着许多达官贵人和豪门望族的子弟一道，走进了美帝国主义者用中国人民的血汗钱——庚子赔款堆砌起来的清华留美学校"。清华有多少"达官贵人和豪门望族的子弟"？这真是胡说八道！至于说清华是用中国人民的血汗钱庚子赔款堆砌起来的，可以说是对的，不过有一事实不容否认，八国联军只有这么一个"帝国主义者"退还庚子赔款堆砌这么一个学校，其余的"帝国主义者"包括俄国在内都把中国人民血汗钱囊括去了，也不知他们拿去堆砌成什么东西了。

我进清华是在民国四年（一九一五），在班次上比闻一多晚两年，所以虽然同处在"水木清华"的校园里，起初彼此并无往来。他在课业上表现最突出的是图画。我记得在Miss Starr的图画教室墙上常有T. Wen署名的作品，有炭笔画，也有水彩画。我也喜欢涂两笔，但是看见他的作品之后自愧弗如远甚。在《清华周刊》里又不时地看到他的文学作品，他喜欢作诗，尤其是长篇的古诗排律之类，他最服膺的是以"硬语盘空"著称的韩退之。生硬堆砌的毛病，是照例不可免的，但是字里行间有一股沉郁顿挫的气质，他的想象丰富，功力深厚。

清华的学生来自全国各省，到暑假时学校不准学生住校，一小部分学生不愿长途跋涉返乡省亲的便在西山卧佛寺组织夏令营，大多数均各自束装回乡。一多是年年回家的。他家中的书房颜曰："二月庐。"暑中读书札记分别用中英文抄写，题为《二月庐漫记》，有一年曾在《清华周刊》发表不少。他喜爱读书，于中国文学之外旁及于西洋文艺批评，而且笔下甚勤，随时做有笔记。他看过的书常常有密密麻麻的眉批。

　　我和一多开始熟识是在"五四"以后。五四运动发源在北京城内，但清华立即响应，且立刻成为积极参加的分子。清华学生环境特殊，在团体精神和组织能力方面比较容易有良好的表现。爱国运动是一回事，新文化运动（包括新文学的兴起）为又一回事，学生在学校里面闹风潮则又为一回事。这三件事差不多同时发生，形成一股庞大的潮流，没有一个有头脑有热情的青年学生能置身事外。一多在这潮流里当然也大露头角。但是他对于爱国运动，热心是有的，却不是公开的领袖。五四运动之际，清华的学生领袖最初是陈长桐，他有清楚的头脑和天然的领袖的魅力，所谓"charisma"，继起的是和闻一多同班的罗隆基，他思想敏捷，辩才无碍，而且善于纵横捭阖。闻一多则埋头苦干，撰通电、写宣言、制标语，做的是文书的工作。他不善演说，因为他易于激动，在情绪紧张的时候满脸涨得通红，反倒说不出话。学校里闹三次赶校长的风潮，一多都是站在反抗当局的一面，但是他没有出面做领导人。一多的本性是好静的，他喜欢寝馈于诗歌艺术之中，根本不喜欢扰攘喧嚣的局面。但是情感爆发起来，正义感受了刺激，也会废寝忘食地去干，不过他不站出来做领导人，而且一旦发泄之后他会很快地又归于平静。我看见Geoffrey Grigson编的 *The Concise Encyclopedia of Modern Word Literature* 页四八一有关于闻一多的这样的一段：

In 1919 he was one of the leaders of the vast student movement which swept over China in protest against the Treaty of Versailles. On the walls of Tsinghua

University in Peking， where he graduated，he wrote out the inflammatory words of a famous medieval general：

O let all things begin afresh！

Give us back our mountains and our rivers……

From that moment he was a marked man，always hated by the government and admired (when he became a teacher) by his students.

大意是说："一九一九年发生的抗议《凡尔赛条约》而弥漫全国的庞大学生运动中，他是领袖之一。在北京清华大学墙上他写了岳飞的'待从头收拾旧山河……'之句。从那时候起他成了一个被人注意的人，一直被政府所嫉恨，以后教书又被学生所拥护。"这话似是而非。政府从来没有嫉恨过他。他心里未曾不厌恶当时的那个政府，但是他既非学生运动领袖，亦没有公开的引人注意的言论与行动，谁会嫉恨他呢？至于在墙上写岳飞的《满江红》，则我没有看见过，也没有听说过有那样的事。

"五四"以后，一多最活跃的是在文学方面，尤其是新诗。在清华园里，他是大家公认的文艺方面的老大哥。民国九年（一九二〇），我的同班的几位朋友包括顾一樵、翟毅夫、齐学启、李涤静、吴锦铨和我共六个人，组织了一个"小说研究社"，占一间寝室作为会址，还连编带译地弄出了一本《短篇小说作法》。后来我们接受了闻一多的建议，扩充为"清华文学社"，增添了闻一多、时昭瀛、吴景超、谢文炳、朱湘、饶孟侃、孙大雨、杨世恩等人为会员。后来我们请周作人教授来讲过一次《日本的俳句》，也请徐志摩来讲过一次《文学与人生》，那都是一多离校以后一年的事了。

一多对于新诗的爱好几近于狂热的地步。《女神》《冬夜》《草儿》《湖畔》《云朝》……几乎没有一部不加以详细地研究批判。尤其是民国十年（一九二一）到十一年（一九二二），也就是他最后留级的那一年，他不用上课，所有的时间都是可以自由支配的，一多独占高等科楼上单人房一间，满屋堆的是中西文学的书，喜欢文学的同学们每天络绎而来，每人有新的诗作都拿来给他看，他也毫不客气地批评。很多人都受到他的鼓励，我想受到鼓励最多的我应该算是一个。

在清华后这一年是他最愉快的一年。他写的诗很多，大部分发表在《清华周刊》的文艺增刊上，后来集结为一册，题名《红烛》，上海泰东出版。对于新诗，他最佩服的是郭沫若的《女神》，他不能赞同的是胡适之先生以及俞平伯那一套诗的理论。据他看，白话诗必须先是"诗"，至于白话不白话倒是次要的问题。他在临离开清华的时候写过一篇长文《冬夜评论》，是专批评俞平伯的诗集《冬夜》的，但也是他对新诗的看法之明白的申述，这一篇文章的底稿交由吴景超抄写了一遍径寄孙伏园主编的《晨报副刊》，不料投稿如石沉大海，不但未见披露，而且原稿亦屡经函索而不退回。幸亏留有底稿。我索兴又写了一篇《草儿评论》，《草儿》是康白情的诗集，当时与《冬夜》同样的有名，二稿合刊为《冬夜草儿评论》，由我私人出资，交琉璃厂公证印书局排印，列为"清华文学社丛书第一种"，于十一年（一九二二）十一月一日出版。一多的这一篇《冬夜评论》可以说是他的学生时代的最有代表性的论文，《闻一多全集》未收，我想大概是编者不知道有此一文。现在抄几段在下面可见一斑：

> 胡适之先生自序再版《尝试集》，因为他的诗由词曲的音节进而为纯粹的"自由诗"的音节，很自鸣得意。其实这是很可笑的事。旧词曲的音节并不全是词曲自身的音节。音节之可能性寓于一种方言，有一种方言，自有一种"天赋的"音节。声与音的本体是文字里内含的质素；这个质素发于诗歌的艺术，则为节奏、平仄、韵、双声、叠韵等表象。寻常的语言差不多没有表现这种潜伏的可能性底力量，厚载情感的语言才有这种力量。诗是被热烈的情感蒸发了水气之凝结，

所以能将这种潜伏的美十足的充分的表现出来。所谓"自然音节"最多不过是散文的音节。散文的音节当然没有诗底音节那样完美。俞君能镕铸词曲的音节于其诗中，这是一件极合艺术原则的事，也是一件极自然的事。……

……根据作者底"诗底进化的还原论"底原则，这种限于粗率的词调底词曲底音节，或如朱自清所云"易为我们领解采用"，所以就更近于平民的精神；因为这样，作者或许宁肯牺牲其繁密的思想而不予以自由的表现，以玉成其作品底平民的风格罢。只是，得了平民的风格，而失了诗底艺术，恐怕有些得不偿失哟！

…………

我总觉得作者若能摆脱词曲的记忆，跨在幻想底狂恣的翅膀上遨游，然后大胆引吭高歌，他一定能拓得更加开扩的艺术。

……《冬夜》自序里讲道："我只愿随随便便的，活活泼泼的，借当代的语言，去表现自我，在人类中间的我，为爱而活着的我。至于表现的……是诗不是诗，这都和我的本意无关，我以为如要顾念到这些问题，就可根本上无异于作诗，且亦无所谓诗了。"俞君把作诗看得这样容易，这样随便，难怪他作不出好的诗来……诗本来是个抬高的东西，俞君反拼命地把他往下拉，拉到打铁的抬轿的一般程度，我并不看轻打铁的抬轿的底人格，但我确乎相信他们不是作好诗懂好诗的人。不独他们，便是科学家哲学家也同他们一样。诗是诗人作的，犹之乎铁是打铁的打的，轿是抬轿的抬的。

这一篇文字虽然是一多的少作，可能不代表他的全部的较成熟的思想，但是他早年的文学思想趋势在这里显露无遗。他不佩服胡适之先生的诗及其见解，对于俞平伯及其他一批人所鼓吹的"平民风格"尤其不以为然。他注重的是诗的艺术，诗的想象，诗的情感，而不是诗与平民大众的关系。他最欣赏的是济慈的《夜莺歌》和柯勒律治的《忽必烈汗》，所以他推崇《女神》中《蜜桑索罗普之夜歌》的：

> 啊，我与文学做个泪珠的鲛人，
>
> 返向那沉黑的海底流泪偷生，
>
> 宁在这缥缈的银辉之中，
>
> 就好像那个坠落了的星辰，
>
> 曳着带幻灭的美光，
>
> 向着"无穷"长殒！

而他不能忍耐《冬夜》的繁碎凡庸。他说："不幸的诗神啊！他们争道替你解放，'把从前一切束缚你的自由的枷锁镣铐打破'，谁知在打破枷锁镣铐时他们竟连你底灵魂也一齐打破了呢！"

在悠闲的生活中忽然面临一项重大问题——婚姻问题。清华没有不许学生结婚的明文规定，但是事实上正规入学的学生只有十四岁，八年住校，毕业游美，结婚是不可能的事。学校也不鼓励学生结婚。同时男女同校之风未开，清华学生能有机会结交异性朋友的乃例外之例外。清华是一个纯粹的男性社团。一多的家庭是旧式的，典型的农村中的大家庭，所以父母之命不可违，接到家书要他寒假期间返家完婚，如晴天霹雳一般打在他的头上。他终于不能不向传统的势力低头。民国十一年（一九二二）二月他在家乡和他的姨妹高孝贞女士结婚了。这位姨妹排行第十一，一多简称她为"一妹"。高女士也是旧式大家庭出身，虽所受教育不多，但粗识文字，一直生活在家乡的那个小环境里。婚后一个多月，一多立即返回清华园里过他的诗人的生活。一多对他的婚姻不愿多谈，但是朋友们都知道那是怎样的一般经验。旧式的男女关系是先结婚后恋爱，新式的是先恋爱后结婚。一多处于新时代发轫之初，他的命运使他享受旧时代的待遇。而且旧时代的待遇他也没能全盘享受，结婚后匆匆返回校内，过了半年又匆匆出国，结婚后的恋爱好像也一时无法进行。一多作诗的时候拼命地作诗，治学的时候拼命地治学，时间根本不够用，好像没有余暇再管其他的事，包括恋爱在内。他有一位已婚的朋友移情别恋，家庭时起勃豁，他就劝说他道："你何必如此呢？你爱她，你是爱她的美貌，你为什么不把她当作一幅画像一座雕像那样去看待她呢？"可见他自己是全神贯注在艺术里，把人生也当作艺术去处理。我没有理由说他的婚姻是失败的，因为什么才是失败什么才是成功，其间的分际是很不易说的。你说卢梭的婚姻是失败还是成功？别人的看法和当事人自己的看法出入颇大。一多的夫人后来给他生了五个孩子，子立鹤、立雕、立鹏，女闻名、闻翔，皆长大成人，不辱家声。

一多在离开清华之前，特为我画了一幅《荷花池畔》，画的是工字厅后面的荷花池，那是清华园里唯一的风景区，也是清华园里的诗人们平夙徘徊啸傲之所在，是用水彩画的，画出了一片萧瑟的景色。前此他又为我画了一幅《梦笔生花图》，是一幅图案画的性质，一根毛笔生出了无数缤纷的花朵，颇见奇思。

民国十一年（一九二二）七月十六日，一多放洋赴美。

三

一多是在无可奈何的情形之下到美国去的，他不是不喜欢美国，他是更喜欢中国。看他在出国前夕写给我的一封信便可以窥见这一个行将远适异国的学子怀有什么样的情绪：

归家以后，埋首故籍，"著述热"又大作，以致屡想修书问讯，辄为搁笔。清晨盆莲初放，因折数枝供之案头，复听侄辈诵周茂叔《爱莲说》，便不由得不联想及于三千里外之故人。此时纵犹惮烦不肯作一纸寒暄语以慰远怀，独不欲借此以钓来一二首久久渴念之《荷花池畔》之新作乎？（如蒙惠书，请寄沪北四川路青年会）

《李白之死》竟续不成，江郎已叹才尽矣！归来已缮毕《红烛》，赓续《风叶丛谭》（现更名"松麈谈玄阁笔记"——放翁诗曰："折取青松当麈尾，为子试谈天地初"），校订增广《律诗底研究》，作《义山诗目提要》，又研究放翁，得笔记少许。暇则课弟、妹细君及诸侄以诗，将以"诗化"吾家庭也。附奉拙作《红荷之魂》一首，此归家后第一试也。我近主张新诗中用旧典，于此作中可见一斑。尊意以为然乎哉？放翁有一绝云："六十余年妄学诗，工夫深处独心知。夜来一笑寒灯下，始是金丹换骨时！"骨不换固不足言诗也。老杜之称青莲曰："自是君身有仙骨，世人那得知其故？"吾见世人无诗骨而妄学诗者众矣。南辕北辙，必其无通日，哀哉！

这一封信是六月廿二日写的，他满脑子的是诗，新诗，中国的旧诗，并且"主张新诗中用旧典"。他行前和我商量过好几次，他想放弃游美的机会，我劝他乘风破浪一扩眼界，他终于成行了。在海上，他又来了一封信，初出国门所遇到的便是扫兴失望：

我在这海上飘浮的六国饭店里笼着，但是我的精神乃在莫大的压力之下。我初以为渡海的生涯定是很沉寂，幽雅，寥阔的；我在未上船以前时常想着在汉口某客栈看见的一幅八仙飘海底画，又时时想着郭沫若君底这节诗——

无边的天海呀！

一个水银的浮沤！

上有星汉湛波，

下有融晶泛流，

正是有生之伦睡眠时候。

我独披着件白孔雀的羽衣，

遥遥地，遥遥地，

在一只象牙舟上翘首。

但是既上船后，大失所望。城市生活不但是陆地的，水上也有城市生活。……这里竟连一个能与谈话的人都找不着，他们不但不能同你讲话，并且闹得你起坐不宁。走到这里是"麻雀"，走到那里又是"五百"，散步他拦着你的道路，静坐他扰乱你的思想。我的诗兴被他们戕害到几等于零。到了日本海峡及神户之布引泷等胜地，我竟没有半句诗底赞叹歌讴。不是到了胜地一定得作诗，但是胜地若不能引起诗兴，商店工厂还能么？

到了美国之后，他进了芝加哥的美术学院。芝加哥是一个大都市，其难于邀得诗人的青睐是可以预料到的。那地方人多、拥挤、嘈杂、冷酷，工厂的烟囱多，于是灰尘也多，一言以蔽之是脏而乱。我不知道他为什么选中这个地方来上学，也许是因为那个学校相当的有名。这学校是九月二十五日开课，他在二十四日夜写信说："不出国不知道思家的滋味，想你……当不致误会以为我想的是狭义的'家'，不是！我所想的是中国的山川，中国的草木，中国的鸟兽，中国的屋宇——中国的人。"本来一个中国人忽然到了外国，举目一望尽是一些黄发绿眼之人，寂寞凄凉之感是难免的，人非木石孰能遣此？但是一多的思乡病是异于寻常的，他是以纯粹中国诗人的气质而一旦投身于物质文明极发达的蛮荒。所以他说："我看诗的时候可以认定上帝——全人类之父，无论我到何处，总与我同在。但我坐在饭馆里，坐在电车里，走在大街上的时候，新的形色，新的声音，新的臭味，总在刺激我的感觉，使之仓皇无措，突兀不安。"十月廿七日他来信说，在病中作《忆菊》一首，这一首可以说是他的最有代表性的作品：

插在长颈的虾青瓷的瓶里，
六方的水晶瓶里的菊花，
攒在紫藤仙姑篮里的菊花；
守着酒壶的菊花，
陪着螯盏的菊花；
未放，将放，半放，盛放的菊花。

镶着金边的绛色的鸡爪菊；
粉红色的碎瓣的绣球菊；
懒慵慵的江月腊哟！
倒挂着一饼蜂窠似的黄心，
仿佛是朵紫的向日葵呢。

长瓣抱心，密瓣平顶的菊花；
可爱的尖瓣攒蕊的白菊，
如同美人底蜷着的手爪，
拳心里攫着一撮小黄米。

檐前，阶下，篱畔，圃心底菊花，——

蔼蔼的淡烟笼着的菊花，

丝丝的疏雨洗着的菊花，

金底黄，玉底白，春酿底绿，秋山底紫……

剪秋萝似的小红菊花儿；

从鹅绒到古铜色的黄菊；

带紫茎的嫩绿的"真菊"

是些小小的玉管儿缀成的，

为的是好让小花神儿

夜里偷去当了笙儿吹着。

大似牡丹的菊王到底奢豪些，

他的枣红色的瓣儿，铠甲似的，

张张都装上银白的里子了；

星星似的小菊花蕾儿

还拥着褐色的萼被睡着觉呢。

啊！自然美底总收成啊！

我的祖国之秋底杰作啊！

东方底花，骚人逸士底花呀！

那东方底诗魂陶元亮

不是你的灵魂底化身吗？

那登高作赋的重九

不又是你诞生底吉辰吗？

你不像这里的热欲的蔷薇，

那微贱的紫罗兰更比不上你。
你是有历史，有风俗的花。
四千年华胄底名花呀！
你有高超的历史，你有逸雅的风俗！

啊！诗人底花呀！我想起你，
我的心也开成顷刻之花，
灿烂的如同你的一样；
我想起你同我的家乡，
我们的庄严灿烂的祖国，
我的希望之花又开得同你一样！

习习的秋风啊，吹着！吹着！
我要赞美我的祖国底花！
我要赞美我如花的祖国！
请将我的字吹成一簇鲜花，
金底黄，玉底白，春酿底绿，秋山底紫……

然后又统统吹散，吹得落英缤纷，
弥漫了高天，铺满了大地。

秋风啊！习习的秋风啊！
我要赞美我的祖国底花！
我要赞美我如花的祖国！

在这首诗里他显然是借了菊花而表达他的炽烈的对祖国的爱。他对于美国有些厌恶，也是事实，但是有一个左派刊物后来发表他的一首《孤雁》说是他在这个时候的作品，据我看颇有问题，不像是他的手笔，诗云：

啊！那里是苍鹰底领土——
那鸷悍的霸王呵！
他的锐利的指爪，
已撕破了自然底面目，
建筑起财力底窝巢。
那里只有铜筋铁骨的机械，
喝醉了弱者底鲜血，
吐出些罪恶底黑烟，
涂污我太空，闭熄了日月，
教你飞来不知方向，
息去又没地藏身啊！

这不像是闻一多的口吻。上面所录的《忆菊》才是闻一多的这一时代的代表作品。

一多是学画的，在美术学院起初也很努力。学画要从素描起，这是画的根本功夫。他后来带了两大卷炭画素描给我看，都是大幅的人体写生，石膏像做模特儿的。在线条上，在浓淡阴影上，我觉得表现都很不错，至少我觉得有活力。可是一多对于这基本的训练逐渐不耐烦，画了一年下来还是石膏素描，他不能忍了。一个重要的原因是他对文学的兴趣太浓。他不断地写信给我，告诉我他如何如何地参加了芝加哥The Arts Club的餐会，见到了女诗人Amy Lowell，后来又如何地晤见了Carl Sandburg。他对于当时美国所谓"意象派"的新诗运动发生兴趣，特别喜爱的是擅细腻描写的Fletcher。他说"他是设色的神手，他的诗充满浓丽的东方色彩"。在十二年（一九二三）二月十五日写信说：

> 我想再在美住一年就回家。我日渐觉得我不应该作一个西方的画家，无论我有多少的天才！我现在学西方的绘画是为将来作一个美术批评家。我若有所创作，定不在纯粹的西画里。

他的这一觉悟与决心，后来真的实现了！

四

十二年（一九二三）九月三日，我到了美国科罗拉多温泉（简称珂泉），这里有一个大学，规模很小，只有几百个学生，但是属于哈佛大学所承认的西部七个小大学之一。最引人入胜的是此地的风景。地当落基山脉派克斯峰之麓，气候凉爽，景物宜人。我找好了住处之后立刻寄了一封信给一多，内附十二张珂泉风景片，我在上面写了一句话："你看看这个地方，比芝加哥如何？"我的原意只是想逗逗他，因为我知道他在芝加哥极不痛快，我拿珂泉的风景炫耀一下。万万想不到，他接到我的信之后，也不复我信，也不和任何人商量，一声不响地提着一个小皮箱子，悄悄地乘火车到珂泉来了！他就是这样冲动的一个人。

一多到珂泉不是为游历，他实在耐不了芝加哥的孤寂。他落落寡和，除了同学钱宗堡（后来早死）以外他很少有谈得来的人。他到珂泉我当然欢迎，我们同住在Wabash St. 一个报馆排字工人米契尔先生家里，我住一大间，他住一小间，连房带饭每人每月五十五元（我们那时的公费是每月八十元）。住妥之后，我们一同到学校去注册，我是事先接洽好了的，进入英语系四年级，一多临时请求只能入艺术系为特别生。其实他是可以做正式生的，只消他肯补修数学方面的两门课程。一多和我在清华时数学方面的课程成绩很差，勉强及格，学校一定要我们补修。我就补修了两门，三角及立体几何。一多不肯。他觉得性情不近数学，何必勉强学它，凡事皆以兴之所至为指归。我劝他向学术纪律低头，他执意不肯，故他始终没有获得正式大学毕业的资格。但是他在珂泉一年，无论在艺术或文学方面获益之多，远超过他在芝加哥或以后在纽约一年之所得。对于英诗，尤其近代诗，他获得了系统的概念及入门的知识，因为他除了上艺术系的课之外还分出一半时间和我一同选修"丁尼生与勃朗宁"及"现代英美诗"两门课。教这两门课的是一位 Daeler 副教授，这位先生无藉藉名，亦非能说善道之辈，但是他懂得诗，他喜爱诗，我们从他学到不少有关诗的基本常识。我们一同上课，一同准备，一同研讨。这对于一多在求学上是一大转捩点，因为从此他对于文学的兴趣愈益加浓，对于图画则益发冷淡了。

艺术系是由 Leamings 姊妹二人主持的，妹妹教画，姊姊教美术史。我也旁听美术史一课，和一多一同上课，课本用的是《阿波罗》。两位老小姐（均在六十岁左右）对于一多极为赏识，认为是她们的生徒中未曾有的最有希望者之一。她们特别欣赏一多的嘴，认为那是她们从未见过的 sensuous mouth，——"引起美感的嘴"。说超人的相貌，一多对我讲过一段有趣的话，他说他虽然热爱祖国，但不能不承认白种人的脸像是原版初刻，脸上的五官清清楚楚，条理分明，我们黄种人的脸像是翻版的次数过多，失之于漫漶。如今美国的美术教授也欣赏起我们的版本！有一天，两位老小姐请我们到她们家里吃饭，显然是她们不善烹调，满屋子油烟弥漫，忙作一团，可是没有看到丰盛的菜肴，不过她们的殷勤盛意实在太可感了。我和一多在赴宴之前商量送点小小的礼物，我从箱子里找出一块前清官服袍褂上的"黻子"，配上一个金色斑斓的框子，有海波浪，有白鸟，有旭日，居然像是一幅美丽的刺绣画！她们本来是爱慕中国的，看见这东西高兴极了，不知挂在什么地方好。又有一次她们开着一辆彼时女人专用的那种不用驾驶盘而用两根柄杆操纵的汽车带我们去游仙园（The Garden of Gods)，那是我们第一次看到的奇景，平地突起一个个红岩石的奇峰，诡怪不可名状，我国桂林有类似景象，不过规模小得多了。

一多对西班牙的画家Velasquez的作品颇感兴趣，他画的人物差不多全是面如削瓜狰狞可怖，可是气氛非常厚重而深沉。梵高的画，他也有偏爱，他爱他的那份炽盛的情感。有一天一多兴至要为我绘半身像，我当然也乐于做免费的模特儿。那张油画像，真是极怪诞之能事，头发是绿色的，背景是红色的，真是"春风满须绿鬅松"，看起来好吓人！他的画就是想走印象主义的路子。他画过一幅风景，以学校附近一礼拜堂为背景，时值雪后初霁，光线特别鲜明，他把阴影都画成紫色，并且完全使用碎点法，我认为非常成功，他的老师也很夸奖。一多作画，不动笔则已，一动笔则全神贯注，不眠不食如中风魔，不完成不辍休。学年快终了时，教授怂恿他参加纽约的一年一度的美展，于是耗用了两个月的时间赶画了一二十幅画，配好了框子装了满满一大木箱，寄到纽约去。赶画的时间，他几乎天天锁起门来（这时期我们住在学校宿舍海格曼大楼），到了吃饭的时候我要去敲门喊他。有一次我敲门不应，我从钥匙孔里窥见他在画布上戳戳点点，于是我也就不惊动他，让他饿一顿。他把公费大部分用在图画器材上面，吃饭有时要举债。不幸他的巨大的努力没有赢得预期的报酬，十几幅画中只有一幅获得了一颗金星。这一打击是沉重的，坚定了他的放弃学画的决心，但是也可说他是因祸得福，因为如果他没有这次的挫折，作品能有几张入选，以后在西画一方面究竟能有多少成就实在是很难说的。画这种东西，不同于若干其他学科，除了需要天才与苦功之外还需要有深厚的民族历史的背景所孕育出来的一种气质。中国人画西画，其中总有一点隔阂。

在英诗班上，一多得到很多启示。例如丁尼孙的细腻描写法the ornate method和勃朗宁之偏重丑陋the grotesque的手法，以及现代诗人霍斯曼之简练整洁的形式，吉伯林之雄壮铿锵的节奏，都对他的诗作发生很大的影响。例如他以后所写的《死水》：

这是一沟绝望的死水，
清风吹不起半点漪沦。
不如多扔些破铜烂铁，
爽性泼你的剩菜残羹。

也许铜的要绿成翡翠，
铁罐上锈出几瓣桃花；
再让油腻织一层罗绮，
霉菌给他蒸出些云霞。

让死水酵成一沟绿酒，
飘满了珍珠似的白沫；
小珠笑一声变成大珠，
又被偷酒的花蚊咬破。

那么一沟绝望的死水，
也就夸得上几分鲜明。
如果青蛙耐不住寂寞，
又算死水叫出了歌声。

这是一沟绝望的死水，

这里断不是美的所在，

不如让给丑恶来开垦，

看他造出个什么世界。

　　这一首诗可以推为一多的代表作之一，我们可以清楚地看出这整齐的形式，有规律的节奏，是霍斯曼的作风的影响。那丑恶的描写，是勃朗宁的味道，那细腻的刻画，是丁尼孙的手段。这首诗的主旨是写现实的丑恶，当然也有"化腐朽为神奇"的企图，一多为人有一强烈的矛盾，理想与现实的要求在他心里永远在斗争，他想在艺术里、诗里求得解脱与协调。我在前面提到的Grigson编的那本书也曾提到这一首诗，他说"'一沟绝望的死水'当然即是中国，闻一多终其生都在希望着破铜烂铁能变成为翡翠一般的绿。"这完全是附会。一多写这首诗的时候，正是我们一同读勃朗宁的长诗《指环与书》的时候。他有爱国思想，但不是表现在这首诗里。有强烈爱国思想的诗可以举《洗衣歌》为代表：

洗衣歌

　　洗衣是美国华侨最普通的职业，因此留学生常常被人问道："你爸爸是洗衣裳的吗？"许多人忍受不了这侮辱，然而洗衣的职业确乎含着一点神秘的意义，至少我曾经这样的想过，作洗衣歌。

　　（一件，两件，三件，）

　　洗衣要洗干净！

　　（四件，五件，六件，）

　　熨衣要熨得平！

我洗得净悲哀的湿手帕，
我洗得白罪恶的黑汗衣，
贪心的油腻和欲火的灰，……
你们家里一切的脏东西，
交给我洗，交给我洗。

铜是那样臭，血是那样腥，
脏了的东西你不能不洗，
洗过了的东西还是得脏，
你忍耐的人们理它不理？
替他们洗！替他们洗！

你说洗衣的买卖太下贱，
肯下贱的只有唐人不成？
你们的牧师他告诉我说：
耶稣的爸爸做木匠出身，
你信不信？你信不信？

胰子白水耍不出花头来，
洗衣裳原比不上造兵舰。
我也说这有什么大出息——
流一身血汗洗别人的汗？
你们肯干？你们肯干？

年去年来一滴思乡的泪，

半夜三更一盏洗衣的灯……

下贱不下贱你们不要管，

看那里不干净那里不平，

问支那人，问支那人。

我洗得净悲哀的湿手帕，

我洗得白罪恶的黑汗衣，

贪心的油腻和欲火的灰，

你们家里一切的脏东西，

交给我——洗，交给我——洗。

（一件，两件，三件）

洗衣要洗干净！

（四件，五件，六件，）

熨衣要熨得平！

　　这是一首有血有泪的诗。在艺术方面我们可以看出模仿吉伯林甚至
Vachel Lindsay的意味，更重要的是诗里的涵义。一多是一个极敏感的人，
看到中国人在外国受人歧视便愤不可遏。即以珂泉这小地方而论，当地人
士都对我们很好，但是友好的气氛当中有时不是没羼着一种令人难堪的
"施恩的态度"。洗衣为业的华侨所受的待遇给一多以极大的刺激。他对
外国人的优越态度之反抗，是在这种情形下培植起来的。

　　学校里有学生主办的周报一种，有一次上面刊出了一首诗，不知是何

人的手笔。显然的是一个美国学生，题目是 *The Sphinx*，内容是说中国人的面孔活像人首狮身谜一般的怪物，整天板着脸，面部无表情，不知心里想的是一些什么事。在外国人眼里，中国人显着神秘，这是实情。可能大多数美国学生都有这样的看法。这首诗写得并不怎么好，可是没有侮辱的意味，顶多是挑衅。一多和我都觉得义不容辞应该接受此一挑衅，于是我们分别各作一诗答之。一多写的一首分量比较重，他历数我们中国足以睥睨一世的历代宝藏，我们祖宗的丰功伟绩。平心而论，除了这些之外我们还有什么东西足以傲人呢？两首诗同时在下一期刊物上发表了，引起全校师生的注意，尤其是一多那首功力雄厚词藻丰瞻，不能不使美国小子们叹服。可惜剪报我现时没有带在手边。

一多在珂泉的生活是愉快的，只是穷苦一些。每月公费八十元，足敷生活所需，但是他的开销较大，除了买颜料、帆布之外还喜购买诗集，而且还经常有一项意外开销，便是遗失。有时所谓遗失只是忘了放在什么地方。因此不免有时捉襟见肘。他虽住在外国，但仍不能忘怀中国生活的情趣，在宿舍里用火酒炉煮水沏茶是常事。不喝茶还能成为中国人？有时候乘兴煮鸡蛋数枚，范围逐渐扩大，有一回竟煮起水饺。这引起了管理人的不满，但是水饺煮熟之后送给他一碗尝尝，他吃得眉开眼笑，什么也没再说。一多曾经打翻过一只火酒炉，慌张中烧焦了他的一绺头发。

一多的房间经常是乱糟糟的，床铺从来没有清理过，那件作画时穿着的披衣除了油彩斑斓之外还有各种各样的渍痕。最令人惊讶的是他的书桌，有一次我讥笑他的书桌的凌乱，他当时也没说什么，第二天他给我一首诗看：

闻一多先生的书桌

忽然一切的静物都讲话了，

忽然间书桌上怨声腾沸：
墨盒呻吟道："我渴得要死！"
字典喊雨水渍湿了他的背；

信笺忙叫道弯痛了他的腰；
钢笔说烟灰闭塞了他的嘴，
毛笔讲火柴烧秃了他的须，
铅笔抱怨牙刷压了他的腿；

香炉咕喽着"这些野蛮的书
早晚定规要把你挤倒了！"
大钢表叹息快睡锈了骨头；
"风来了！风来了！"稿纸都叫了；

笔洗说他分明是盛水的，
怎么吃得惯臭辣的雪茄灰；
桌子怨一年洗不上两回澡，
墨水壶说"我两天给你洗一回。"

"什么主人？谁是我们的主人？"
一切的静物都同声骂道，
"生活若果是这般的狼狈，
倒还不如没有生活的好！"

主人咬着烟斗迷迷的笑，

"一切的众生应该各安其位。

　　我何曾有意的糟蹋你们，

　　秩序不在我的能力之内。"

　　这首诗很有谐趣，他写此诗的动机不仅是为他的邋遢解嘲，诗的末行还吐露一切事自己做不得主宰只好任其自然之意。我不知道他写此诗时是否想起了波斯诗人欧谟的《鲁拜集》中之那些会说话的酒罐子，因为他非常喜欢这个古波斯诗人的那种潇洒神秘的享乐主义。

　　在珂泉我们没有忘记游山逛水。那地方有的是名胜可以登临。仙园我已经提过，此外如曼尼图山（Mt. Manitou），七折瀑（Seven Falls），风洞（Cave of Winds）都很好玩。曼尼图山虽不高，但有缆车，升降便利，可以远眺。七折瀑是名副其实的七折瀑布，拾级而上，中间可停足七次，飞瀑如练，在身边直泻。风洞是一巨大山洞，里面充满了钟乳石和石笋，亮晶晶的蔚为奇观。洞里有一大堆妇女遗下的头发夹子，年久腐锈黏成比人还高一点的大冢一般的堆，据说投一只发夹在婚事上可谐良缘云。

　　最胜处当然是派克斯峰（Pikes Peak），是落基山脉的一个有名的山峰，海拔一万四千一百一十尺，我和一多雇车上山，时在盛夏，沿途均见积雪，到达山顶时冻得半僵，在一小木室内观光簿上签名留念，买一杯热咖啡喝，赶紧下山，真所谓"高处不胜寒"也。最难忘的是一次我和一多数人驱车游仙园，一多的目的是为写生，我们携带着画具及大西瓜预备玩一整天。我的驾驶不精，车入穷途，退时滑下山坡，只觉耳畔风声呼呼，急溜而下，势不可停，忽然车戛然止，原来是车被夹在两棵巨松之间，探首而视，下临深渊。我们爬出来，遥见炊烟袅袅，叩门求援，应门者仅能操西班牙语，赖手势勉强达意。乃携一圈长绳，一端系车上，另一端挂一树上，众力曳之，居然一寸一寸地拉上道路，车亦受损，扫兴之余，怏怏而归。

珂泉一年很快地结束了，我到哈佛大学去继续念书，一多要到纽约，临别不胜依依。一多送了我他所最心爱的《霍斯曼诗集》两册及《叶芝诗集》一册，我送给他一具珐琅香炉，是北平老杨天利精制的，上面的狮子黄铜纽特别细致，附带着一大包檀香木和檀香屑。一多最喜欢"焚香默坐"的境界，认为那是东方人特有的一种妙趣，所以特别欣赏陆放翁的两句诗："欲知白日飞升法，尽在焚香听雨中。"他自己也有一只黄铜小香炉，大概是东安市场买的，他也有檀香木，但是他没有檀木屑。焚香一定要有檀木屑，否则烟不浓而易熄。一多就携带着我这只香炉到纽约"白日飞升"去了。

五

我和一多离开珂泉东去，是搭伴同行的，途经芝加哥，停留了约两星期，这是一个有计划的行动。

一个人或一个国家，在失掉自由的时候才最能知道自由之可贵，在得不到平等待遇的时候才最能体会到平等之重要。年轻的学生到了美国，除了极少数丧心病狂甘心媚外数典忘祖的以外，大都怀有强烈的爱国心。美国是对中国人民最友善的，对于中国"从来"没有野心，但是他们有他们的优越感，在民族的偏见上可能比欧洲人还要表现得强烈些。其表现的方式有时是直截了当地侮辱，有时是冷峻地保持距离，有时是高傲地施予怜悯。我们的华侨，尽管有少数赤手起家扬眉吐气的，大多数人过的是忍气吞声的生活。所以闻一多有《洗衣歌》之作。一多到了珂泉之后就和我谈起过有关陈长桐在珂泉遭遇过的故事，说的时候还脸红脖子粗地悲愤激动。陈长桐到珂泉的一家理发馆去理发，坐在椅子上半天没有人理，最后一个理发匠踱了过来告诉他："我们不伺候中国人。"陈长桐到法院告了一状，结果是官司赢了，那理发匠于道歉之余很诚恳地说："下回你要理发请通知一声，我带了工具到你府上来，千万请别再到我店里来！"因为黄人进入店中理发，许多白人就裹足不前了。像这样的小事，随时到处都有。珂泉大学行毕业礼时，照例是毕业生一男一女地排成一双一双的纵队走向讲台领取毕业文凭，这一年我们中国学生毕业的有六个，美国女生没有一个愿意和我们成双作对地排在一起，结果是学校当局苦心安排让我们六个黑发黑眼黄脸的中国人自行排成三对走在行列的前端。我们心里的滋味当然不好受，但是暗中愤慨的是一多，虽然他不在毕业之列，但是他看到了这个难堪的场面，他的受了伤的心又加上一处创伤。诗人的感受是特别灵敏的，他受不得一点委屈。零星的刺激终有一天会使他爆发起来。

清华毕业留美的学生，一九二一级、二二级、二三级这三级因为饱受了五四运动的震荡，同时在清华园相处的时间也比较长，所以感情特别融洽，交往也比较频繁一些。一多和我在珂泉一年，对于散处美国各地的同学们经常保持接触，例如在威斯康辛的罗隆基、何浩若，明尼苏达的时昭瀛、吴景超，经常鱼雁往还，除了私人问讯之外也讨论世界国家大势，大家意气相投，觉得有见面详细研讨甚而至于组织起来的必要，所以约定在暑假中有芝加哥之会。

芝加哥大学附近有一条街叫Drexel Street，在街的尽头有一家小旅馆Drexel Hotel，房子很陈旧，设备很简陋，规模很狭小，但是租金很便宜。我们从各处来的朋友十余人就下榻在这个地方。因为根本没有别的房客，所以好像是由我们包下来的一样。连日大家交换意见，归纳下来有几项共同的看法：

第一，鉴于当时国家的危急的处境，不愿侈谈世界大同或国际主义的崇高理想，而宜积极提倡国家主义（nationalism）。

第二，鉴于国内军阀之专横恣肆，应厉行自由民主之体制，拥护人权。

第三，鉴于国内经济落后人民贫困，主张由国家倡导从农业社会进而为工业社会，反对以阶级斗争为出发点的共产主义。

一多不是研究政治经济的人，他是一个重情感的人，在国内面对着那种腐败痛苦的情形他看不下去，到了国外又亲身尝到那种被人轻蔑的待遇他受不了，所以他对于这一集会感到极大的兴趣。

会谈有了结论之后，就进一步讨论到组织问题。首先要解决的是名称，你一言我一语喧嚷了好几天，最后勉强同意使用"大江"二字，定名为"大江会"，也没有什么特殊意义，不过是利用中国现成专名象征中国之伟大悠久。大江会的成立典礼就在这家旅馆的客厅里举行。我从国内带来一幅定制的绸质的大国旗，长有一丈，当然是红黄蓝白黑五色旗，这一回可派上了用场，悬在正中央，壮观无比。典礼的一个项目是宣誓，誓词是："余以至诚宣誓，信仰大江的国家主义，遵守大江会章，服从多数，如有违反愿受最严厉之处分。""大江的国家主义"，所以表示异于普通的狭隘的军国主义。哲学家罗素那一年正好在美国讲学，道经威斯康辛，我们的几个朋友就去访问他，他是主张泯除国界的大同主义者，反对激烈的爱国主义，但是他听取了我们的陈述和观点之后，沉吟一阵，终于承认在中国的现况之下只能有推行国家主义之一途，否则无以自存。罗素的论断给了我们很大的鼓励。从此，我们就是宣过誓的国家主义者了。

大江会不是政党，更不是革命党，亦不是利害结合的帮会集团，所以并没有坚固组织，亦没有活动纲领，会员增加到三五十人，《大江季刊》（上海泰东图书公司出版）出了两期，等到大部分人回国之后各自谋生去也，团体也就涣散了。但是一多是这一组织的中坚分子，他的热诚维持得最长久。

六

一多到了纽约之后，生活方式大变。他住在江滨大道的国际学舍里，那是在离哥伦比亚大学不远的一座十几层的大楼，许多中国男女学生都住在这里，每人一小间房屋，租金低廉，环境还算是清静，除了日夜不停的一阵阵高轨火车呼啸而过震耳欲聋的声音以外。一多在一所纽约艺术学院注册，还是继续学画，但是事实上他这一年没有好好地上课，先是三天打鱼两天晒网，后来索兴不去上学了。从这时候起他蓄了长发，做艺术家状，日久颈后发痒，则约友辈互相用剪刀修整之。常往来的朋友们如张禹九、赵太侔，熊佛西等都是长发披头，常常都是睡到日上三竿方才起床，入夜则相偕到附近一家广东馆子偷偷地喝五加皮吃馄饨。他们过的是波希米亚的生活。但是他的生活并不闲，他忙得不可开交。看下面的未写日期的信：

实秋：

　　近来忙得不可开交。上星期整个没上课，这星期恐怕又要照办。这样忙法但是戏仍旧还无头绪。眼看排演日期马上就到了，五幕戏只练了一幕。化装布景虽是画得了，但还没有动手制造。三十余件古装都是要小姐们的玉手亲缝，其奈小姐们底架子大何！Costume plates 本拟请一个姓杨的（在中国英美烟公司画广告的）画，后来他神气起来了，说一笔也不能改。我就比他更神气，要求当局人把他开除了。如今 Art department 的事只我一人包揽。办事的棘手，证例还多得多。老余要辞职，昨天刚说好了的。

　　纽约的作业太多，真不能读书。我们自从来此，两次演戏，忙得我头昏脑乱，没有好好的画过一次画。课是整星期的 cut，我与你们在哈佛的比，真当惭愧无地。……

你问我的诗兴画兴如何。画兴不堪问，诗兴偶有，苦在没有工夫执笔。倒是戏兴很高，同你一样。前天看了O'neil的四个短剧果然是不同。前数星期作了一首英文诗，我可以抄给你看看。人非木石，孰能无情！

一多问好

The eye gladdened；touched the heart；
The meeting is done，let us part.
Courtly smiles will harden to grins
Better end love where love begins.

A lawless shuttle is that of Fate.
Ere grief is woven，change is late，
Let us wrap and woof remain——
Clean threads from love's freakish stain.

Let us part！our meeting is through，
Through heart may hunger，heart may rue.
Your friendship's smiel was undream'd of，
Still less hoped your sighs of love.

Thus in after years if again we meet，
I famishing still，you replete，
Glad and unshamefaced I'll say：
   "Once we met but did not stay."

"Once we met， our paths converged，

All currents of my being surged——

Once we met and parted soon."

In after years let my heart croon.

　　这封信有好几点需要解释。所谓古装的戏是《杨贵妃》，纽约中国学生用英文公演的一出戏。由撰写剧本到舞台设计、服装制作等等，全都由学生们自己负责办理，所以是一桩大事。一多是学画的，于是有关图画的工作均落到他的头上，尤其是几十套绸质服装要在上面画出锦绣黼黻的图案，更是需要匠心独运，但是结果非常良好，在灯光下竟看不出有彩笔的痕迹。在这一次演剧中一多建了大功，但是也启了荒废学业之渐。赵太侔是一个整天不说话的奇人，他在纽约从Norman Geddies学舞台图案，余上沅（信中的老余）是在匹兹堡的戏剧艺术学院学习舞台艺术的，这两个人是这一次演出的主干，再加上艺术批评家的张禹九和画家闻一多！俨然是一个很坚强的阵容。演员是哪些人，我已记不得很清楚，主演杨太真的好像是一位王小姐（倩仪），饰高力士的是黄仁霖，事后闻一多告诉我黄先生扮演那个角色惟妙惟肖获得极大成功。一多的这一首英文诗，本事已不可考，想来是在演戏中有了什么邂逅，他为人热情如火，但在男女私情方面总是战战兢兢地在萌芽时就毅然掐死它，所以这首诗里有那么多的凄怆。他写的英文诗不多，这也是少年之作，录在这里以供观赏。

　　纽约的《杨贵妃》演出成功，在哈佛的一些中国学生也见猎心喜，于是有演出《琵琶记》之议，顾一樵编剧，我翻译为英文，邀集在波士顿一带的谢文秋、谢冰心、王国秀、徐宗涑、沈宗濂、高长庚、曾昭抡诸位参加演出，在技术方面不能不向纽约请求帮助，我们邀请一多和赵太侔、余上沅三位同来，但是一多临时没有来。看下面的三封信：

实秋：

　　来函质问我的诸事，还是因为健忘底老毛病，所以没有回答。归期大概以上沅底归期为转移，至迟不过六月。栖身之所依然没有把握，这倒是大可忧虑的事。不过回家是定了的。只要回家，便是如郭、郁诸人在上海打流亦可以。君子固贫非病，越穷越浪漫。《南海之神》还没有十分竣功。如今寄来了，请你着实批评一番，然后再继续撰作后数节。昨晚又草成《七子之歌》也是国家主义的呼声。结构具在，只是音节词句上尚欠润色。我现在同学校生活正式脱离关系了。现在的生活，名义上是游手好闲，实际上是仰屋著书。着手撰著的文章有一篇《新民族的新诗》是从民族主义底观点上论美国的新诗运动，又有一篇《印度女诗人——奈陀夫人》。奈陀夫人是印度国家主义底健将，在艺术上的成功亦不让泰戈尔。……

一樵：

　　布景也许用不着我亲身来波城。只要把剧本同舞台底尺寸寄来，我便可以画出一套图案，注明用什么材料，怎样的制造。反正舞台上不宜用平面的绘画，例如一个窗子，最好用木头或厚纸制一个能开能合的窗子，不当在墙上画一个窗子底模样，因为这样会引起错误的幻觉。总之，候我把图案制就了，看他的构造是简单或复杂。如果不能不复杂，一定要我来，我是乐于从命的。再者也请告诉我你们在布景和服饰上能花多少的钱。

一多问好

星期五早

实秋：

　　船票尚未买定，太早也。蛰居异域，何殊谪戍？能早归国，实为上策。数月之中，吴宗传死，张杰民、李之常入疯人院，向哲濬入狱为囚，黄卓繁、孟宪民、张福全、孙增庆或卷债潜逃，或假作支票，邱广裸体裹寝衣骑自行车闲游校园——惊人之事岂徒掷巨金为女子祝寿者睡地板哉？

《南海之神》谓为脱稿亦可。刊入《大江》不嫌其为国民党乎？……然取决之权在足下，我固无成见也。

来示谓我之诗风近有剧变。然而变之剧者孰过于此：——

废旧诗六年矣。复理铅椠，纪以绝句

六载观摩傍九夷，吟成蹇舌总猜疑。

唐贤读破三千纸，勒马回缰作旧诗。

释疑

艺国前途正杳茫，新陈代谢费扶将。

城中戴髻高一尺，殿上垂裳有二王。

求福岂堪争弃马？补牢端可救亡羊。

神州不乏他山石，李杜光芒万丈长。

天涯

天涯闭户睹清贫，斗室孤灯万里身。

堪笑连年成底事？穷途舍命作诗人。

实秋饰蔡中郎演《琵琶记》，戏作柬之

一代风流薄幸哉！钟情何处不优俳？

琵琶要作诛心论，骂死他年蔡伯喈！

一多问好

信里面提到的《南海之神》是一首纪念孙中山先生的长诗。一多对于孙中山先生极为敬仰，我们在珂泉时就有一天看见报载孙中山先生逝世的

消息，语焉不详，一多大为激动，红头涨脸地反复地说："这个人如何可以死！这个人如何可以死！"他钦佩他怀有救国大志，不屈不挠，而为人清廉。我们发电纽约查询，结果知道原来是误传。一多到了纽约之后，中山先生逝世的消息传来，纽约各界开会盛大举行追悼，事前把我的那一幅大的五色国旗借了去，会堂中间悬着中山先生遗像，那遗像便是一多临时赶画的，是一幅炭笔画，他后来送了我一张这幅画的照片，因为这是他的得意之作。《南海之神》这一首诗我给登在《大江季刊》第一期了。

　　一多信中自承"同学校生活正式脱离关系"，其实他自到纽约以后就没有建立正常关系。波希米亚的生活是不好受的，所以他在五月初就偕同太侔、上沅匆匆启程返国了。

　　实秋：

　　　　我们定五月四日离纽约，十四号上船。回去后计划详情，菊农谅已报到了。你从前讲要国内新诗集子，现在汇齐寄上，察收为荷。

　　　　此次回国并没有什么差事在那里等着我们，只是跟着一个梦走罢了。我们定规坐三等船，每人省出一百元美金，作为到北京后三个月底粮饷。此行可谓heroic矣！

　　　　《大江》第一期已登拙作是哪几篇？尊处若尚有存稿，即请作第二期用。第二期拟用那几篇也请示知。因为回去后短不了也要发表一点东西。请告诉我以免重复。若稿件不够，舟中有新作，一定寄来。

　　　　　　　　　　　　　　　　　　　　　　　　一多　四月二十四日

　　这是一多在纽约给我的最后一封信。他念念不忘的是给《大江季刊》写稿。大江会的会员中始终热心于会务者是闻一多。他的作品发表在《季刊》上的，我记得有《我是中国人》《长城下之哀歌》《醒呀》《七子之歌》《洗衣曲》《南海之神》等等。他译有拜伦的《希隆的囚徒》《希腊之群岛》两首诗，另有《河图》一诗在写作中，都没有来得及发表，《季刊》就停刊了。

清华官费五年，本来非满五年是不准回国的，后来改变办法，满三年回国也可以，在国内最多盘桓两年，否则即作为放弃最后两年官费。一多的性格是不适于长期羁旅的，他是一个喜爱家庭的人。后来有一次他对我说："世上最美妙的音乐享受莫过于在午夜间醒来静听妻室儿女在自己身旁之轻轻的停匀的鼾息声。"当年孤身投在纽约人海之中，他如何受得了！同时他的爱国精神特别强烈，感觉也特别敏锐，在他看来美国的环境是难以忍受的。他在一月十一日写信告诉我："现拟作一个series of sketches，描写中国人在此邦受气的故事。体裁用自由诗或如Henley底'In Hospital'。"他注重搜集的是受气的故事，他自己肚里有多少闷气，可以想见。很多有涵养的人到了美国真真做到宾至如归的境界，一多则异乎是，他在美国如坐针毡，归心似箭，于是他匆匆地踏上归途，结束了他的三年游美的生涯。

七

十四年（一九二五）六月，一多回到北京，和余上沅、陈石孚在西城梯子胡同赁屋而居，几个单身人住一个院子，那情况是相当凄凉的。一多住的那间屋子装饰得很特别，据上沅后来告诉我，四壁裱糊黑纸，黑黝黝一片，墙上镶了金边，闪烁着微光，尤其是在一盏孤灯之下，格外觉得鬼气森然。《死水》诗集的装帧就是黑面金字，别开生面，也许正是他这同一时代的情绪的表现吧。因为觅得枝栖，生活粗定，约半年后他便把家眷接来北京，迁居于西京畿道。

一多的职务是国立艺术专门学校教务长，这是由于徐志摩的推毂，当时的艺专校长是刘百昭。刘是章士钊的部下，初接校务，急需一批新人帮忙，所以经志摩介绍一拍即合。戏剧系主任本拟聘余上沅，后又因为安置赵太侔，上沅改任教授。他们加入艺专也是不得已，初回国门，难为择木之鸟。一多是最不适于做行政工作的人，我不知道为什么他会膺选。

一多没有忘记大江赋给他的任务，十五年（一九二六）一月二十三日有一长信给我，他说：

> 大江命做的事，我虽自揣能力不够，但仍是不敢辞让。我只望在美同人多帮一点忙，不要使我一人陷于呼吁无门的境地，那便是《季刊》的幸事。
>
> 我不但希望你赶快回来，并且希望多数同志赶快回来。我辈已与醒狮诸团体携手组织了一个北京国家主义团体联合会，声势一天浩大一天。若没有大批生力军回来作实际的活动，恐怕要使民众失望。醒狮社的人如李璜乃一书生，只能鼓吹主义，恐怕国家主义的实践还待大江。此点李璜等亦颇承认，故努生在京时，彼等极为敬视。在努生未归之先，我希望浩若要快回来。我包管他回来了有极有兴味的事可做。
>
> 我近来懊丧极了。当教务长不是我的事业，现在骑虎难下真叫我为难。现在为校长问题校内不免有风潮。刘百昭一派私人主张挽留他，我与太侔及萧友梅等主张欢迎蔡子民先生，学校教职员分为两派。如果蔡来可成事实，我认为他是可以合作的，此外无论何人来我定要引退的。今天报载我要当校长，这更是笑话。"富贵于我如浮云！"我只好这样叹一声。
>
> 我现在不与上沅、石孚同居了。现在的住址是西京畿道三十四

号。内子与小女都在这里。家庭生活差强人意。时相过从的朋友以"四子"为最密，次之则邓以蛰、赵太侔、杨振声等。国家主义的同志中有一般人也常到我家里开会。新月社每两周聚餐一次，志摩也常看见。你与菊农的信论志摩的诗不知怎地转到志摩手上来了，又从志摩手上转到我这里来了。

回国后仅仅作了两首诗，到艺专来后文艺整个放在脑袋后边去了，长此以往，奈何！奈何！……

国内漆黑一团，切望同志快回来共同奋斗罢！

一多的热心可佩，可是他的看法却错了，大江同人一两年之内都陆续回来了，但是每个人各有各的事业，各有各的出路，同时国内政局丕变，所谓"国家主义派"已在被打倒之列，而且"党外无党党内无派"之说甚嚣尘上，大江国家主义如何能不如昙花之一现？

一多对于国家主义者与共产主义者的冲突与斗争，虽非积极领导的分子，但是确曾躬与其役。他虽说李璜是一书生，实则对他颇为敬重，曾对我说起李璜，誉为光风霁月国士无双。

一多在北京"九月之久仅成诗两首"，有"江郎将从此搁笔乎"之叹，但是他提倡新诗的热忱并来稍减。徐志摩主编《晨报副刊》（那刊头图案即是一多的手笔），每周出《诗刊》一次，是由一多编辑的。他有信给我：

《诗刊》谅已见到。北京之为诗者多矣，而余独有取于此数子者，皆以其注意形式，渐纳于艺术之轨。余之所谓形式者，form也，而形式之最要部分为音节。《诗刊》同人之音节已渐上轨道，实独异于凡子，此不可讳言者也。余预料诗刊之刊行已为新诗辟一第二纪元，其重要当与《新青年》《新潮》并视。实秋得毋谓我夸乎？

他所标榜的"形式"，确是新诗进展的一大步，但是也因此而赢得"豆腐干体"的讥嘲。新诗不可以长久留在"自由诗"的阶段，必需注重音节，而音节须要在整齐中有变化，在变化中有整齐。中国字为单音，在音节方面宜于旧诗，如今以语体写诗便不能以一个字为一单位，只好以两三个字为一组，一行中有几个重音。《诗刊》就是朝着这个方向走的一个尝试。一多的《死水》远胜他的《红烛》，就因为《死水》一集的诗都有谨严的格律。下面两首诗都是这一时期的作品，有整齐的格调，读来亦朗朗上口。

春　光

静得像入定了的一般，那天竹，
那天竹上密叶遮不住的珊瑚；
那碧桃，在朝暾里运气的麻雀。
春光从一张张的绿叶上爬过。
蓦地一道阳光晃过我的眼前，
我眼睛里飞出了万只的金箭，
我耳边又谣传着翅膀的摩声，
仿佛有一群天使在空中逻巡……

忽地深巷里进出了一声清籁：
"可怜可怜我这瞎子，老爷太太！"

飞毛腿

我说飞毛腿那小子也真够别扭，

管包是拉了半天车得半天歇着，

一天少了说也得二三两白干儿，

醉醺醺的一死儿拉着人聊天儿。

他妈的谁能陪着那个小子混呢？

"天为啥是蓝的？"没事他该问你。

还吹他妈什么箫，你瞧那副神儿，

窝着件破棉袄，老婆的，也没准儿，

再瞧他擦着那车上的俩大灯罢，

擦着擦着问你曹操有多少人马。

成天儿车灯车把且擦且不完啦，

我说"飞毛腿你怎不擦擦脸啦？"

可是飞毛腿的车擦得真够亮的，

许是得擦到和他那心地一样的！

嘻！那天河里飘着飞毛腿的尸首……

飞毛腿那老婆死得太不是时候。

　　这两首诗很有意味，都有一点哈代的那种戏剧化的悲观的讽刺的意思，而且形式也很考究。可惜的是他对于新诗太早地洗手不干了。

　　一多常来往的所谓"四子"，是朱湘（子沅）、饶子离、杨世恩（子惠）和刘梦苇。刘梦苇的别号也是一个"子"字起头，我忘记是子什么了。四个人都比一多小几岁，一多以老大哥的姿态和他们一起作诗谈诗。四子是《诗刊》的基本作家。刘梦苇、杨世恩早死，没能有大成就。饶子离才气很高，后来在四川入山学道，不知所终。朱湘是一位怪僻的诗人，一多和朱湘来往不久即交恶，一多四月廿七日函谓：

朱湘目下和我们大翻脸，说瞧志摩那张尖嘴，就不像是作诗的人，说闻一多妒嫉他，作了七千言的大文章痛击我，声言偏要打倒饶、杨等人的上帝。这位先生的确有神经病，我们都视为同疯狗一般，就算他是Spenser（因为Shakespeare是他不屑于做的，他所服膺的是斯宾塞）社会上也不应容留他。他的诗，在他未和我宣战的时候，我就讲了，在本质上是sweet sentimentality，在技术上是dull acrobatics，充其量也不过做到Tennyson甚至Longfellow一流的kitchen poet，因为这类的作品只有housewives才能鉴赏。这个人只有猖狂的兽性，没有热烈的感情。至于他的为人，一言难尽！

朱湘后来终于在由安庆到上海航行途中坠江而死，大概是自杀的。

我在七月里回到北京的时候，一多已经忍不住北京八校欠薪以及艺专风潮迭起的压迫而携眷返里了。

八

十五年（一九二六）暑假，一多携眷回到湖北浠水老家，到了秋后只身来到了上海，下榻在潘光旦家里。由于潘光旦、张禹九、瞿菊农几位朋友的关系，进入了吴淞国立政治大学服务。这一所大学是张君劢先生创办的，据君劢先生在《张东荪先生八十寿序》（见《征信新闻》五四、六、二）里说：

杜氏（杜里舒）离华，余以韩紫石之托，创政治大学于上海，乃立延东荪主哲学讲席，其兄孟劬与孙德谦并私淑章实斋，则分主子史讲席，自余海外留学归来，潘光旦、吴经熊、闻一多、金井羊、陈伯庄、瞿菊农、吴国桢，陈石甫（孚）诸君子，亦各就所学讲授。一时称为得人，校誉鹊起。

事实上一多在政治大学并未"就所学讲授"，他担任的是训导长的职务。训导长是一个繁重的位置，在学校里是很重要的，但是无论从哪一方面看，一多不像是一个最适当的人选。那时候北京的国立八校经年欠薪，学潮常年起伏，教育界人士都襥被出都，彷徨无主，很多人都聚集到上海来。一多是这流亡群中的一个，所以训导长的职务他也担任了。政治大学地点很好，好像是与同济大学毗邻，我初返国门的第二天，张幼仪即曾顺便驻车陪我去参观过一次，校属初创，当然谈不上规模，不过气象倒是满好的。一多在吴淞不久，长女立瑛病重，遂遄返湖北。立瑛是民国十一年（一九二二）十二月生，此时未满五岁，不幸夭折。一多有诗一首哀悼她。

忘掉她

忘掉她，像一朵忘掉的花，——
那朝霞在花瓣上，
那花心的一缕香——
忘掉她，像一朵忘掉的花！

忘掉她，像一朵忘掉的花！
像春风里一出梦，
像梦里的一声钟，
忘掉她，像一朵忘掉的花！

忘掉她，像一朵忘掉的花！

听蟋蟀唱得多好，

看墓草长得多高；

忘掉她，像一朵忘掉的花！

忘掉她，像一朵忘掉的花！

她已经忘记了你，

她什么都记不起；

忘掉她，像一朵忘掉的花！

忘掉她，像一朵忘掉的花！

年华那朋友真好，

他明天就教你老；

忘掉她，像一朵忘掉的花！

忘掉她，像一朵忘掉的花！

如果是有人要问，

就说没有那个人；

忘掉她，像一朵忘掉的花！

忘掉她，像一朵忘掉的花！

像春风里一出梦，

像梦里的一声钟，

忘掉她，像一朵忘掉的花！

反复重叠，固然是歌谣体的能事，沉恸的至情流露也是自然地不得不尔。

　　大约在十六年（一九二七）二、三月间一多到了武汉，在武汉政府的总政治部工作了一个很短的时期。据章伯钧的回忆说：

> 在民国十六年中国大革命时代，闻先生曾因朋友的介绍……应邓演达先生之邀约，参加总政治部工作，约在是年二、三月间，闻先生到部任艺术股股长，并亲自绘制反军阀的壁画一大幅。后来因为闻先生颇不惯于军中政治生活，受任一月即行告退。

　　总政治部艺术股股长这一段经验，一多以后没有和我谈起过，想来这一段经验不是怎样愉快的。他离开武汉又回到吴淞的政治大学，但是不久北伐军抵沪，这个学校被封闭了。一多再度赋闲，在光旦家里闲居无事，开始刻图章。他也给我刻了一个闲章，文曰："谈言微中"，初试铁笔，亦复不俗。他又和光旦偕游杭州，六桥三竺留下了他的屐痕。这时期一多百无聊赖，虽然新月书店此时正在创办，一多并未积极参预其事，余上沅、张禹九、潘光旦、饶子离、刘英士、罗努生和我都在上海，但是一多总是栖栖皇皇不可终日。暑中经友人介绍，到南京土地局任职，所任究系何职，他从来没对我讲起过，无论如何那总是人地不宜的一个职务。所幸他供职的期间很短，暑假后国立第四中山大学开学，聘一多为外文系教授兼主任。所谓"第四中山大学"的前身即是国立东南大学，后来又改称为中央大学。至此一多才有了一个比较稳定的栖身之处，卜居在学校附近的单牌楼，把家眷也接到了南京。

　　《新月》杂志于十七年（一九二八）三月十日首刊，编辑人列徐志摩、饶子离、闻一多三个人。事实上饶子离任上海市政府秘书，整天地忙，一多在南京，负责主编的只是志摩一个人。一多负着编辑人之一的名义，给新月写了一些稿，也为新月拉了一些稿，例如费鉴照、陈楚淮几个年轻人的稿子都是他介绍来的，这编辑人的名义一直到二卷二期[十八年（一九二九）四月]才解除。在这一年当中，一多在新月上发表了不少译诗，例如《白朗宁夫人的情诗》（十一至廿一首），哈代的《幽舍的麋鹿》，郝斯曼的《情愿》《从十二方的风穴里》，在论文方面有《先拉飞主义》《杜甫》等。从他这写作的情形看，除了最后一篇《杜甫》之外，他的兴趣还是在英国近代诗方面。一多对于英诗，尤其是近代的，有深刻的认识，但是对于整个的英国文学背景并没有足够的了解。我想他在南京中央大学的一年，虽然英美诗、戏剧、散文无所不教，他内心未曾不感觉到"教然后知不足"的滋味。他内心在彷徨。所以秋后王雪艇先生约他担任国立武汉大学文学院长兼中文系主任，他便毅然离开南京，搬到武昌附近的珞珈山去了。

一多到了武汉，开始专攻中国文学，这是他一生中的一大转变。《少陵先生年谱会笺》的第一部分发表在武大《文哲季刊》第一卷第一期[十九年（一九三〇）四月出版]。在十七年（一九二八）八月出版的《新月》第六期里一多已发表了一篇《杜甫》的未完稿，可见他在临去南京之前已经开始了杜甫研究，到了武汉之后继续攻读杜诗，但是改变了计划，不再续写泛论杜甫的文章，而做起考证杜甫年谱的工作。这一改变，关系颇大。一多是在开始甩去文学家的那种自由欣赏、自由创作的态度，而改取从事考证校订的那种谨严深入的学究精神。作为一个大学的中文教授，也是非如此转变不可的，何况他本来就有在故事堆里钻研的癖好。

不知为什么，就在《少陵先生年谱会笺》开始发表的时候，武汉大学发生了风潮，一多成为被攻击的对象。据《闻一多年谱》，"先生就贴了一张布告，说对于自己的职位，如'鹓雏之视腐鼠'，并声明解职离校。后来学校挽留，到底没有留住"。一多辞职之后，又飘然只身来到了上海。

九

一多到了上海遇到杨金甫（振声），金甫是国立青岛大学筹备委员之一，筹备委员会的主任是蔡孑民先生，但是实际负筹备之责的是金甫。且已内定他为校长，所以他来上海物色教员。他要一多去主持国文系，要我去主持外文系，我们当时唯唯否否，不敢决定。金甫力言青岛胜地，景物宜人。我久已厌恶沪上尘嚣，闻之心动，于是我与一多约，我正要回北平省亲，相偕顺路到青岛一觇究竟，再作定夺。于是我携眷乘船北上，一多偕行。

船到青岛，我们住在中国旅行社招待所，信步街道，整洁宽敞，尚有若干市招全是日本气味。我们到了一家吴服店，各自选购一件和服，宽袍大袖，饶有古意，一多还买了一件浑身花蝴蝶的，归遗细君。我们雇了两部马车，观光全市，看了海滨公园、汇泉浴场、炮台湾、湛山、第一公园、总督府，到处都是红瓦的楼房点缀在葱茏的绿树中间，而且三面临海，形势天成。我们不禁感叹，我们中国的大好河山真是令人赏玩不尽，德国人在此地的建设也实在是坚实可观，中间虽然经过日本人的窃据，规模犹存，以后我们纵然要糟蹋，怕一时也糟蹋不完，这一行给我们印象最深的是那两个车夫，山东大汉，彬彬有礼，一多来自武汉，武汉的脚行车夫之类的那股气焰他是深知的。我在上海住了三年，上海的脚行车夫之类的那个风度我也是领教够了的，如今来到孔孟之邦，居然市井斗筲之民也能知礼，令人惊异。举一个例：车在坡头行走，山上居民接水的橡皮管横亘路上，四顾无人，马车压过去是没有问题的，但是车夫停车，下车，把水管高高举超，把马车赶过去，再把水管放下来，一路上如是折腾者有三数次，车夫不以为烦。若在别的都市里，恐怕一声吆喝，马车直冲过去，说不定还要饶上一声："猪猡！"

青岛的天气冬暖夏凉，风光旖旎，而人情尤为淳厚，我们立刻就认定这地方在天时、地利、人和三方面都够标准宜于定居。所以我们访问金甫之后，就一言而决，决定在青岛大学任教。我回北平家中小憩，一多返武汉接眷，秋后我们便在青岛开始授课。

青岛大学是新创立的学校，校址是万年山麓，从前德国的万年兵营，有五六座楼房（其中一座为市政府保安队占用），房屋构造坚固，勉强可以用作教室宿舍。我们初到青岛的时候，蔡孑民先生还携眷住在女生宿舍那座小楼里。学校大门上的木牌是蔡先生的题字，清癯一如其人。学校是国立的，但是经费是山东省政府拨付的，所以一开始学校的基础就不大稳固。杨金甫是北大出身，当时在教育部里他的熟人不少，同时他是山东人，和教育厅里的人也有关系，所以他做校长是适当的，并且他的性情温和，冲默有量，所以双方肆应，起初尚能相安。和金甫一同来的还有赵太侔，"寡言笑"的人，也是一多的老朋友，他曾到上海看我，进门一言不发，只是低头吸烟，我也耐着性子不发一言，两人几乎抽完一听烟，他才起身而去，饶有六朝人风度。一多除了国文系主任之外还担任文学院院长。在中国文学系里，一多罗致了不少人才，如方令孺、游国恩、丁山、姜叔明、张煦、谭戒甫等。

一多最初赁屋于大学路，即学校的斜对门，楼下一层，光线很暗，旋即迁到汇泉，离浴场不远的一栋小房，出门即是沙滩，涨潮时海水距门口不及二丈，据一多说夜间听潮一进一退的声音，有时不能入寐，心潮起伏，不禁忆起英国诗人安诺德的那首《多汶海滩》。他到学校去要经过我的门口，我住在鱼山路，时常呼我同行赴校。青岛多山路，所以我们出门都携手杖一根，这是别处所不需要的，一多很欣赏策杖而行的那种悠然的态度，所以他备了好几根手杖。一多在私生活方面是个懒人，对于到市内购买什物是视若畏途的，例如我们当时都喜欢穿千层底的布鞋，一多怕去买鞋，时常逼到鞋穿破了之后，先试穿他的厨师的鞋子，然后派遣他的厨师代他去买鞋！

汇泉的房子是很可羡慕的，可惜距校太远，同时也太偏僻，到了冬天海风呼啸时分外凄凉。一多住了不到一年，便趁暑假的时候送眷回到湖北，离别了那海边小屋。他为什么要把妻室孩儿送还家乡，独自留在青岛，我不知道，事实上他的家庭生活的情形，我也所知甚少。他住在汇泉的时候，请过我去吃过一次饭，我如今还记得的是他的厨师所做的烤苹果非常可口。孩子一大堆，流鼻涕的比不流鼻涕的为数较多。

十九年（一九三○）一多送眷回乡，返校后就住学校宿舍，好像是第八校舍，是孤零零的一座楼在学校的东北方，面对着一座小小的坟山。夏夜草长，有鬼火出没。楼上有一个套房，内外两间，由一多住，楼下的套房由黄际遇（任初）住。这位黄先生比我们年长十几岁，是数学家，潮州人，喜欢写字、下象棋、研究小学，为人很是豪爽，由河南教育厅长卸任下来在青大任理学院长，也是和我们还可以谈得来的一个人。一多在这宿舍过了孤独的一年，饮食起居，都不方便，但是这一年间他没有家累，得以全副精力从事于中国文学的研究。一多在武汉时既已对杜诗下了一番功夫，到青岛以后便开始扩大研究的计划，他说要理解杜诗需要理解整个的唐诗，要理解唐诗需先了然于唐代诗人的生平，于是他开始草写《唐代诗人列传》，积稿不少，但未完成。他的主旨是想借对于作者群之生活状态去揣摩作品的涵义。基于同样的想法，他开始研究《诗经》。有一天他到图书馆找我，我当时兼任图书馆长，他和我商量研究《诗经》的方法，并且索阅莎士比亚的版本以为参考，我就把刚买到的佛奈斯新集注本二十册给他看，他浩然长叹，认为我们中国文学虽然内容丰美，但是研究的方法实在是落后了。他决心要把《诗经》这一部最古的文学作品彻底整理一下，他从此埋头苦干，真到了忘寝废食的地步，我有时到他宿舍去看他，他的书房中参考图书不能用"琳琅满目"四字来形容，也不能说是"獭祭鱼"，因为那凌乱的情形使人有如入废墟之感。他屋里最好的一把椅子，是一把老树根雕刻成的太师椅，我去了之后，他要把这椅上的书搬开，我才能有一个位子。他的研究的初步成绩便是后来发表的《匡斋尺牍》。在《诗经》研究上，这是一个划时代的作品，他用现代的科学的方法解释《诗经》。他自己从来没有夸述过他对《诗经》研究的贡献，但是作品俱在，其价值是大家公认的。清儒解《诗》，王引之的贡献很大，他是得力于他的音韵训诂的知识之渊博，但是一多则更进一步，于音韵训诂之外再运用西洋近代社会科学的方法。例如《匡斋尺牍》所解释的《芣苢》和《狼跋》两首，确有新的发明，指示出一个崭新的研究方向。有人不满于他的大量使用弗洛伊德的分析方法，以为他过于重视性的象征，平心而论，他相当重视弗洛伊德的学说，但并未使用这一个学说来解释所有的诗篇。

《死水》于十七年（一九二八）一月出版以后，一多对于新诗的创作即不热心，他的兴趣已转到中国文学的研究，由诗人一变而为学者，但是大家对他的属望仍殷，看徐志摩于十八年（一九二九）十一月底从上海写给我的信：

　　一多非得帮忙，近年新诗，多公影响最著，且尽有佳者。多公不当过于韬晦。《诗刊》始业焉可无多？即四行一首亦在必得。乞为转白，多诗不到，刊即不发，多公奈何以一人而失众望。兄在左右，并希持鞭以策之。况本非驽，特懒怠耳，稍一振蹶行见长空万里也。

这是志摩为《诗刊》催稿的信中的一段，结果是一多写出了一首《奇迹》。志摩误会了，以为这首诗是他挤出来的，他写信给我说："一多竟然也出了《奇迹》，这一半是我的神通所致，因为我自发心要印《诗刊》以来，常常自己想一多尤其非得挤他点儿出来，近来睡梦中常常捻紧拳头，大概是在帮着挤多公的《奇迹》！"实际是一多这个时候在情感上吹起了一点涟漪，情形并不太严重，因为在情感刚刚生出一个蓓蕾的时候就把它掐死了，但是在内心里当然是有一番折腾，写出诗来仍然是那样的回肠荡气。这不仅是他三年来的唯一的诗作，也可说是他最后的一篇，照录如下：

奇 迹

我要的本不是火齐的红，或半夜里桃花潭水的黑，也不是琵琶的幽怨，蔷薇的香，我不曾真心爱过文豹的矜严，我要的婉娈也不是任何白鸽所有的。我要的本不是这些，而是这些的结晶，比这一切更神奇得万倍的一个奇迹！可是，这灵魂是真饿得慌，我又不能让他缺着供养，那么，即便是秕糠，你也得募化不是？天知道，我不是甘心如此，我并非倔强，亦不是愚蠢，我是等你不及，等不及奇迹的来临！我不敢让灵魂缺着供养，谁不知道一树蝉鸣，一壶浊酒，算得了什么？纵提到烟峦，曙壑，或更璀璨的星空，也只是平凡，最无所谓的平凡，犯得着惊喜得没主意，喊着最动人的名儿，恨不得黄金铸字，给装在一支歌里？我也说但为一阕莺歌便噙不住眼泪，那未免太支离，太玄了，简直不值当。谁晓得，我可不能那样：这心是真饿得慌，我不能不节省点，把藜藿全当作膏粱。

可也不妨明说，只要你——只要奇迹露一面，我马上就抛弃平凡，我再不瞅着一张霜叶梦想春花的艳，再不浪费这灵魂的脊力，剥开顽石来诛求白玉的温润，给我一个奇迹，我也不再去鞭挞着"丑"，逼他要那分儿背面的意义；实在我早厌恶了那些勾当，这附会也委实是太费解了。我只要一个明白的字，舍利子似的闪着宝光，我要的是整个的，正面的美。我并非倔强，亦不是愚蠢，我不会看见团扇，悟不出扇后那天仙似的人面。

那么我便等着，不管等到多少轮回以后——既然当初许下心愿，也不知道是在多少轮回以前——我等，我不抱怨，只静候着一个奇迹的来临。总不能没有那一天让雷来劈我，火山来烧，全地狱翻起来扑我……害怕吗？你放心，反正罡风吹不熄灵魂的灯，愿这蜕壳化成灰烬，不碍事，因为那，那便是我的一刹那一刹那的永恒——一阵异香，最神秘的肃静，（日，月，一切星球的旋动早被喝住，时间也止步了）最浑圆的和平……我听见阊阖的户枢訇然一响，传来一片衣裙的窸窣——那便是奇迹——半启的金扉中，一个戴着圆光的你！

在青岛大学，有一次他在礼堂朗诵他的新诗。他捧着那一本《死水》，选了六七首诗，我记得其中有两首最受欢迎，《罪过》与《天安门》。他先说明诗的写作经过，随后以他那不十分纯熟的国语用沉着的低音诵读。诗人朗诵自己的诗都是出之以流畅自然，不应该张牙舞爪地喊得力竭声嘶。一多的诵诗是很好的一次示范。他试想以几个字组成为一音步，每一行含着固定数目的音步，希望能建立一种有规律的诗的节奏与形式。例如这两首受欢迎的诗：

罪　过

老头儿和担子摔一交，
满地是白杏儿红樱桃。
老头儿爬起直哆嗦，
"我知道我今日的罪过！"
"手破了，老头儿你瞧瞧。"
"唉！都给压碎了，好樱桃！"

"老头儿你别是病了罢？
你怎么直愣着不说话？"
"我知道我今日的罪过，
一早起我儿子直催我。
我儿子躺在床上发狠，
他骂我怎么还不出城。"

"我知道今日个不早了，
没想到一下子睡着了。
这叫我怎么办，怎么办？
回头一家人怎么吃饭？"
老头儿拾起来了又掉了，
满地是白杏儿红樱桃。

天安门

好家伙！今天可吓坏了我！
两条腿到这会儿还哆嗦。
瞧着，瞧着，都要追上来了，
要不，我为什么要那么跑？
先生，让我喘口气，那东西，
你没有瞧见那黑漆漆的，
没脑袋的，瘸腿的，多可怕，
还摇晃着白旗儿说着话……
这年头真没法办，你问谁？
真是人都办不了，别说鬼。

还开会哪，还不老实点儿！

你瞧，都是谁家的小孩儿，

不才十来岁儿吗？干嘛的？

脑袋瓜上不是使枪轧的？

先生，听说昨日又死了人，

管包死的又是傻学生们。

这年头儿也真有那怪事，

那学生们有的喝，有的吃，

咱二叔头年死在杨柳青，

那是饿的没法儿去当兵，

谁拿老命白白的送阎王！

咱一辈子没撒过谎，我想

刚灌上俩子儿油，一整勺，

怎么走着走着瞧不见道。

怨不得小秃子吓掉了魂，

劝人黑夜里别走天安门。

得！就算咱拉车的活倒霉，

赶明日北京满城都是鬼！

两首诗都是以北平土话写成的，至少是一多所能吸收的北平土话，读起来颇有抑扬顿挫之致，而且诗又是写实的，都是出之于穷苦人的口吻，非常亲切。我记得平素不能欣赏白话诗的朋友，那天听了他的诗歌朗诵都一致表示极感兴味。

一多从来没有忽略发掘新诗的年轻作者。在青大的国文系里他最欣赏臧克家，还有他的从前的学生陈梦家也是他所器重的。陈梦家是很有才气而不修边幅的一个青年诗人，一多约他到国文系做助教，两个人颇为相得。有一天他们踱到第一公园去看樱花，走累了到一个偏僻的地方去休息，陈梦家无意中正好坐在路旁一个"招募新兵"的旗子底下，他蓬首垢面，敞着胸怀，这时节就有一个不相识的老者走了过来缓缓地说："年轻人，你什么事不可干，要来干这个！"一多讲起这个故事的时候，他认为陈梦家是过于名士派了。有一次一多写一短简给他，称之为"梦家吾弟"，梦家回信称他为"一多吾兄"，一多大怒，把他大训了一顿，在这种礼节方面，一多是不肯稍予假借的。

青岛虽然是一个摩登都市，究竟是个海陬小邑，这里没有南京的夫子庙，更没有北平的琉璃厂，一多形容之为"没有文化"。有一书贾来兜售旧书，颇多善本，宋刊、监本、麻沙无不具备，自言出于长沙王氏，一多问他莫非是"复壁藏书"以身殉书之王某，彼连声称诺，一多大喜，相与盘桓数日。后来听人说起，其中多是赝品。一多闻之嗒然。

此地虽无文化，无妨饮食征逐。杨金甫、赵太侔、陈季超、刘康甫、邓仲存、方令孺，加上一多和我，戏称"酒中八仙"，三日一小饮，五日一大宴，不是顺兴楼，就是厚德福，三十斤一坛的花雕搬到席前，罄之而后已，薄暮入席，深夜始散。金甫、季超最善拇战，我们曾自谓"酒压胶济一带，拳打南北二京"。有一次胡适之先生路过青岛，看到我们的豁拳豪饮，吓得把刻有"戒酒"二字的戒指戴上，要求免战。一多笑呵呵地说："不要忘记，山东本是出拳匪的地方！"

青岛附近的名胜只有崂山，可是崂山好像没有什么古迹，尽管群峰削仞乱石穿空，却没有什么古人留下的流风遗韵的痕迹。我和一多、金甫、太侔曾数度往游，在靛缸湾的瀑布前面流连忘返，一多说风景虽美，不能令人发思古之幽情，可见他浪迹于山水之间尚不能忘情于人事。我指点山上的岩石，像斧劈皴一般，卓荦嶙峥，我说那就是千千万万年前大自然亲手创造的作品，还算不得是"古迹"么？一多不以为然。后来我们到济南参加山东省留学生考试委员会，事毕游大明湖，一多在历下亭看到"海内此亭古，济南名士多"一联，依稀想见杜少陵李北海的游踪，这才欣然色喜，虽然其实济南风景当推佛峪为较胜。

一多在青岛住了两年，在学潮爆发之后不愉快地离去。民国二十年（一九三一）九月十八日本军队占领沈阳，公开侵略，我军节节后退，全国愤怒，学界当然更为激昂。我们这一代人在"五四"时代都多多少少参加过爱国运动，年轻人的想法我们当然是明了的，但是当前的形势和"五四"时代不同，所以平津学生纷纷罢课结队南下赴京请愿，秩序纷乱，我们就期期以为不可。这一浪潮终于蔓延到了青岛，学生们强占火车，强迫开往南京，政府当局无法制止，造成乱糟糟的局势。北方学生一批一批涌向南京，在南京也造成了纷乱的气氛，我们冷静观察认为是不必要的，但是我们无法说服学生不这样做。学生团体中显然有所谓"左"倾分子在把持操纵，同时学校里新添了几个学系，其中教员也颇有几位思想不很平正的人物在从中煽惑。在校务会议中，我们决议开除为首的学生若干名，一多慷慨陈词，认为这是"挥泪斩马谡"，不得不尔。因此而风潮益形扩大，演变成为反对校长，终于金甫去职。在整个风潮里，一多也是最受攻击的对象之一。有一个学生日后回忆说："记得当时偶尔走经青岛大学旁的山石边时，便看见过一条刺目的标语：'驱逐不学无术的闻一多！'""不学无术"四个字可以加在一多身上，真是不可思议。这大概就是所谓"标语"的妙用吧。我和一多从冷静的教室前面走过，无意中看见黑板上有新诗一首：

闻一多，闻一多，
你一个月拿四百多，

一堂课五十分钟

禁得住你呵几呵？

这是讥一多平素上课说话时之喜欢夹杂"呵呵……"的声音，一多看了也只好苦笑。思想前进的青年们的伎俩尚不止此，在黑板上还画了一个乌龟一个兔子，旁边写着"闻一多与梁实秋"，一多很严肃地问我："哪一个是我？"我告诉他："任你选择。"

闲居无聊，一多偕陈梦家游泰山，观石刻，因雨留宿灵岩寺二日。

暑后，他就离开青岛，赴北平任教于清华大学。

十

一多来到清华，任教于中国文学系，当时系主任是朱自清，在五年之间他教过的课程如下：

（一）大一国文、王维及其同派诗人、杜甫、先秦汉魏六朝诗。

（二）大一国文、《诗经》《楚辞》、杜诗。

（三）《诗经》《楚辞》、唐诗、乐府研究。

（四）《诗经》《楚辞》、唐诗。

（五）中国古代神话研究、《诗经》、唐诗、《楚辞》、乐府研究。

从这个课目单可以窥见他的研究的范围。他不是"温故而支薪"的教书匠，他是随时随刻地汲取新知，真正做到教学相长的地步。《岑嘉州系年考证》《天问释天》《高唐神女传说之分析》《诗新台鸿字说》《离骚解诂》《诗经新义》等文，陆续发表在《清华学报》。

一多住在清华园的新南院，和潘光旦做比邻，环境甚为清静，宜于家居读书。这五年是他一生中最安定的一段。冯夷先生有一段文字记一多之讲授《楚辞》：

> 记得是初夏的黄昏……七点钟，电灯已经亮了，闻先生高梳着他那浓厚的黑发，架着银边的眼镜，穿着黑色的长衫，抱着他那数年来钻研所得的大叠大叠的手抄稿本，像一位道士样的昂然走进教室里来。当学生们乱七八糟地起立致敬又复坐下之后，他也坐下了；但并不即刻开讲，却慢条斯理地掏出他自己的纸烟盒，打开来，对着学生们露出他那洁白的牙齿作蔼然的一笑，问道："哪位吸？"学生们笑了，自然并没有谁接受这gentleman风味的礼让。于是闻先生自己擦火柴吸了一只，使一阵烟雾在电灯下更浇重了他道士般神秘的面容。于是，像念"坐场诗"一样，他搭着极其迂缓的腔调，念道："痛——饮——酒——熟——读——离——骚——方得为真——名——士！"这样地，他便开讲起来。显然，他像中国的许多旧名士一样，在夜间比在上午讲得精彩，这也就是他为什么不惮烦向注册课交涉把上午的功课移到黄昏以后的理由。有时，讲到兴致盎然时，他会把时间延长下去，直到"月出皎兮"的时候，这才在"凉露霏霏沾衣"中回到他的新南院住宅。

黄昏上课，上课吸烟，这是一多的名士习气。我只是不知道他这时候是不是还吸的是红锡包，大概是改了大前门了。

二十四年（一九三五）秋一多游云冈石窟寺，看石刻大佛，此游是由顾一樵安排，平绥路局长沈昌拨专车一列，同游者有一樵、庄前鼎、蔡方荫、杨宗翰、余上沅夫妇、吴景超夫妇和我。

二十五年（一九三六）夏一多到河南南阳（编者注：应为安阳）看发掘甲骨情形。他对甲骨文已发生深刻兴趣，写了好几篇契文疏证。他的学生陈梦家已由诗人一变而为甲骨文研究者，而且颇有发明，在燕京大学执教，一多甚为激赏，曾屡次对我说一个有天分的人而肯用功者陈梦家要算是一个成功的例子。我想他们师生二人彼此之间相互影响必定甚大。

我是二十三年（一九三四）夏离开青岛到北京大学来教书的。清华远在郊外，彼此都忙，所以见面次数不多。这时候日本侵略华北日急，局势阽危，在北平的人士没有不怃然心伤的，罗努生主编《北平晨报》，我有时亦为撰写社论，于安内攘外之义多所敷陈。一多此际则潜心典籍，绝不旁骛，对于当时政局不稍措意，而且对于实际政治深为厌恶。有一天我和罗努生到清华园看潘光旦，顺便当然也到隔壁看看一多，他对努生不表同情，正颜厉色地对他这位老同学说："历来干禄之阶不外二途，一曰正取，一曰逆取。胁肩谄笑，阿世取容，卖身投靠，扶摇直上者谓之正取；危言耸听，哗众取宠，比周谩侮，希图幸进者谓之逆取。足下盖逆取者也。"当时情绪很不愉快。我提起这一件事，是为说明在抗战前夕一多是如何地自命清流，如何地与世无争。

但是，二十六年（一九三七）七月七日卢沟桥的炮声一响，华北整个变色！董仲舒可以"下帷讲授，三年不窥园"，闻一多却无法在敌人炮火声中再"痛饮酒，熟读离骚"，和从前一样地继续做真名士了。七月十九日离平南下，先回到湖北家中，随后在十月就赶到长沙去参加国立长沙临时大学。

十一

一多在长沙的一段生活及其想法，最好是看他自己写的回忆：

　　最初，师生们陆续由北平跑出，到长沙聚齐，住在圣经学校里，大家的情绪只是兴奋而已。记得教授们每天晚上吃完饭，大家聚在一间房子里，一边吃着茶，抽着烟，一边看着报纸，研究着地图，谈论着战事和各种问题，有时一个同事新从北方来到，大家更是兴奋的听他的逃难的故事和沿途的消息。大体上说，那时教授们和一般人一样只有着战事刚爆发时的紧张和愤慨，没有人想到战争是否可以胜利，既然我们被迫得不能不打，只好打了再说。人们只对于保卫某据点的时间的久暂，意见有些出入，然而即使是最悲观的也没有考虑到最后战争如何结局的问题。那时我们甚至今天还不大知道明天要做什么事，因为学校虽然天天在筹备开学，我们自己多数人心里却怀着另外一个幻想。我们脑子里装满了欧美现代国家的观念，以为这样的战争一发生，全国都应该动员起来，自然我们也不是例外，于是我们有的等着政府的指示，或上前方参加工作，或在后方从事战时的生产，至少也可以在士兵或民众教育上尽点力。事实证明这个幻想终于只是幻想，于是我们的心理便渐渐回到自己岗位上的工作，我们依然得准备教书，教我们过去所教的书了。

因为长沙圣经学校的限制，我们文学院是指定在南岳上课的。在这里我们住的房子也是属于圣经学校的。这些房子是在山腰上，前面在我们脚下是南岳镇，后面往山里走，便是那探索不完的名胜了。

在南岳的生活，现在想起来，真有"恍如隔世"之感。那时物价还没有开始跳跃，只是在微微的波动着罢了。记得大前门纸烟涨到两毛钱一包的时候，大家曾考虑到戒烟的办法。南岳是个偏僻地方，报纸要两三天以后才能看到，世界不大注意我们，我们也就渐渐不大注意世界了，于是在有规则性的上课与游山的日程中，大家的生活又慢慢安定下来。半辈子的生活方式，究竟不容易改掉，暂时的扰乱，只能使它表面上起点变化，机会一到，它还是要恢复常态的。

在抗战初期，好多人的请缨投效的幻想归于破灭，因为当时我们的国家的组织不够坚强严密，所以使得一些有志之士只好失望地回到自己原来岗位。二十七年（一九三八），战局愈益恶化，临时大学决定迁往昆明。二月十九日临大学生组织了湘黔滇旅行团，步行前往昆明，一多也参加了。于是栉风沐雨踏上了漫长的旅途，四月二十八日抵达昆明，足足走了三五百华里！沿途名胜古迹，引发了一多的艺术兴趣，画了几十幅写生画，又领着学生采集歌谣。旅途中一多蓄起胡须，据金甫告诉我，他的胡须虽然相当茂盛，颜色却在黑中羼杂着不少金黄色。带胡子的闻一多我没有见过，听说他直到抗战胜利，才把胡子剃掉。

十二

我已有言在前，闻一多在昆明那一段，应该留给别人写，因为我于抗战期间在重庆，对于一多的情形不大熟悉。不过每次杨金甫到重庆参加国民参政会的时候，他总是告诉我一些有关一多的事，主要的是说他生活穷苦。抗战期间除了那些有办法的人之外谁又不穷苦？一般的公教人员谁不是按月领取那两斗平价米？不过一多好像是比别人更穷苦些，因为他家里人口多。他共有八个孩子：

女

立瑛（一九二二年十二月生，一九二六年冬夭折）

立燕（一九二六年五月生，一九二八年夏夭折）

子

立鹤（一九二七年秋生）

立雕（一九二八年九月生）

立鸿（一九二九年十月生，一九三〇年夏夭折）

立鹏（一九三一年九月生）

女

名（一九三二年十二月生）

䎃（一九三六年二月生）

吴晗《哭亡友闻一多先生》一文有这样的一段：

> 他住在乡下史家营的时候，一家八口（连老女佣）光包饭就得要全部月薪的两倍，时常有一顿没一顿，时常是一大锅清水白菜加白饭。敌机绝迹以后，搬进城，兼了昆华中学的国文教员，每月有一担米，一点钱，加上刻图章，勉强可以维持。

我相信这一段话没有一点夸张。吴晗在另一篇《哭一多》一文比较详细地叙说他刻印的经过：

> 两年前他学会了刻图章。这故事包含了血和泪。他研究古文字学，从龟甲文到金石文，都下过工夫。有一天朋友谈起为什么不学这一行手艺。他立刻买一把刻字刀下乡，先拿石头试刻，居然行，再刻象牙，云南是流行象牙章的。刻第一个牙章的时候，费了一整天，右手食指被磨烂，几次灰心，绝望，还是咬着牙干下去。居然刻成了。他说这话时，隔了两年了，还含着泪。以后他就靠这行手艺吃饭，今天有图章保证明天有饭吃。

是的，我在四川看到他的润例，正式挂牌治印，由梅贻琦、蒋梦麟、杨振声、唐兰、陈雪屏、朱自清、沈从文、罗常培、罗庸九人出面介绍，浦江清拟稿作一短启，文曰：

> 秦玺汉印，雕金刻玉之流长；殷契周铭，古文奇字之源远。自非博雅君子，难率尔以操觚；傥有稽古宏才，偶涉笔以成趣。浠水闻一多先生，文坛先进，经学名家，辨文字于毫芒，几人知己；谈风雅之源始，海内推崇。斫轮老手，积习未忘，占毕余暇，留心佳冻。惟是温馨古泽，徒激赏于知交，何当琬琰名章，共榷扬于并世。黄济叔之长髯飘洒，今见其人；程瑶田之铁笔恬愉，世尊其学。爰缀短言为引，聊定薄润于后：石章每字1200元，牙章每字3000元。边款每五字作一计算，过大过小加倍。

这是三十三年（一九四四）五月间事。事实上一多治印不自此时始，十六年（一九二七）的时候便已为光旦、刘英士和我开始刻印了。刻印是他的老手艺。不过到了昆明正式挂牌，技艺大进罢了。听说盟军人士出于好奇，也往往订刻图章，比较可得善价，故亦来者不拒。文人不得已而鬻印，亦可慨已！然而一多的脊背弯了，手指破了，内心闷积一股怨气，再加上各种各样的环境的因素，以至于成了"千古文章未尽才"，这怪谁?

《传记文学》第九卷　第二、三、四、五、六期

四

幽默大师林语堂

1. 林语堂自传

（林语堂）

弁　言

我曾被邀请写这篇个人传略，因为借此可得有机会以分析我自己，所以我很喜欢地答应了。从一方面着想，这是为我的多过于为人的；一个人要自知其思想和经验究竟是怎样的，最好不过是拿起纸笔一一写下来。从另一方面着想，自传不过是一篇自己所写的扩大的碑铭而已。中国文人，自陶渊明之《五柳先生传》始，常好自写传略，借以遣兴。如果这一路的文章含有乖巧的幽默，和相当的"自知之明"，对于别人确是一种可喜可乐的读品。我以为这样说法，很足以解释现代西洋文坛自传之风气。作自传者不必一定是夜郎自大的自我主义者，也不一定是自尊过甚的。写自传的意义只是作者为对于自己的诚实计而已。如果他恪守这一原则，当能常令他人觉得有趣而不至感到作者的生命是比其同人较为重要的了。

少之时

从外表看来，我的生命是平平无奇、极为寻常而极无兴趣的。我生下来是一个男儿，这倒是重要的事——那是在一八九五年。自小学卒业后，我即转入中学；中学完了，复入上海圣约翰大学；毕业后，我到北京任清华大学英文教师；其后我结婚，复渡美赴哈佛大学读书一年（一九一九），继而到德国在殷内和莱比锡两大学研究，回国后只是在国立北京大学任教授职，为期三年。教鞭执厌了，我到武汉投入国民政府服务，那是受了陈友仁氏的感动，及至做官也做厌了，兼且看透革命的"喜剧"，我又"毕业"出来而成为一个著作家，——这是半由个人的嗜好亦半由个人的需要。自兹以后，我便完全托身于著作事业。人世间再没有比这事业较为缺乏兴味的了。在著作生活中，我不致被学校革除，不与警察发生纠纷，只是有过一度恋爱而已。

在造成今日的我之各种感力中，要以我在童年和家庭所身受者为最大。我对于人生、文学与平民的观念皆在此时期得受最深刻的感力。究而言之，一个人一生出发时所需要的，除了康健的身体和灵敏的感觉之外，只是一个快乐的孩童时期——充满家庭的爱情和美丽的自然环境便够了。在这条件之下生长起来，没有人是走错的。在童时我的居处逼近自然——有山、有水、有农家生活。因为我是个农家的儿子，我很以此自诩。这样与自然得有密切的接触令我的心思和嗜好俱得十分简朴。这一点，我视为极端重要，令我建树一种立身处世的超然的观点而不至流为政治的、文艺的、学院的和其他种种式式的骗子。在我一生，直迄今日，我从前所常见的青山和儿时常在那里捡拾石子的河边，种种意象仍然依附着我的脑中。它们令我看见文明生活、文艺生活和学院生活中的种种骗子而发笑。童年时这种与自然接近的经验足为我一生智识的和道德的至为强有力的后盾；

一与社会中的伪善和人情之势利互相比较，至足令我鄙视之。如果我有一些健全的观念和简朴的思想，那完全是得之于闽南坂仔之秀美的山陵，因为我相信我仍然是用一个简朴的农家子的眼睛来观看人生。那些青山，如果没有其他影响，至少曾令我远离政治，这已经是其功不小了。当我去年夏天住在庐山之巅之时，辄从幻想中看见山下两只小动物，大如蚂蚁和臭虫，互相仇恨，互相倾陷，各出奇谋毒计以争"为国服务"的机会，心中乐不可支。如果我会爱真、爱美，那就是因为我爱那些青山的缘故了。如果我能够向着社会上一般士绅阶级之孤立无助，依赖成性，和不诚不实而微笑，也是因为那些青山。如果我能够窃笑踞居高位之愚妄和学院讨论之笨拙，都是因为那些青山。如果我自觉我自己能与我的祖先同信农村生活之美满和简朴，又如果我读中国诗歌而得有本能的感应，又如果我憎恶各种形式的骗子而相信简朴的生活与高尚的思想，总是因为那些青山的缘故。

一个小孩子需要家庭的爱情，而我有的是很多很多。我本是一个很顽皮的童子，也许正因这缘故，我父母十分疼爱我。我深识父亲的爱、母亲的爱、兄弟的爱和姊妹的爱。生平有一小事，其印象常镂刻在我的记忆中者，就是我已故的次姊之出阁。她比我长五岁，故当我十三岁正在中学念书时，她年约十八岁，美艳如桃，快乐似雀。她和我常好联合串编故事，其实是合作一部小说，且编且讲给母亲听。这本小说是叙述外国一对爱人的故事，被敌人谋害而为法国巴黎的侦探所追捕——这是她从读林纾所译的小仲马氏的名著而得的资料。那时她快要嫁给一个乡绅，那是大违她的私愿的，因为她甚想入大学读书而吾父以儿子过多故其大愿莫偿也。姊夫之家是在西溪岸边一个村庄内，刚在我赴厦门上学之中途。每由本村到厦门上学必须在江中行船三日，沿途风景如画，满具诗意。如今有汽船行驶，只需三小时，但是我从不悔恨那多天的路程，因为那些一年或半年一次在西溪民船中的航程，至今日仍是我精神上最丰富的所有物。那时我们全家到新郎的村庄，由此我直往学校。我们是贫寒之家，到出嫁的那一天，二姊给我四毛钱，含泪而微笑对我说："我们很穷，姊姊不能多给你了。你去好好地用功念书，因为你必得要成名。我是一个女儿，不能进大学去。你从学校回家时，来这里看我吧。"不幸她结婚后约十个月便去世了。

那是我童时所流的眼泪。那些极乐和深忧的时光，或只是欣赏良辰美景之片刻欢娱，都是永远镂刻在我的记忆中。我以为我的心思是倾于哲学方面的，即自小孩子时已是如此。在十岁以前，为上帝和永生的问题我已斤斤辩论了。当我祈祷之时，我常想象上帝必在我的顶上逼近头发即如其远在天上一般，盖以人言上帝无所不在故也。当然的，觉得上帝就在顶上令我发生一种不可说出的情感。在很早的时候我便会试上帝了，因为那时我囊中无多钱，每星期只得铜元一枚，用以买一个芝麻饼外还剩下铜钱四文以买四件糖果。可是我生来便是一个伊壁鸠鲁派的信徒（享乐主义者），吃好味道的东西最能给我以无尚的快乐——不过那时所谓最好味道的东西只是在馆中所卖的一碗素面而已，而我渴想得有银一角。我在鼓浪屿海边且行且默祷上帝祈求赐给我以所求，而令我在路上拾得一只角子。祷告之时，我紧闭双目，然后睁开。一而再，再而三，我都失望了。在很幼稚之时，我也自问何故要在吃饭之前祷告上帝。我的结论是：我应该感谢上帝不是因其直接颁赐所食，因为我明明白白地知道我目前的一碗饭不是白自天赐而是由农夫额上的汗而来的；但是我却会拿人民在太平盛世感谢皇帝圣恩来作比方（那时仍在清朝），于是我的宗教问题也乘便解决了。按我理性思索的结果：皇帝不会直接赐给我那碗饭的，可是因为他统治全国，致令天下太平，因而物阜民康，丰衣足食。由此观之，我有饭吃也当感谢上帝了。

童时，我对于荏苒的光阴常起一种流连眷恋的感觉。结果常令我自觉地和故意地一心想念着有些特殊甜美的时光。直迄今日，那些甜美的时光还是活现脑中，依稀如旧的。记得有一夜，我在西溪船上，方由坂仔（宝鼎）至漳州。两岸看不绝山景、禾田与乎村落农家。我们的船是泊在岸边竹林之下。船逼近竹树，竹叶飘飘打在船篷上。我躺在船上，盖着一条毡子，竹叶摇曳，只离我头上五六尺。那船家经过一天的劳苦，在那凉夜之中坐在船尾放心休息，口衔烟管，吞吐自如。其时沉沉夜色，远景晦暝，隐若可辨，宛是一幅绝美绝妙的图画。对岸船上高悬纸灯，水上灯光，掩映可见，而喧闹人声亦一一可闻。时则有人吹起箫来，箫声随着水上的微波乘风送至，如怨如诉，悲凉欲绝，但奇怪得很——却令人神宁意恬。我的船家，正在津津有味地讲慈禧太后幼年的故事，此情此景，乐何如之！美何如之！那时，我愿以摄影快镜拍照永留诸记忆中，我对自己说："我在这一幅天然图画之中，年方十二三岁，对着如此美景，如此良夜，将来在年长之时回忆此时岂不充满美感么？"

尚有一个永不能忘的印象，便是在厦门寻源书院（教会办的中学）最后的一夕。是日早晨举行毕业式，其时美国领事安立德到院演说。那是我在该书院最后的一天了。我在卧室窗门上坐着，凭眺运动场。翌晨，学校休业而我们均须散去各自回家了。我静心沉思，自知那是我在该书院四年生活之完结日；我坐在那里静心冥想足有半点钟工夫，故意留此印象在脑中以为将来的记忆计。

我父亲是一个牧师，是第二代的基督徒。我不能详叙我的童时生活，但是那时的生活是极为快乐的。那是稍为超出寻常的，因为我们在弟兄中也不准吵嘴。后来，我要尽力脱去那一副常挂在脸上的笑容以去其痴形傻气。我们家里有一眼井，屋后有一个菜园，每天早晨八时，父亲必摇铃召集儿女们于此，各人派定古诗诵读，父亲自为教师。不像富家的孩子，我们各人都分配一份家庭工作。我两位姊姊都要造饭和洗衣，弟兄们则要扫地和粪除房屋。每日下午，当姊姊们由屋后空地拿进来洗净的衣服分放在各箱子时，我们便出去从井中汲水，倾在一小沟而流到菜园小地中借以灌溉菜蔬。否则我们孩子们便走到禾田中或河岸，远望日落奇景，而互讲神鬼故事。那里有一起一伏的山陵四面环绕，故其地名为"东湖"，山陵皆岸也。我常常幻想一个人怎能够走出此四面皆山的深谷中呢。北部的山巅上当中裂开，传说有一仙人曾踏过此山而其大趾却误插在石上裂痕，因此之故，那北部的山常在我幻想中。

乡村的基督教

我已说过，我父亲是一个基督教的牧师，但是一个迥非寻常的。他最好的德性乃是他极爱他的教友。他之所以爱家人并不是以此为对上帝应尽之责，他只是真心真情地爱他们，因为他自己也是由穷家出身的。我在这简略的自传之中也不肯不说出这句话，因为我以为是十分重要的。有些生长于都市而自号为普罗作家者尝批评我，说我不懂得平民的生活只因在我的文章里面常说及江上清风与山间明月之故，不禁令我发笑；在他们看来好像清风明月乃是资本家有闲阶级的专利品。可是先祖母原是一个农家妇，膂力甚强，尝以一枝竹竿击败十余男子汉，而将他们驱出村外。我父亲呢，他在童时曾做过卖糖饵的小贩，曾到牢狱中卖米，又曾卖过竹笋。他深晓得肩挑重担的滋味，他常常告诉我们这些故事，尤其是受佣于一个没有慈悲心的雇主之下的经验，好作我们后生小子务须行善的教训。因这缘故，他对于穷人常表同情。甚至在年老之时，他有一次路见不平要同一个抽税的人几乎打起来，因为有一老头儿费了三天工夫到山斫了一担柴，足足跑了廿里路而到墟场只要卖二百文铜钱，而那抽税者竟要勒索他一百廿文。我母亲也是一个最简朴不过的妇人，她虽然因是牧师的妻子而在村里有很高的地位，可是她绝不晓得摆架子是什么一回事的。她常常同农人和樵夫们极开心地谈话。这也是我父亲的习惯。他两口子常常邀请他们到家里喝茶，或吃中饭，我们交处都是根据极为友善的和完全平等的原则。

在内地农村里当牧师无异是群羊的牧人，其工作甚饶意义。我父亲不特是讲坛上的宣教者，而且是村民争执中的排难解纷者，民刑讼事中的律师，和村民家庭生活中大小事务之帮闲的人。他常常不断地为人做媒，他最喜欢做的事就是令鳏夫寡妇成婚，如果不是在本村礼拜堂中就是远在百里外的教堂中。在礼拜堂的教友心中，他很神秘地施行佛教僧人的作用。据村民陋习，凡有失足掉下野外茅厕里的必须请一僧人为其换套新衣服及改用一条新的红绳为其打辫子，又由僧人给他一碗汤面吃，如此可以逢凶化吉。有一天，我们教会里有一个小童掉在茅厕里，因为我父亲要取僧人的地位而代之，所以他便要替他打红绳辫子，而我母亲又给他做了一碗汤面了。我不相信我父亲所传给那些农民的基督教和他们男男女女一向所信奉的佛教有什么分别。我不知道他的神学立场究竟是怎样，但是他的一片诚心，确无问题，只须听听他晚上祷告的声音言辞便可信了。然而也许连他自己也不知道他是为情势所逼至要宣传独一种的宗教而为农民所能明白的。这位基督教的上帝，犹如随便哪一所寺庙中的佛爷，是可以治病、赐福，而尤为重要的乃是可以赐给人家许多男孩的。他常要对教友们指出好些基督徒虽受人逼害，但是结果是财运亨通而且子息繁多的。在村民之信教者看来，如果基督教没有这些效力，简直全无意义的了。又有不少的信徒是来到治外法权的藩篱影子底下而求保护的。今日我已能了解有些反基督教者对于我们的仇恨了，然而在那时却不明白。

有一个在我生命中影响绝大，决定命运的人物——那就是一个外国教士Young J. Allen。他自己不知道他的著作对于我全家的人有何影响。我在早年只知道他的中国名字叫作林乐知——是与我们同姓本家，直至近年我才知道他的本名。大概他是居于苏州的一个教士，主编一个基督教周刊——《通问报》，兼与华人助手蔡尔康翻译了好几种书籍。我父亲因受了范礼文牧师（Rev.W.L.Warnshuis)的影响而得初识所谓"新学"，由是追求新知识之心至为热烈。林乐知先生的《通问报》，报费每年二元，独为吾父之财力所能订阅的，而范礼文牧师与吾父最友善，将其所能得到的"新学"书籍尽量介绍。他借林乐知氏的著作而对于西方与及西洋的一切东西皆极为热心，甚至深心钦羡英国维多利亚后期的光荣，复因之而决心必要他的儿子个个要读英文和得受西洋教育。我想他对于一切新东西和全世界之好奇之心和诧异之情当不在我个人之下。

一日，他在那周刊看见一个上海女子所写的一篇论说。他放下周刊，叹一口气，说："哦，我怎能够得着一个这样的媳妇！"他忘记他原来有一个一样聪明而苦心求得新教育的亲生女儿了。可是他因经济支绌，又要几个男孩得受高等教育，真是莫可奈何，这我也不能埋怨他啊。令他自己的女儿不能受大学教育，是他一生最痛心的大憾事——这是做父亲的才能明白。因为我还记得当他变卖我们在漳州最后的一座小房子以供给我哥哥入圣约翰大学之时，他泪流满面。在那时，送一个儿子到上海入大学读书实为厦门人所罕见的事，这可显出他极热的心肠和远大的眼光了。而在一个牧师，每月受薪仅得十六至二十元——这是我如今给家中仆人或厨子的工金——更是难之又难了。然而领得一个学额，加以变卖旧产，他却筹得送家兄入大学之最低额的学费了。后来家兄帮助我，而我又转而帮助我弟弟，这就是我们弟兄几人得大学教育的小史，然而各人都幸得领受学额才能过得去。

我由基督教各传教会所领受的恩惠几乎可以不必说出来的了。我在厦门寻源书院所受的中学教育是免费的，照我所知，在那里历年的膳费也许是免缴的。我欠教会学校一笔债，而教会学校（在厦门的）也欠我一笔债，即是不准我看各种中国戏剧。因为在我基督教的童年时代，站在戏台之下或听盲人唱梁山伯祝英台恋爱故事乃是一种罪孽。不过这笔债不能算是巨大的，他们究竟给我一个出身的机会，而我现在正力图补救以前的损失，赶上我的信"邪教"的同胞以求与他们同样识得中国的戏剧、戏场、音乐和种种民间传说。到现在我关于北平戏剧的知识还有很大的缺憾。在拙著《我的国家和我的民族》一书中，我已写出当我在廿岁之前我知道古犹太国约书亚将军吹倒耶利哥城的故事，可是直至卅余岁才知孟姜女哭夫以至泪冲长城的传说。我早就知耶和华令太阳停住以使约书亚杀完迦南人，可是向不知后羿射日十落其九，而其妻嫦娥奔月遂为月神，与乎女娲氏炼石——以三百六十五块石补天，其后她所余的那第三百六十六块石便成为《红楼梦》中的主人宝玉等故事。这些都是我后来在书籍中零零碎碎看得，而非由在童年时从盲人歌唱或戏台表演而得的。这样，谁人又能埋怨我心中愤恨，满具被人剥夺我得识中国神话的权利之感觉呢？然而，我刚说过，传教士给我出身的机会，后来我大有时间以补足所失，因为年纪愈长，求学愈切，至今仍然保留小孩子的好奇之心啊。多谢上天我还没有失了欣赏"米老鼠"漫画或是中国神仙故事之能力。

在学校的生活

我父亲决心要我们进圣约翰大学，这是那时全中国最著名的英文大学。他要他的儿子们得有最好的东西，甚至梦想及英之剑桥、牛津和德之柏林诸大学哩，因为他是一个理想家。当我留美时，以经济支绌，迫而离美赴法投入青年会为华工服务，后来写信给他说，我已薄有储蓄，加上吾妻的首饰，当可再到德留学，我知道这消息给他以未曾有的欢喜，因为他常梦想着柏林大学啊。吾父与我同样都是过事理想的，因为我两父子都常欣赏幽默和同具不可救药的乐观。我携同新妇出国留学之时，赤手空拳，只领有半个不大稳的清华学额和有去无回的单程船费。冒险是冒险的了，可是他没有停止我。这宗事凡是老于世故的人都不肯轻试的，然而我居然成行了。我顾忌什么？我常有好运道，而且我对于自己有信心，加以童年贫穷的经验大足以增吾勇气和魄力，所以诸般困难和贫乏俱不足以寒我之胆而使我不干。

吾父既决心要我学英文，即当我在小学时已喜欢和鼓励我们弟兄们说英语，识得几个字就讲几个，如pen、pencil、paper等，虽然他自己一字不懂。他尝问我一生的志向在什么，我在童时回答我立志做一个英文教员，或是物理教员。我思疑父亲必曾间接暗示令我对于英文的热心。至于所谓物理教员，我的原意是指发明机器。因为当我在小学的时候，我已经学得吸水管的原理；有好几个月间，我都以此为戏，深想发明一个改良的吸水管可以使井水向上而流——自动地一直流到我们园内。我虽未成功，可是到现在还是念念不忘要解决其中难题。大概以我现在年纪已可以看见这宗事的愚蠢，可是那问题仍常萦绕于我心，即如一切其他尚未解决的问题一样。自从小孩子的时候我一见机器便非常地开心，似被迷惑；所以我常常站立不动，定睛凝视那载我们由石码到厦门的小轮船之机器。至今我仍然相信我将来最大的贡献还是在机械的发明一方面；至于我初入圣约翰之时我注册入文科而不入理科——那完全是一种偶然的事罢了。我酷好数学和几何，故我对于科学的分析之嗜好令我挑选语言学而非现代文学为我的专门科，因为语言学是一种科学，最需要科学的头脑在文学的研究上去做分析工作。我仍然相信我将来发明最精最善的汉文打字机，其他满腹满袋的计划和意见以发明其他的东西的可不用说了。如果等我到了五十岁那一年，那时我从事文学工作的六七年计划完成之后，我忽然投入美国麻省理工学院里当学生，也不足为奇的。

十七岁，我到上海。从此我与英文的关系永不断绝而与所有的中文基础便告无缘了。照现在看起来，当时我的中文基础其实也很浮泛不深的。实际上，我的中学教育实是白费光阴。我所有的些许经书知识乃早年由父亲庭训而得。当投入圣约翰时，我对于苏东坡的文学已感到真的兴趣而且正在读司马迁的《史记》，一旦便要完全停止了（这半是那大学之过，半亦是我自己之过），我虚耗了在学校的光阴即如大多数青年一般，这一点我只能埋怨那时和现在的教育制度。天知道我对于知识真如饥者求食一般的，然而现代的学校制度是基于两种臆断：一是以为学生对于各门功课是毫无兴味的；次则是以为学生不能自求知识，因此课程之编排是贬低程度，专为着那些对于功课毫无兴味的学生而设。除此两弊之外，更有极端费时无益之学制，即是要学生复书和给予积分（强要学生默记事实——番号，此皆是为便于教员发问而设的）。这都是分班的教育制度之结果，因而有非自然的考试和积分，用作量度知识的工具，而教员个人对于各个学生在心灵进步各时期之个性的需要，与乎各个人之真正所得，遂完全忽略了。我自知对于自然科学和地形学是兴味最浓的，我可以不须教员之指导而自行细读一本十万字的地理书，然而在学校里每星期只需读一页半，而费了全年工夫才读完一本不到三万字的地理教科书。其余各门功课，都是如此。此外，强迫上课之暗示，或对教员负责读书之暗示，皆极为我所厌恶的，因而凡教员所要我读的书我俱不喜欢。直至今日，我绝不肯因尽责之故而读一本书或一个人的著作，无论其在文学史上有如何价值。我们学生都觉得应该读书至最少限度仅求积分及格便足。按我的天资，我向不须虑及积分及格问题，我自入学校以来积分从未低过及格的。结果，我便比别的学生工作反做少了。我吃饭睡觉，日复一日，年复一年，而由一级升高一级，都常是名列前茅。我努力求学的推动力只有由我父亲寄给我的示函而得到，因为他常常以为我所写的家信是极可羞的。我在学校得到很高的积分或升到很高的一级，对于他并无意义，他是对的，如果当时有一图书馆，充满好书，任我独自与天下文豪结神交，我当得特殊的鼓舞。不幸在中学时，没有图书馆设备，而厦门这一所教会学校与其他非教会学校大异之点就是，我们教会学校学生不看中文报纸，或其他一切报纸。

我在中学以第二名毕业，在圣约翰亦然。毕业第二名似是我一生学校教育中的气运，我也曾分析其因果如下。大概在各学校中都有一个傻小子，如我一样聪颖，或稍逊一筹的，然而比我相信积分而且能认真攻读课堂内的功课而为我所不能的。我相信如果我肯在功课上努力一点，便不难得到冠军，不过我不干。第一，我向来对于课程不大认真，而第二则凡做什么事我一生都不愿居第一的。这也许是由于我血液里含有道教徒原素。结果，无论在家或在校，每当考试的一星期，其他学生正在"三更灯火五更鸡"中用苦工之时，我却逍遥游荡，到苏州河边捉鳝鱼，而且搅风搅雨引诱别的好友一同去钓鱼。那时我真是不识得知识的魔力和求学的妙处，有如今日之引吾入胜，使我深入穷知探奥之途，迷而忘返。

我之半生，或在校内或在校外，均是一贯不断的程序，从不知道身在校耶抑出校耶，在学期中耶抑假期中耶。这对于我看书的习惯没有多大的分别，只不过在假期中我可以公然看书，显露头面，而一到学校开课便须秘密偷看而有犯规之感。但是即使最好的教员和最优的学校，也莫能完全禁止我看些自己爱看的书。偶然用十分或廿分钟工夫来预备功课并不搅扰我的。但这却令我得了一种确信——即现今我常在报章论说上所发表的意见——学校是致令学生看书为非法行为的地方。那地方将全日最好的光阴作上课之用，由早晨九时至下午五时，把学生关闭在课堂之内。凡在校时间偷看杂书，或交换意见（即所谓课堂闲谈）者，皆是罪过，是犯法。在中学课堂之中只许身体静坐，头脑空洞，听着别的学生错答问题而已。

至在大学，这时间乃用在课堂听讲演——这我相信乃是人类虚耗时间之最大的发明。一个小子能够紧闭其嘴唇，腾空其头脑便称为品行优良，得甲等操行积分，而课堂中最优的学生乃是一个善于揣摩教员心理和在考试答案中迎合教员的意思者。在中国文字上，课堂中最优秀的学生正是"教员腹内的扁带虫"，因为独有他晓得说教员所要他说的话和思想教员所要他思想的意思。凡是离开这一道，或不合教科书的，或者是有些独立思想的象征者，皆目为异端。由此不难知道我为什么屡次毕业总是不能名列第一了。

在圣约翰的汉文课堂中是我的极乐世界，于其中我可以偷看些书籍。我们的汉文教员是老学究，也许是学问深邃的，可是就我看来，均是十分怪诞可笑。他们都是旧式的温静文雅的君子，可是不会教授功课。加以他们不懂世界地理，有一位居然告诉我们可以用汽车由中国到美国去。我们饶有地理知识，忍不住哄堂。记得有一位金老夫子，身材约四尺十寸高，费了整个学期的时间，只教了我们四十页大字印刷的中国民法。我十分愤怒。每一点钟，他只讲解其实不必讲解的十行，即使他最善虚耗光阴也不出十分钟工夫便可讲完的了，其他的时间他却作为佛家坐禅入定之用，眼睛不望着学生，不望着书卷，也不望着墙壁上。这真是偷看书籍最好不过的形势了，我相信我在此时看书是于人无损，于己有益的。在这时期，我的心思颇为发育，很爱看书。其中有一本我所爱看的乃是张伯伦《十九世纪的基础》，却令我的历史教员诧异非常。我又读赫克尔《宇宙之谜》，华尔德《社会学》，斯宾塞《伦理学》，及韦司特墨《婚姻论》。我对于进化论和基督教的明证很感兴趣。我的图书馆内神学书籍占了三分之一。有一次在假期回家，我在教会登坛讲道，发挥《圣经·旧约》应当作各式的文学读，如《约伯记》是犹太戏剧，《列王记》是犹太历史，《雅歌》是情歌，而《创世记》和《出埃及记》是很好的、很有趣的犹太神话和传说——这宣教词把我父亲吓到惊惶无措。

我在英文课堂中也不见得好一点。我爱法文和心理学，可是我忍受法文和心理学两堂功课即如忍受汉文课程一般。我相信我那时是个不合时宜的分子。最同情于我的教员乃是一位历史教授Professor Barton，他就是见我读张伯伦的巨著而诧异的那位，可是他对于我在他讲演时间常向窗门外望，也不能惬意。总而言之我由课堂的讲演中得益无多。在那里我没有很多发问的机会，而又不能剖开教员的心腹而细细察验如同对付一本书的著者，也不能如在书中自由选择我所要知道要搜讨者。当我听讲演听得有合意的，有趣的句语，又不能个个字笔记起来，好像我看书时把合意的，有趣的几行用笔随意加以符号，借以慢慢萦回咀嚼。我最恨积分，虽然各种考试我都合格，有时我只相信我已成功愚弄教员，令其相信我知晓功课而已，但有时我以为我的教授，并不是那样的傻子。我所需要的乃是一个完备的图书馆，可是那里却没有。后来到了哈佛大学得在那图书馆的书林里用功，我才悟到一向在大学的损失。

与西方文明初次的接触

然而入学校读书，对于我个人究竟没有什么损害的。在学校所必须学的东西，很不费力便习了去。我很感谢圣约翰教我讲英语。其次，圣约翰又教我赛跑和打棒球，因此令我胸部得发展；如果我那时进了别的大学，恐怕没有这机会了。这是所得的一项。至于所失的项下，我不能不说它把我对于汉文的兴味完全中止了，致令我忘了用中国毛笔。后来直到我毕业后，浸淫于故都的旧学空气中，才重新执毛笔，写汉字，读中文。得失两项相比对，我仍觉圣约翰对于我有一特别影响，令我将来的发展有很深的感力的，即是它教我对于西洋文明和普通的西洋生活具有基本的同情。由此看来，我在成年之时，完全中止读汉文也许有点利益。那令我树立确信西洋生活为正当之基础，而令我觉得故乡所存留的种种传说为一种神秘。因此当我由海外归来之后，从事于重新发现我祖国之工作，我转觉刚刚到了一个向所不知的新大陆从事探险，于其中每一事物皆似孩童在幻想国中所见的事事物物之新样、紧张和奇趣。同时，这基本的西方观念令我自海外归来后，对于我们自己的文明之欣赏和批评能有客观的、局外观察的态度。自我反观，我相信我的头脑是西洋的产品，而我的心却是中国的。

我这对于西方文明之基本态度不是由书籍所教的，却是由圣约翰的校长卜舫济博士和其他几个较优的教授而得；他们都是真君子。而对于我感力尤大者则为两位外国妇人：一为华医生夫人即李寿山女士，她是我第一个英文教师，一个文雅娴淑的灵魂也。其次则为毕牧师夫人，即寻源书院校长之夫人，她是温静如闺秀之美国旧式妇女。完全令我倾倒的不是斯宾塞的哲学或亚兰布的小说，却是这两女士之慈祥的音调。在易受印象的青年时期，我之易受女性感力自是不可免的事。这两女士所说的英文，在我听来，确是非常美，胜于我一向所听得的本国言语。我爱这种西洋生活，在圣约翰有些传教士的生活——仁爱、诚恳而真实的生活。

我与西洋生活初次的接触是在厦门。我所记得的是传教士和战舰，这两分子轮流威吓我和鼓舞我。自幼受教会学校之熏陶，我自然常站在基督教的观点，一向不怀疑这两者是有关系的，直至后来才明白真相。当我是一个赤足的童子之时，我瞪眼看着一九〇八年美国海军在厦门操演的战舰之美丽和雄伟，只能羡慕赞叹而已。我们人人对于外国人都心存畏惧。他们可分为三类：传教士的白衣，清洁无瑕和洗熨干净；醉酒的水手在鼓浪屿随街狂欢乱叫，常令我们起大恐慌；其三则为外国的商人，头戴白通帽，身坐四人轿，随意可足踢或拳打我们赤脚顽童。

然而他们的铜乐队真是悦耳可听。在鼓浪屿有一个运动场，场内绿草如茵，其美为我们所从未看过的。每有战舰入口，其铜乐队即被邀在此场中奏演，而外国的女士和君子（Ladies and Gentlemen）——我希望他们确是君子——即在场中拍网球，而且喝茶和吃冰激凌，而其中国细崽衣服之讲究洁净远胜于多数的中国人。我们街上顽童每每由穴隙窥看，心中只有佩服赞叹而已。然而我在中学时期最为惊骇的经验，就是有一天外国人在他们的俱乐部中开一大跳舞会。这是鼓浪屿闻所未闻的怪事，由此辗转相传，远近咸知外国男女，半裸其体，互相偎抱，狎亵无耻，行若生番了。我们起初不相信，后来有几个人从向街的大门外亲眼偷看真相才能证实。我就是其中偷看之一，其丑态怪状对于我的影响实是可骇可怕之极。这不过是对外国人惊骇怪异之开端而已；其后活动电影来了，大惊小怪陆续引起。到现在呢，我也看得厌了，准备相信这些奇怪的外国人之最坏的东西了。

宗　教

我的宗教信仰之进化和我离开基督教之长远而艰难的程序，与乎此程序所给我内心许多的苦痛，在此简短的自传中不能认真详述了，只可略说其梗概。我在童时是一个十分热诚的教徒，甚至在圣约翰加入神学院，预备献身为基督教服务的；我父亲对此举之同意，是很为疑惑和踌躇的。我在神学班成绩不佳，因为我不能忍受那里凡庸琐屑和荒谬的种种，过了一年半便离开了。在这种神学研究之下，我大部分的神学信念已经弃去。耶稣是童女所生和他肉体升天两款是首先放弃的。我的教授们本是很开明的，他们自己也不信这些教条，至少也以为是成为问题的。我已得入犹太圣殿的至圣所而发现其中的秘密了。（其中是空的，无偶像的。）然而我不能不愤恨教会比那进步的神学思想如此落后，而仍然要中国教徒坚信耶稣由童女所生和肉体飞升两条才能领受洗体，然而它自己的神学家却不置信。这是伪善吗？无论如何，我觉得这是不诚实，是不对的。

大学毕业之后，甚至在清华大学授课之时，我仍在校内自动地担任一个星期日圣经班，因而大受同事们的评议。那时的形势实是绝无可能的。我在圣经班的恭祝圣诞会当主席，而我却不相信东方三博士来见耶稣和天使们半夜在天上欢唱等圣诞故事。我个人久已弃置此等荒谬传说，然而此时却要传给无知的青年们。然而我的宗教经验已是很深的了，我总不能设想一个无神的世界。我只是觉得如果上帝不存在，整个宇宙将至彻底崩溃，而特别是人类的生命。我一切由理性而生的信念亦由理性而尽去，独有我的爱，一种精神的契谊（关系）仍然存留。这是最难撕去的一种情感。一日我与清华一位同事刘大钧先生谈话。在绝望之中，我问他："如果我们不信上帝是天父，便不能普爱同人，行见世界大乱了，对不对呀？""为什么呢？"刘先生答，"我们还可以做好人，做善人呀，只因我们是人的缘故。做好人正是人所当做的咧。"那一答语骤然便把我同基督教之最后的一线关系剪断了，因为我从前对于基督教仍然依依不舍，是为着一种无形的恐慌之故。以人性（人道）之尊严为号召，这一来有如异军突起，攻吾不备，途被克服，而我一向没有想到这一点，真是愚不可及了。由是我乃觉得，如果我们之爱人是要依赖与在天的一位第三者发生关系，我们的爱并不是真爱；真爱人的要看见人的面孔便真心爱他。我也要依这一根据而决定在中国的传教士哪个是好的，哪个是不好的。那些爱我们信邪教的人只因为我们是人，便是好的传教士，而他们应该留在中国。反之，那些爱我们不因我们是中国人和只是人的缘故，但却因可怜我们或只对第三者尽责的缘故而特来拯救我们出地狱的，都应该滚出去，因为他们不特对中国无益，而且对基督教也没有好处。

游学之年

我长成后的生活之范围太大，在此略传不容易自述。约而言之，我与我妻在海外游学那几年是我最大的知识活动时期，但也是我社交上极幼稚时期。我俩本是一对不识不知坦白天真的青年，彼此相依相赖，虽有勇敢冒险之精神和对于前途之信仰，然而现金甚少而生活经验也不足。我妻的常识比我为多，所以她可以把逐个逐个铜元拿在手上数数，借知我们可以再留在外国几天，而我却绝对不晓得我们的经济支绌情形。我不知怎的，自信总可以过得去，到如今回想那留在外国神奇的四年，我以为我的观念是不错了。我们真个过得去，竟在外国留学四年之久——那当然是要感谢德国马克之跌价了。我们俩在社交上共同出过几次丑，至少我个人是如此，因为直到今日我还不能记得清楚擦黄牛油的小刀是不可以放在桌布之上，而只可搁在放面包的小碟上的，而且我至今饮茶或喝酒之时，还错拿别人的杯。我们有一次走进一个教授的家里——在请帖所订时间一星期之前——告诉那女仆我们是被邀请赴宴会而不会赶快退步走。我俩生活合作，我妻为我洗衣服和造很好的饭食，而我则躬任洗碗碟的工作。在哈佛之时，我绝不知道大学校里的生活，甚至未尝看过一次哈佛与耶鲁足球之战——这是哈佛或耶鲁教育之最要紧的一部分。然而我从游Bliss Perry，Irving Babbitt，Leo Werner，Von Jagemann几位名教授，却增长了不少真学问。卒之，我的半官费学额停止了——那半学额每月四十金元，是我在清华服务三年所博得的。由是我投身赴法国去，在第一大战告终之时。

在法国青年会为华工服务之时，我储蓄了些美国金元，借以到德国去。我们先赴殷内，一个美丽的小市，过了一学期又转到莱比锡大学，因为后者以语言学驰名之故。在那里，我们一同上学，照旧日合作办法共同洗衣造饭。因为我们出卖金元太早，吃了亏，所以有时逼得要变卖我妻的首饰以充日用之资。然而此举是很值得的。多人不知道我俩是夫妻还是兄妹，因为那时我们没有儿女。及至我妻怀孕而经费渐渐不支，乃不得不决定回国分娩。那便逼着我要在大热天气中为博士考试而大忙特忙了。然而那却是我的旧玩意儿——考试求及格，我绝不恐慌。可是我妻却有些儿心惊胆震。我们居然预定船位在考试之后两星期即从真内亚登轮回国。我们预定在考试那一天的晚上，即行离开莱比锡，先后到威尼斯、罗马、拿波里等处游历两星期。我仍然具有从前坚定的自信力。这是一场博士论文考完，最后的口试。我由一个教授室跑到别一个教授室，至十二点钟出来。我妻已倚闾而望。"怎么样啊？"她问。"合格了！"我答。她就在大街上给我一吻，双双并肩同到Rathaus餐室吃午餐。

由北平到汉口

于是我回国了，先在国立北京大学教授英文和英文语言学。在莱比锡时，我已读了许多的中国书，并努力研究中国语言学，颇有所得，因在莱比锡和柏林两地有很好的中国图书馆，而由后一处又可以邮借所需的书籍来应用。盖自任清华教席之后我即努力于中国文学，今日之能用中文写文章者曾得力于此时之用功也。

当我在北平时，身为大学教授，对于时事政治常常信口批评，因此我恒被人视为那"异端之家"——北大——之一个激烈的教授。那时北大的教授们分为两派，带甲备战，旗鼓相当：一是《现代评论》所代表的，以胡适博士为领袖；一是《语丝》所代表的，以周氏兄弟——作人和树人（鲁迅）为首。我是属于后一派的。当这两个周刊关于教育部与女子师范大学问题而发生论战之时，真是令人惊心动魄。那里真是一个智识界发表意见的中心，是知识界活动的空气，那一场大战令我十分欢悦。我也加入学生的示威运动，用旗杆和砖石与警察相斗。警察雇用一班半赤体的流氓向学生掷砖头，以防止学生出第三院而巡行。我于是大有机会以施用我的掷棒球的技术了。我前在外国各大学所错过的大学生生活，至是补足。那时，北平的段祺瑞政府是很放任的，亦极尊重出版和开大会的自由。国民党也是学生运动的后盾，现在南京国民政府有几位要人便是当年学生示威运动之主脑和领袖。

在这时期还有两件可述的大事。一是政府围堵请愿的学生，枪杀两位女生及伤残五十多个男女学生。他们埋伏兵士，各提大刀和铁链，等候学生抗议巡行到执政府，然后关起外门挥鞭动剑，在陷阱中置他们于死地。那时的情景值得一篇特写文章。我个人亲见我一个女生（刘和珍）于下午一点钟之时安放在棺木之内，而在十二点之时我刚看见她欢天喜地地巡行和喊口号。还有一宗大事就是孙中山先生的出丧——这事令我震动于心，且比其他什么事都厉害些。民国十五年（一九二六）四、五月间，狗肉将军张宗昌长驱入北平，不经审讯而枪杀两个最勇烈的记者（邵飘萍和林白水）。那时又有一张名单要捕杀五十个激烈的教授，我就是其中之一。此讯息外传，我即躲避一月，先在东交民巷一个法国医院，后在友人家内。有一日早晨，我便携家眷悄然离开北平。

回到老家去，我在那奄奄欲睡的小小的厦门大学惹起一场大风潮，直至我不能再在那里安身，就于民国十六年（一九二七）春间离开，投身加入武汉的国民政府中服务。我不能不把这自传的一章删去，只能说我那时身任外交部秘书，住在鲍罗廷的对门，不过我还没有见过鲍罗廷或汪精卫一次。

著作和读书

我初期的文字即如那些学生的示威巡行一般，披肝沥胆，慷慨激昂，公开抗议。那时并无什么技巧和细心。我完全归罪于北洋军阀给我们的教训。我们所得的出版自由太多了，言论自由也太多了，而每当一个人可以开心见诚讲真话之时，说话和著作便不能成为艺术了。这言论自由究有甚好处？那严格的取缔，逼令我另辟蹊径以发表思想。我势不能不发展笔墨技巧和权舆事情轻重，此即读者们所称为《讽刺文学》者。我写此项文章的艺术乃在发挥关于时局的理论，刚刚足够暗示我的思想和别人的意见，但同时却饶有含蓄，使不致身受牢狱之灾。这样写文章无异是马戏场中所见的在绳子上跳舞，亟需眼明手快，身心平衡合度。在这个奇妙的空气当中我已经成为一个所谓幽默或讽刺文学家了。也许，如某人曾说，人生太悲惨了，因此不能不故事滑稽，否则将要闷死。这不过是人类心理学中一种很寻常的现象罢——即是在十分危险当中，我们树立自卫的机械作用，即是滑口善辩。这一路的滑口善辩，其中含有眼泪兼微笑的。

我之重新发现祖国之经过也许可咏成一篇古风，可是恐怕我自己感到其中的兴趣多于别人吧。我常徘徊于两个世界之间而逼着我自己要选择一个——或为旧者，或为新者，由两足所穿的鞋子以至头顶所戴的帽子。现在我不穿西服了，但仍保留着外国皮鞋，至最近我始行决定旧式的中国小帽是比洋帽较合逻辑和较为舒服的——戴上洋帽我总觉得形容古怪。一向我都要选择我的哲学，一如决定戴哪种帽子一样。我曾作了一副对联：

两脚踏东西文化，一心评宇宙文章。

有一位好作月旦的朋友评论我说，我的最大长处是对外国人讲中国文化，而对中国人讲外国文化。这原意不是一种暗袭的侮辱，我以为那评语是真的。我最喜欢在思想界的大陆上驰骋奔腾。我偶尔想到有一宗开心的事，即是把两千年前的老子与美国的福特氏（汽车大王）拉在一个房间之内，而让他们畅谈心曲——共同讨论货币的价值和人生的价值。或者我要辜鸿铭导引孔子投入麦克唐纳（前英国内阁总理）之家中而看着他们相视而笑，默默无言，而在杯酒之间得完全了解。这样发掘一中一西之元始的思想而作根本上的比较，其兴味之浓不亚于方城之戏——各欲猜度他人手上有什么牌。又如打牌完了四圈又四圈，不独可以夜以继日，日复继夜，还可以永不停息，没有人知道最后输赢之数。

在这里我可以略说我读书的习惯。我不喜欢第二流的作家。我所要的是表示人生的文学界中最高尚的和最下流的。在最高尚的一级可以说是人类思想之源头，有如孔子、老子、庄子、柏拉图等是也。我所爱之最下流的作品，有如Baroness Orczsy，Edgar Wallace和一般价极廉贱的小书，而尤好民间歌谣和苏州船户的歌曲。大多数的著者都是由最下流的或最高尚的剽窃抄袭而来，可是他们的剽窃抄袭永不能完全成功的。如此表示的人生中失了生活力，词句间失了生气和强力，而思想上也因经过剽窃抄袭的程序而失却真实性。因此之故，我们欲求直接的灵感，便不能不径到思想和生命之渊源处去追寻了。为此特别的宗旨，老子的《道德经》和苏州船户的歌曲对于我均为同等。

我读一个人的作品绝不因有尽责的感觉，我只是读心悦诚服的东西。它们摄引我的力量在于他们的作风，或相近的观念。我读书极少，不过我相信我读一本书得益比别人读十本的为多，如果那特别的著者与我有相近的观念，由是我用心吸收其著作，不久便似潜生根蒂于我内心了。我相信强逼人读无论哪一本书是没用的。人人必须自寻其相近的灵魂，然后其作品乃能成为生活的，这一偶然的方法，也是发展个人的观念和内心生活之独一无二的法门。然而我并不强逼别人与我同好一个著者。我相信有一种东西如Sainte-Beuve之所谓"人心的家庭"——即是"灵魂之接近"，或是"精神之亲属"，虽彼此时代不同，国境不同，而仍似能互相了解比同时同市的人为多些。一个人的文学嗜好是先天注定，而不能自已的。

无穷的追求

有时我以为自己是一个到异地探险的孩子，而我采险的路程，断是无穷期的。我四十生辰之月，曾作了一首自寿诗，长约四百字，结尾语有云："一点童心犹未灭，半丝白鬓尚且无。"（《论语》四九期）我仍是一个孩子，睁圆眼睛，注视这极奇异的世界。我的教育只完成了一半，因关于本国和外国仍有好多东西是要苦心求学的，而样样东西都是奇妙得很。我只得有半路出家的中国教育和西洋教育。例如：中国很寻常的花卉树木之名目我好些不晓得的，我看见它们还是初次相见，即如一个孩子。又如金鱼的习惯，植兰之技术，鹌鹑与鹧鸪之分别，及吃生虾之感觉，我都不会或不知。因此之故，中国对于我有特殊的摄力即如一个未经开发的大陆，而我随意之所之，自由无碍，有如一个小孩走入大丛林一般，时或停步仰望星月，俯看虫花。我不管别人说什么，而在这探险程序中也没有预定的目的地。没有预定的游程，不受规定的向导之限制。如此游历，自有价值，因为如果我要游荡，我便独自游荡。我可以每日行卅里，或随意停止，因为我素来喜欢顺从自己的本能——所谓任意而行，尤喜欢自行决定什么是善，什么是美，什么不是。我喜欢自己所发现的好东西，而不愿意人家指出来的。我已得到极大的开心乐事，即是发现好些个被人遗忘的著者而恢复其声誉。现在我心里想着精选三百首最好的诗，皆是中国戏剧和小说里人所遗忘和不注意之作，而非由唐诗中选出。每天早晨，我一觉醒来，便感觉着有无限无疆的探险富地在我前头。大概是牛顿在身死之前曾说过，他自觉很像一个童子在海边嬉戏，而知识世界在他前头的有如大海之渺茫无垠。在八岁时，塾师尝批我的文章云，"大蛇过田陌"。他的意思以为我词不达意。而我即对云，"小蚓度沙漠"。我就是那小蚓，到现在我仍然蠕蠕然在沙漠上爬动不已，但已进步到现在的程度也不禁沾沾自喜了。

我不知道这探险的路程将来引我到哪里去。世界上只有两种动物，一是管自己的事的，一是管人家的事的。前者属于吃植物的，如牛、羊及思想的人是。后者属于肉食者，如鹰、虎及行动的人是。其一是处置观念的，其他是处置别人的。我常常钦羡我的同事们有行政和执行的奇才，他们会管别人的事，而以管别人的事为自己一生的大志。我总不感到那有什么兴趣。是故，我永不能成为一个行动的人，因为行动之意义是要在团体内工作，而我则对于同人之尊敬心过甚，不能号令他们必要怎样怎样做也。我甚至不能用严厉的辞令和摆尊严的架子以威喝申斥我的仆人。我常羡慕一般官吏，以他们能造成几件关于别人行动的报告，及通过几许议案叫人民要做什么，或禁止人民做什么。他们又能够令从事搜讨研究工作的科学家依时到实验室，每晨到时必要签名于簿子上，由此可令百分之七十五分三的效率增加到百分之九十五分五。这种办法，我总觉得有点怪。个人的生命究竟对于我自己是最要不过的。也许在本性上，如果不是在确信上，我是个无政府主义者，或道家。

现在我只有一种兴趣，即是要知道人生多些——已往的和现在此处的，兼要写人生——多半在脾气发作之时，或发奇痒、或觉有趣、或起愤怒、或有厌恶。我不为现在，甚至不为将来而忧虑，且确然没有什么大志愿，甚至不立志为著名的作者。其实，我怒恨成名，如果这名誉足以搅乱我现在生命之程序。我现在已是很快乐的了，不愿再为快乐些。我所要的只是些少现金致令我能够到处漂泊，多得自由，多买书籍，多到地方，多游名山——偕着几个好朋友去。

我自知自己的短处，而且短处甚多，一般批评我的人大可以不必多说了。在中国有许多很为厉害的义务监察的批评家，这是虚夸的宋儒之遗裔而穿上现代衣服的。他们之批评人不是以人之所同然为标准，而却以一个完善的圣人为标准。至少至少，我不是懒惰而向以忠诚处身立世的。

《传记文学》第十二卷　第三、四、六期

2. 林语堂先生：我的英文老师

（薛光前）

　　三月二十七日清晨，打开《纽约时报》，读到第一版新闻，林语堂先生于前一晚在香港病逝的消息。以大幅的地位，详载先生一生的经历和对中西文化学术界的卓越贡献与成就，并以三栏的篇幅，刊登半身照片。《纽约时报》对国人这样郑重报导，除了去年蒋先生的逝世，以更隆重和显著的方式记载外，其他的人，罕出其右。足见林先生在国际上声光之盛和名望之高。

　　语堂先生称雄文坛，名满天下，国人必多纪念文字，以扬先生的潜德幽光。我怀念先生，怆悼先生，乃是由于四十五年前的一段师生关系。先生是我的英文老师，为时虽只有一年，但在我生活历史上，却留下深刻难忘的一节。

　　一九三〇年前后，我在上海东吴大学法学院（通称东吴法科）肄业。东吴法科设在虹口昆山路，院长吴德生（经熊）先生罗致了一批名教授，像胡适之先生教中文，语堂先生教英文。法科共五年，前二年是预科，后三年是正科。我在预科二年时，就上语堂先生的英文课（适之先生教预科一年的国文，我没赶上）。同班同学现在台北的还有邱绍先（梁）、刘抱诚、董瑞始、薛庆衡、戴文奎诸学长。语堂先生教英文，有他一套特别的教授法，与众不同。但功效之宏，难以设想。

第一，他上课从不点名，悉听学生自由。但很奇怪的，老师虽不点名，但同学缺课的，绝无仅有。非但如此，在别班上课的同学，也往往会来参加旁听，把一个教室挤得满满，座无虚席。可见当时先生教学的高明，自然吸引了同学的热情爱戴。

第二，他的英文课，不举行任何具有形式的考试（包括学期内或学期终的考试）。可是他一样计分，结果比正式考试更觉公平允当，同学心中，无不个个服帖。原因是：他虽不举行机械式命题的笔试，事实上每次上课，举行一次非正式的考试。我们同班的同学，共一百二十余人。语堂先生上了三五堂课以后，几乎能认识一半的同学，见面时能直呼其名。只有一次，他在路上碰见我，叫我"蒋光前"，经我说明后，从此就未叫错。他之所以能认识这许多同学，有一个秘诀，就是在课堂上，随时指名起立回答问题或互相对话，这是他对同学的测验、训练，也是考试。他更鼓励同学自由发问，我就是其中最喜欢质疑问难的一个（其他有一位女同学刘煦芬小姐，也是最喜发问），所以他对我们二人，印象比较深。每当学期结束以前，要评定成绩分数时，在他脑筋中，对每位同学的程度和学力，都有一个相当正确的轮廓。所以他只要唱名，请同学轮流站起，他像相面先生一样，略为一相，就定下分数。难得有几位，他觉得没有十分把握，发生疑虑时，就请他们到讲台前，略为谈上几句，测知端详，然后定分。这种定分方法，可谓奇特，但依我们同学自己的经验，其公正的程度，还超过在一般用笔试命题来计分的方法之上。

第三，语堂先生教英文，从不用呆板或填鸭式的方式，叫学生死读死背。他出名为幽默大师。上课时，终是笑颜常开，笑话连篇。从不正襟危坐，有时坐在讲桌上，有时坐在椅子上，双脚放在桌上，边讲边谈，幽默百出，使同学情绪轻松，大家乐之不倦。因为是英文课，为增进同学的理解和会话能力，他总以英文讲解。采用的教本是《新闻文选》，就是报章杂志上刊登过出名的评论或记载。既生动，又有趣，更可实用。讲解时，从不一句或一段地注射式灌输。往往选择几个意义似同而实不相同的英文词汇，来详细比较演释。譬如：中文的"笑"字，在英文中有许多词汇。例如大笑、微笑、假笑、痴笑、苦笑等等。"哭"字也有种种不同的词汇，有大哭、假哭、饮泣、哀泣等等。诸如此类，他会一一指出异同，并由同学当场造句，或课外做习题。像这样活泼生动的教法，能使同学充分自由思索，举一反三，触类旁通，受益无穷。

语堂先生讲课时，对演讲术特别重视。他常常强调，一篇成功的演讲，决非幸致，必须充分准备，才能得心应手。美国林肯总统最有名的盖第次堡演说，短短不过数百字，可是他精心思索，反复推敲，临时在车中，还数易其句，实不简单。所谓准备，不是事前一字一句都写了出来，当场照本宣读。圆满的准备，是把演讲的通篇大意和结构，深思熟虑，先有一个轮廓，然后分列层次，用索引卡录下要点。假使有充分的时间，不妨依照要点，把要讲的话，全部写下去。这在英文演讲，尤为重要。因为假使先行写下，可以把比较困难的词汇，在事前斟酌选定，以免临时周章，思考不及，写下以后，即可置之不用。到临讲时，只用索引卡上的要点，作为参考。比较短的演讲，不妨记在心中，凭记忆所及，出口成章，也易动人。至于引用的统计、数字或他人的字句，重在正确，不可错引。不妨写在索引卡上，临时应用，当不会妨事。但如能完全记忆，不靠卡片，尤为理想。总之，在语堂先生的意见，成功的演讲，要靠准备。但讲时看不出有准备的功夫，好像临时急就成章，这是成功的要诀。

为此之故，语堂先生最不喜欢临时请人演讲。使人无法准备，措手不及，其窘难言。他尤其不赞成在饭后请人临时讲话。有一次，他遭遇到这种场合，推无可推，就讲了一个笑话。他说："罗马时代，皇帝残害良民，把人投到斗兽场中，给野兽吃掉。有一次，皇帝把一个人放在斗兽场里，让一头狮子去吃。这人见了狮子，并不害怕。走近狮子，在它耳旁轻轻地说了几句，那狮子掉头就走，不去吃他了。皇帝看了很觉奇怪，认为那头狮子肚中不饿，胃口不好。所以另外放出一头饿虎来吃他。那人仍一样不怕，走到老虎近边，向之耳语一番，那老虎也回头悄悄而去。皇帝目睹此情，更觉心异。向那人盘问：'你究竟向那狮子、老虎说了些什么话，使它们不顾而去呢？'那人说：'很简单，我只是提醒它们，吃我很容易，可是吃了以后，你得说话，演讲一番！'"

讲到林老师，不能不提到林师母。老师和师母于一九一九年结婚，鹣鲽相依，形影不离。在东吴时代，就是如此。师母自己驾驶一辆小型的奥斯丁英国座车，每次接送老师。她把先生送到学校后，就开车到附近的虹口小菜场买菜。买好菜开回到东吴等候，散课后，把先生接回家中，经常如此，成为习惯。我们同学会见她，常常攀谈攀谈。有时她约我们到她府上饮茶小叙。这使我们更是高兴万分。林老师口含烟斗，谈笑风生，比在教室里的情调，更要风趣百倍了。

一九三六年至一九六六年，语堂先生定居纽约市区，住东七十九街二三九号。因为我有一段师生关系，所以自一九四九年来到纽约后，常有亲近的机会和便利。

我在纽约和语堂先生见面，以社交酬酢场合较多。见面时，我常打趣地说："老师，我的英文，虽有你老人家名师传授，但仍觉触处生艰，不够运用。"他的回答，往往是："因为我当了你的老师啊！"

语堂先生逝矣，驰骋文章，足垂千秋。缅念先生当此变乱之会，意托乘桴，志切卫道。安贫乐命，一片丹心。读归熙甫《张雄字说》，有曰："德处天下之上，而礼居天下之下。若溪之能受，而水归之也。不失其常德，而复归于婴儿。"先生才智弥高，自抑弥卑。致柔之极，胜心不生。此殆先生之所以称雄于天下，而天下卒莫之胜之道欤！

一九七六年三月二十八日于美国圣若望大学中山堂

《传记文学》第二十八卷　第五期

3. 林语堂先生与我

（陈石孚）

北平与武汉

我从认识林语堂先生到他逝世为止，前后计六十年整，因此对他当然应有小小的一点认识。不过在这六十年中，我和林先生的分离时多，而聚会时少。现在回忆起来，自始至终，相处一地的时间至多仅有三四次，而每次的短暂也极不一致。

最早见到林先生，是在北平西郊清华学校的校园里。当时他刚从上海圣约翰大学毕业，即应周诒春（字寄梅，亦从圣约翰出身）校长之聘，担任英文课程。那时我正在清华念书，林先生所教的虽不是我的那一班，然而同学们仍旧对他敬佩有加。他在清华教书只有三年，即赴美留学。从此一隔八年，至北伐军克复武汉三镇后，方第二次聚首。

林先生在哈佛大学获得硕士以后，即转往德国莱比锡大学，攻读语言学，获博士学位，于民国十四年（一九二五）返国任教于北京大学。他本来可以安心教书，但因仰慕陈友仁先生英文造诣之深，特地由平南下，到了汉口，出任武汉国民政府外交部秘书，以便追随陈先生，从事革命工作。

事有凑巧，那时我也醉心三民主义，放弃在上海教书工作，毅然自沪赴汉，去参加革命的行列。我们在武汉虽为时不过数月，却常有机会见面。第一，因为当时我有一位好朋友时昭瀛先生也供职外交部，所以我去拜访我的同班同学的时候，也见到了林先生。第二，北伐时期国民政府在汉口也办了一张《中央日报》，由前北大教授陈惺农先生（别号豹隐）任总编辑，理财专家杨绵仲先生任总经理，而副刊则由有名的前《北平晨报》副刊主编孙伏园先生担任。孙老谈笑风生，所以许多朋友都经常去拜访他，其中之一便是林语堂先生。在那里，林先生会见了后来以"女兵"著称的谢冰莹。谢小姐当时仅十几岁，正在武昌中央军校分校肄业，她每逢星期日多半渡江到汉口去看望孙老。因此，林先生和她也渐渐地熟识起来，而她所写的《从军日记》（现名"女兵自传"）后来便由林先生的女公子如斯、太乙姐妹译为英文，并经林先生润色，传诵一时。

有一次，我忽然想把孙先生的全部著作英译，并曾试译了一篇向林先生请教，他看过后立刻表示赞成。不过几个月以后，彼此分手，所以我的这个计划也就搁置起来了。

《中国评论》与《天下》

汉口小聚以后，大家各奔前程，不过大多数都到了南京或上海。次年，当国民革命军推进至山东的时候，日本图谋阻挠，乃发生所谓济南"五三惨案"，我国外交特派员蔡公时惨遭杀害。这时我们一群聚集在上海的朋友，发起创办一种英文刊物，以表达我们对于时局的意见。这些人之中包括陈钦仁，他是美国密苏里新闻学系出身的新闻学专家，后来主持汉口英文《前锋报》，远在"七七事变"以前，即对于日本的侵华政策和行动，痛加抨击。其他尚有上海青年会总干事朱少屏先生、笔锋犀利兼业律师的桂中枢、名经济学家且曾任清华教师的刘大钧先生、广告学专家陆梅僧和我等人。我们把这个刊物定名为"中国评论周报"（*The China Critic*），公推桂中枢为总主笔。我们每人每期写一两篇文章，包括短评、社论、专文，或书评，由各人自己选择，完全是义务性质，没有稿酬。

《中国评论周报》出版不久以后，蒙林先生看得起，自愿效劳，每期撰写专栏一篇，题名为："*The Little Critic*"（"小评论"），每篇都是富有风趣的小品文，题材包罗万象。林先生的大文立刻引起读者们的广泛兴趣，人人都以先睹为快。从民国十九年（一九三〇）至廿四年（一九三五）前后六年间，林先生撰写了几百篇"小评论"，后来由商务印书馆搜集起来，编印为上下两册。但此书未经原出版家在台湾重印，殊觉可惜。未知有无任何人存有此书的原本，如有则希公之于世，以供一般人的阅读和欣赏。

《中国评论周报》在桂中枢主持之下，我们继续供应稿件，即使这些发起人之中，在其后几年以内，有些已经离开上海。我也是其中的一个，不过我仍旧偶尔写一两篇文章寄去。记得有一次我写了一篇*What Ails The Press of Shanghai*（上海报界所犯的毛病），对于上海中西文报纸的缺点，痛加指摘。此文刊出以后，林先生即在次一期写了一篇专论，响应我的意见，并加以他个人的看法。林先生文章开始第一句便说我的那篇东西颇为"thought-provoking"（"发人深思"）。对于他这个评语，以及对我的意见响应如此之快，我至今感觉非常欣慰。

从民国十七年（一九二八）至廿四年（一九三五），林先生除在《中国评论周报》经常写专栏小品文，以及担任中央研究院英文秘书而外，还有很多活动。他创办了并且主编三种中文半月刊。其中之一是《论语》，这个名字大概是意味着林先生在该刊所发表的意见，就好像孔子在他的《论语》中对弟子们所说的话一样。不过不管林先生最初命名的原意为何，《论语》和其他两种姊妹刊物《人间世》和《宇宙风》，都成为林先生发表其有关个人、社会和国家问题的意见的论坛。这三种刊物中的文章，都是对于人生的评论。在它们的篇幅中，读者可以读到许多讨论各种富于人情味的小品文，每篇都能引人入胜。这些文章有一共同特点，那就是它们都含有若干幽默的成分。因此，林先生成为幽默文学的最活跃的创导人，而且被誉为"幽默大师"。

同时，林先生还写了两部划时代的英文教科书，一部是《开明英文读本》，一部是《开明英文文法》。《开明英文读本》，共计三册，由浅入深，是为初学英文的中学生所写的。它特别着重指导年轻的男女学生，使其养成说正确英语的良好习惯。从第一册开始，便介绍日常使用的习惯语法。最近若干年来，坊间虽然出现其他英文课本，但是我仍旧认为没有一本比《开明英文读本》更好，更能帮助学生奠定学习英语的坚固基础。

至于《开明英文文法》，那是一本优良而独创一格的著作。其中包括很多有价值的观念，并对英文文法提出一种新的观点。由于这个原因，它对于具有深厚英文基础的英语教师，甚有参考价值。不过，我也得指出，如果以这本书作为教材用，则不甚相宜，因为学生的英文根底太浅，不易了解它。林先生以一位语言学专家写出这两本书，真是第一等的作品。

在这百忙之中，林先生又参加了一种新创办的学术刊物的编辑工作。这个刊物于民国廿四年（一九三五）出版创刊号，取名"天下"，据说是由当时的立法院长孙科（哲生）先生所资助。孙先生本人对于社会科学和中西文学都颇有研究，不过他在政治上的声誉，掩盖了他在学术上的造诣。他有远见来办这种纯学术性的月刊，而且罗致了林先生、吴经熊先生和全增嘏教授为编辑，并以立法委员温源宁先生为总编辑，故能把这个刊物，办得有声有色，博得中外学术界一致的赞扬。可惜到了太平洋大战发生，被迫停刊。

《吾国与吾民》与《生活的艺术》

在三十年代，林先生开始他的写作生活，同时双管齐下，中英文并用，使得全国人士皆钦佩不已。他在民国廿四年（一九三五）发表第一部震惊全世界的作品——《吾国与吾民》（*My Country and My People*），由美国John Day公司出版。这部书立刻被认为是描写中国与中国人最公正客观的著作，可以永垂不朽，在美国竟成为一本家喻户晓的畅销书。在此以前，外国人对于我国和中华民族颇多误解，因为没有一个中国作家能把我国的情形作一面面俱到的介绍，也没有人能把我国的生活习惯描绘得如此生动与如此详尽，故外国人对于我们无从真正认识与了解。反之，他们对于中国所得的印象，都是从一些所谓"中国通"（Old China Hand）或存有偏见的外国作家那里所听见或读到的。对于"中国通"的为人和日常生活，林先生在《吾国与吾民》第一章里面，即有几段极生动的描写，凡是当时在上海住过的人，都有此感觉，不过没有其他的人，能够像林先生那样把这些"中国通"描绘得如此生动罢了。

林先生绝非世俗所谓"爱国主义者"，他不会与其他一般爱国主义者一样，高喊爱国口号。相反的，他在原书第一版的序文里，就很骄傲地声明："我对于我的国家，并不感觉羞愧。我能够暴露它处境的困难，因为我对于它没有失望。中国是比那样小器的爱国主义者更伟大，它不需要他们的洗刷。好像过去一样，它将来会纠正它自己。"

赛珍珠女士在《吾国与吾民》序文中曾说："一本讨论中国，而且配得上讨论这个问题的书，必须是坦白的，无所羞愧的，因为真正的中国人乃是一个自视甚高的民族。正由于他们自视甚高，所以对于他们本身和他们的生活方式，可以尽量坦白而无所用其羞惭。那样一本书必须是充满智慧，并有着深刻的了解，因为中国人是充满智慧，而且对于人类心灵深刻了解，就这方面而言，中国人远在其他民族之上。那样一本书必须富于幽默感，因为中国人生性就非常幽默。中国人的幽默有深度，有亲切感，而且和善。中国人有幽默感，因为他们对于人生可悲的一面很了解，而且愿意承受它。那样一本书必须文笔流畅，用字恰当，词句优美，因为中国人素来重视准确美与优良美。除中国人外，他国人写不出这样一部作品。但是我有一个时期已经开始在想，恐怕还没有一个中国人能够写出这样一本书，因为当时似乎还找不出一位擅长英文写作的现代中国作家。一方面他必须对于自己的同胞们能够充分地保持客观态度，就好像一个外国人一样；他方面必须能够以客观者的立场，充分了解他们本身的意义，他们所要的时代意义，以及他们青年的意义。"

赛珍珠女士对于中国的了解，远超过了一般所谓中国通。她继续说道："但是，这本书，就好像一切伟大作品一样，突然出现了，它满足了各种必须具备的条件。它说的一切都是实话，它对于实情无所羞惭。它的作者的写作态度，一方面是矜而不骄，富有幽默感，文字优美，另一方面在严肃中带着轻松的笔调，而且对于新旧的事物都能欣赏与了解。我认为这本书是关于中国所有著作之中，最忠实、最深刻、最完备和最重要的一本。最好的一点是，作者是中国人，一个现代中国人，他的根稳扎在过去，但是他的开花结果，却在现在。"

这本书在四十二年以前出版，但是现在仍旧切合实际情形，即使再过几十年，也可能依旧如此，因为它对于中华民族及其生活方式，描绘得惟妙惟肖，只要中华民族存在一天，这本书就会有人读，而决不会成为"过时货"。说到这里，我不妨顺便提及一段插曲。当林先生正在写这部书的时候，那是民国廿二年（一九三三），他的全家都在江西庐山消夏。凑巧我也在那里，某天我去拜访他，他把一部分原稿给我看，我立刻就一口气读完了。这件事对于我是值得纪念的，因为在那部划时代作品还未问世以前，我老早就有机会读了其中的一部分。这种先睹为快的权利，恐怕只有林先生少数最亲密的朋友，方能享受。

《吾国与吾民》出版两年以后，另外一部重要作品又问世了，那就是《生活的艺术》（*The Importance of Living*），仍由美国John Day公司出版。林先生自己把这本书描写为："一个亲身的见证，我对于思想和人生的体验的见证。"他继续说道："这本书不是客观的，它也不拟建立不易的真理。事实上，如有任何人在哲学上自命绝对客观，我对于他殊不敢恭维。我所着重的，在于观点。"这几句话，泄露了林先生写作中英文作品的秘密。无论在他的书里或小品文里，他所说的话都是发自内心的，并且都是非常主观的。换言之，他在文章里所表达的思想，都是他自己的，而决非他人的。即使他引用过去哲学家或思想家著作中的句子，也无非是让他们替他说话。就我自己的经验而言，我读林先生的作品，并非想要在那里寻找客观的资料，而无非是想去了解他的观点。我相信多数研究林先生作品的读者，都与我有同感。

此后，一直到了民国三十七年（一九四八），我随同陈立夫先生到林先生在纽约所住的公寓去拜会他，方才再度见面。关于那次的谈话，我只记得我曾经把我所译的司马迁《孔子世家赞》英文稿，交给林先生看，请他指教。尽管我的译文没有什么独到之处，我还是这样做了，因为我很想向林先生请教，并且让他知道我对于翻译工作，仍旧把它视为一种文字上的磨练，而对它继续感到浓厚兴趣。我这样做，因为他在民国二十七年（一九三八）出版的《孔子的智慧》（*The Wisdom of Confucius*）中也有《孔子世家赞》的译文。不过那本书我一直到了抗战胜利还都以后才拜读到。

《当代汉英词典》的编纂

以后二十年内，林先生和他的眷属大都住在纽约，继续从事文艺写作。我只记得有一次他曾回到台湾来小作勾留。某天应中国留美同学会的邀请，在台北市中山堂发表演讲。但是那天晚上他以贵宾身份，坐在主席台上，四周围绕着留美同学会职员，所以我只能远远地望着他，而没有上前去和他们招呼。

当他返台定居以后，在一九六八年四月里，有一天我去出席一个会议，恰巧我到达那里的时候，林先生也到了。我看见他从车子下来，就上前去招呼他，他对我微笑着。我们一同慢慢地走上楼到会议室去，路上没有谈什么话。当会议完毕以后，他突然回转头来，对我说道："你当然就是陈ＸＸ！"我高兴他居然还记得我的英文名字。

在此不久以后，他同我商量，希望我帮他编一部汉英字典。那时他已与香港中文大学签约，在三年内完成编纂工作。当他与我商量时候，他早已开始那繁重的编辑任务，并邀请四位青年男女助手，帮他选择中文单字和词句，加以注释，写在单张的稿纸上面，并依国语注音符号的次序排列起来。这一切做好以后，助手们把中文稿交给林先生，由他译成英文，稿纸的右边留有适当空白，以备他起草之用。每天早晨，不，整个一天，林先生总坐在书桌前，用手写出每个字和每个词句的英文意义。这种工作成年累月地进行着。当他约我参加这种工作的时候，他们已经做了一年多了。换言之，林先生和香港中文大学所约定的三年期限，只剩二十个月了。

当我聆悉了他要我做的事情，是做他的英文助理编辑，我认为这是一种很有趣而且对我是一种考验的工作，我便欣然答应了。不过当时我还在另一个机关办公，因此我只能在晚上和周末替林先生做事。此后二十个月内，我做我分内的事，写好的稿子一批一批地交还给他，由他最后核正。最初，他还得教我如何进行，尤其是关于他所谓的"技术"问题。渐渐地我摸着了门路，他对于我的工作进步，颇加赞扬。这鼓励着我更加努力，一直到一九七〇年初全部工作完成为止。

初稿完成后，第二步工作是审核全部稿件。林先生很客气地把他自己所做的一部分稿子，交给我校阅，并让我提供意见。我总共校阅过一千张左右的打字稿，偶尔也提出一些修改的意见。我把稿退还给林先生以后，他又重新再看一次，对于我的建议，十之八九，都蒙他采纳。据我的估计，我校阅了林先生亲自草拟的稿子的三分之一。这一部分加上我原先自己帮助林先生所编并经他核改过的稿子，两者相加尚不到全部稿件的一半。倘若和林先生本人所做的工作相比，这真是微不足道的。

一九七二年正式出版的时候，这部书取名为"林语堂当代汉英词典"（*Lin Yutang's Chinese-English Dictionary of Modern Usage*）。它包含着一千四百五十一页正文和三百多页的说明。说明部分包括"前言""序""单字索引""八个附录""罗马字拼音索引"和"英文索引"。在林先生的序文里，他详细解释这部词典的经过和特点。一般读者习惯于旧式汉英字典的罗马字拼音法，亦即所谓Wade System，对于林先生的拼法，最初也许不甚了解。林先生所苦心创造的索引法，也在这部词典里第一次使用。为帮助读者易于了解起见，在二十六至三十一页附有说明一篇，题名为"如何使用这部词典"。

把这些材料仔细看过以后，再加以若干次的检阅，稍有耐性的读者，即不难学得怎样利用这部词典。香港中文大学校长李卓敏先生在"前言"里曾说："没有一本与此类似的著作，可以自命为十全十美，林先生这部书也不作如此想法。"在"序文"里，林先生自己也说："这样一本篇幅庞大的书，难免有遗漏或不经意之处。"林先生做事素来认真，从不苟且，因此他不断地去寻找书中的缺点，以备将来改正之用。

福建四大翻译家：严复、林纾、辜鸿铭、林语堂

林先生是福建人。他的才华是多方面的，除创造性的写作而外，他还精通翻译。说到翻译，我们不免想起另外三位翻译大家，而碰巧他们也都是福建人，即严复、林纾与辜鸿铭，语堂先生最晚。其他各省未尝没有杰出的翻译人才，但没有福建之多，这是一个耐人寻味的有趣现象。

关于这一点，林先生也曾在他的一部作品里指点出来过："前辈中有三位伟大的中国作家是福建人，一个是翻译亚当·斯密、孟德斯鸠和赫胥黎的严复，一个是翻译司各特和狄更斯的林纾，另一个是辜鸿铭。"严复在英国研究海军，也曾受过良好的中国传统教育。他具备着中西知识，所以后来翻译亚当·斯密的《原富》，孟德斯鸠的《法意》和赫胥黎的《天演论》能胜任愉快。他是第一位受过西方教育而有系统地介绍西方社会科学给我国读者的人。

严复所译的名著，除以上三种为一般人所熟知者而外，尚有几种也是同等的重要。其一为穆勒《名学》，其二为穆勒的《群己权界论》，其三为耶方斯的《名学浅说》，其四为甄克思的《社会通诠》，其五为斯宾塞的《群学肄言》。

说到翻译，一般人都知道信、达、雅是翻译家所应注意的事项，而这三个条件，就是严复所订立的。他说："译事三难：信、达、雅。求其信已大难矣，顾信矣，不达，虽译犹不译也，则达尚焉。"他又说道："《易》曰修辞立诚，子曰辞达而已，又曰言之无文，行之不远。三者乃文章正轨，亦即为译事楷模，故信、达而外，求其尔雅。"要达到这三个

标准，实非易事，因此严复又说："一名之立，旬日踟蹰。"这是前人审慎之处，后人应当效法。

第二位做同类工作的福建籍学者是林纾。不过他所翻译的，不是社会科学著作，而是西方文学。他翻译的方式也与严复不同。据语堂先生所说："林纾一个英文字也不认识，他从事翻译的时候，完全靠一位魏先生替他把原文的意思用福州话告诉他。然后，这位大文学家就把魏先生所口述的意思用美丽的古典文字写出来。"这样翻译出来的作品，其中包含狄更斯的《双城记》、司各特的《撒克逊劫后英雄略》《伊索寓言》和小仲马的《茶花女》等。小仲马这本动人的故事出版以后，"轰动了中国社会，因为其中的女主人翁很像红楼梦里的林黛玉，也是一个生肺病的女子"，语堂先生说。

语堂先生在上文里所提及的魏先生，后来听说就是现任"中央通讯社"社长魏景蒙先生的老太爷魏易先生。另据本年十月八号《中国时报副刊》所载的一篇文章，题名为"林纾的善妒"，作者刘心皇先生却说帮忙林纾翻译《茶花女》的人，是王寿昌。刘先生说："寿昌精通法文。"从这句话我们可以了解，帮助林纾翻译外文小说的共有两人，一位是魏易先生，一位是王寿昌先生，因此语堂先生所说的话，与刘心皇先生的文章所述的，并不冲突。

辜鸿铭与严复、林纾两人相反，他是一位把中国古书译为英文的大作家。语堂先生说，辜先生曾把《四书》中的三种译成英文，他当然有所根据。不过就我个人而论，我只见过其中的两种，即《中庸》和《论语》。至于《大学》和《孟子》，我却从未见过辜先生的译本。就是《论语》也还是一九七四年方由美国西雅图华盛顿大学中苏研究所所长梅谷先生帮忙影印了一份寄来的。语堂先生在世的时候，非常重视辜先生的这个译本，曾经和台北辜振甫先生商量，振甫先生答应资助此书出版的印刷费。有了这个了解，于是我就遵林先生之嘱，前去拜会振甫先生的令弟伟甫先生，把影印本交给他，他立刻答应由他负责出版。但是不知什么原因，此事拖延至今，尚无下文，我很感觉失望，而且对不起已经作古的语堂先生。

言归正传，让我们继续讨论辜鸿铭先生吧。据林先生看来，辜先生的译文不仅是忠实的翻译，而且是一种富于创造性的诠释，有一种透过深刻的哲学上的领悟，而显露出来的曙光，照耀在原文之上。事实上，他是一位贯串中西观念的人物。在他的英译《论语》里，他引证了很多西方作者如Goethe, Schiller, Ruskin, Joubert诸人的议论，以资相互发挥。他的译文好，因为他对于原文彻底了解。

辜先生所译的《中庸》，题名为 *The Conduct of Life, or The Universal Order of Confucius*，与一般的译法大不相同。辜先生在序文中说，他本拟把《中庸》和《大学》合并出版，但他当时对于自己的《大学》译文尚不十分满意，所以先把《中庸》单独发表，作为英国Wisdom of the East丛书的一部。译文虽仅四十几页，但其中所用的词句，精彩绝伦，读者非与原文两相对照研读，仔细推敲，不能得其奥妙。依我个人的浅见，这是一部绝无仅有的译本。

除翻译外，辜先生在民国四年（一九一五）写了一本《春秋大义》（*The Spirit of the Chinese People*）。在这本书里，他痛骂西方各国，并且根据孔子的教训为中国和中国人辩护。让我们再引一段林先生的话，来说明辜先生的立场。林先生说："他熟读 Matthew Arnold, Carlyle, Ruskin, Emerson, Goethe, Schiller诸家的著作，所以自认对于孔子思想的了解，比前人更为深刻。他的中心思想，其关键系于一个问题之上，那就是雅俗之分。所谓雅，亦即儒家的君子观念，所谓俗，如以爱默生的话来解释，也就是肉体和灵魂的死亡、强化以及麻木不仁之意。"林先生继续说道："辜先生对于雅俗问题的讨论，特别指斥西方人行为的矛盾——

那就是：一方面有白色帝国主义争相攫取中国领土，另一方面又有白色帝国主义者的门徒，其中无疑地包括了一些基督教传教士，大言不惭地指责那些尚未开化的支那人，以及他们对于这些可怜虫所担负的教导责任，尤其是在拳匪之乱以后。"

语堂先生是这四位伟大作家、翻译家的最后一个。他和其他三人的不同之点，不仅在年龄方面（他是最年轻的一位），而且也在其著作所产生的影响方面。严复、林纾、辜鸿铭三人各有其影响，不过他们的影响仅及于那一群读到他们作品的国内读者，而未超过此种范围。语堂先生的情形不同，因为他的吸引力是世界性的，而且几十年来未尝衰退。他的很多著作，都译成了若干欧洲文，包括德文、法文、意大利文、西班牙文、葡萄牙文、挪威文、瑞典文和芬兰文。所有他的畅销书，都经过了几十次重印。没有人能够确切地知道，他的书究竟销售了几百万本，以供从事学术研究的学者或一般人阅读。他的《红牡丹》（*Red Peony*）小说在意大利、西德和芬兰曾经被各该国每月一书读者俱乐部选为它们的读物。

我们所讨论的这四位作者，可以分为两组，每组两人。严复和林纾属于一组，他们把西方的社会科学和文学介绍到中国来。辜鸿铭和语堂先生属于另一组，他们集中精力使外国人士对于中国和中国人获得更多的了解。但辜、林两先生之间，也有显然的不同。前者是一位死硬派的保守主义者，在他眼光里，中国和中国人没有什么不对；但是后者却永远保持着一种恢廓的心胸，他对于我们自己的弱点，从不隐讳，而且还要加以批评。他们两位对于那些可憎恨的人或事物，都是同等严苛，不过辜先生所憎恨的人或事物，都在外国，而林先生却不分中外，只要是可憎恶的，他就憎恶。

辜、林两先生的文体也不相同。前者的口气总是很严肃，在他的文章里从来没有流露一点轻松或幽默意味。我们读他的《春秋大义》，就会感觉他好像是要和人家打架似的。他偶尔也承认某一西方民族，在某方面，也许比另一西方民族更好，但他却从来不肯承认整个西方民族或其中之一，比中国民族为优。他是一个十足的爱国主义者。至于林先生，他也热爱祖国，但是他并不大声疾呼地宣扬他如何爱国。

家庭生活与食谱专家

这篇关于林先生的著作和思想的文章至少应当简略地提到他的家庭生活，以及在他的著作中所显示出来的那可爱的人品，否则将不够完备。就我个人在庐山、上海、纽约和台北到他府上去拜访时所得的印象而言，他的家庭生活是非常快乐的。林夫人廖翠凤女士是一位有学问有修养的模范妻子和母亲。她照顾着林先生无微不至，使他一切的需要都可以满足，这样，他便可以安心工作，而不受任何干扰。做一位职业作家的妻子，并非一件容易的事，但是林夫人却做得尽善尽美。他们两人相互关切，可从其中任何一人对于另一位所做的细微末节看出。凡参加过前几年在阳明山林府所举行的他们金婚纪念晚会的朋友们，都可以为他们自从结婚以后所过的幸福生活作证。他们的三位千金都学有专长。老大如斯小姐不幸逝世以后，两位老人住在香港的时间为多，因为老二太乙小姐和老三相如小姐都在香港做事。如斯小姐的文学修养，保存在两本由中华书局出版的小册子里：一本是《唐诗选译》，一本是《故宫选介》。太乙小姐主持中文《读者文摘》的编务，相如小姐是香港大学生物化学教授。

林夫人本身也是一位作家，她和相如小姐合著了一本《中国食谱》（*Chinese Gastronomy*），一九六九年在美国出版。母女两人费了很多时间和精力，来写这部大作。在下笔以前，需要先参考书籍，并作深入的研究。这部分工作，主要是由相如小姐负责。正如她的父亲所说，相如小姐是一位"天生的烹饪专家"，她"对于饮食一道具有强大无比的记忆力"。这可以从一件具体事实证明。林先生在《中国食谱》的序文里回忆道："有一次我们在法国南部某饭店吃了一顿晚餐，许多年以后，她（相如小姐）还能记得那次所吃各道菜所用的材料和它们的味道。"至于林夫人，她对于这部书的贡献，也是同等重要。她"提供了她的专门知识和指导"。在没有把各种菜肴的烹法写出以前，母女两人必先做几番实验工作，也就是把所用的材料仔细地量过，并且把烹调的步骤仔细地做过。林先生亲眼看见她们在家里忙碌的情形，所以他告诉我们说："差不多有两年的工夫，我的家里进行着一种很奇特的研究和实验工作，而我在无意之中也变成了一个参加者，不过我的工作很轻松愉快，那就是品尝。"这部书便是这样逐渐地写了出来。此外，母女两人还有另外一种作品，名为《中国烹饪的秘密》（*The Secret of Chinese Cooking*），曾经获得一九六〇年佛兰克福德国烹饪学会的奖状。

林夫人对林先生写作生涯的贡献，可从林先生在《当代汉英词典》序言中所说的几句话看出。他说："我也有福分得着妻子廖翠凤的陪伴和照应，由于她那温柔的指点和那具有女性特征的安排，我们家庭充满了爱和宁静，因此我可以安心工作。"这几句话把林府模范夫妻的生活，描写得淋漓尽致，因此用不着我再词费了。

语堂先生的为人及对事物的观察

至于林先生的为人，在他的作品每一页里都流露了出来。我们读着他的作品，可以亲眼看见一位有修养的儒家君子，恳切地对他的读者说明他对于各种事物的看法，而且他的态度是那样的轻松有趣。他总是那样仁慈、和蔼、可敬可爱。这一切都是从他的温和的天性与渊博的学问而来。

他对于世间一切事物的了解，不仅来自书本，而且也来自实际观察，特别是来自与普通一般男女们的闲谈。正如他自己在《生活的艺术》序言里所说："就技术方面而言，我的方法和训练都是错误的，因为我不研究哲学，而只实际观察人生。我所采用的这种方法，不是研究哲学的正规途径——一种错误的途径。我的一部分材料的来源是：我家里所雇用的黄妈，她对于我国良家妇女应如何教养有着独特的见解；一个喜欢使用口头禅的苏州船娘；一位上海电车售票员；我家厨子的太太；动物园里一只小狮子；纽约中央公园里一只松鼠；一位轮船甲板上的侍役，他说了一句至理名言，令我十分佩服；一位写天文问题的专栏作家，可惜他已在十多年前去世了；报纸上加以花边的新闻；任何一位作家，只要他不把我们对于人生的好奇心扼杀或他自己那种好奇心还未泯灭；以及其他数不尽的人物。"

林先生便是从这一大堆的资料来源，获得了他对于人类和世事的知识。以上这个名单里，有一点特别令我注意，那就是他所说的"我家厨子的太太"。这句话使我想起他所雇用的詹姓司机（名益修）、詹太太和詹小妹，这三人都住在林家。詹太太替林家烧饭，她的小女儿詹夏玲被林氏夫妇钟爱得好像自己的骨肉。小孩有时在他们的座位旁边玩耍，有时偎依在林先生或林夫人的怀里，形成一幅人间最美丽的图画，凡看见过此情此景的人，必然留着极深刻的印象，永远也不会忘记。这不过是我亲眼看见过的例子，它显示林氏夫妇对于任何与他们接近的人，是怎样的慈祥、关切。

以上是我个人所知道的一个概要。林先生是一位伟大人物与享誉全世界的作家。我所了解的，不过是他的伟大人格的一部分，至于其他方面，尚望对于林先生的为人更有研究的朋友，予以补充。

《传记文学》第三十一卷　第六期

4. 追思林语堂先生

（徐訏先生书面意见）

一

语堂先生八十岁的时候，蒋复璁、张其昀两先生为他编印纪念论文集，请语堂先生自己开列一个作家的名单，由他们来约稿。但是先是我没有收到征稿信，语堂先生问我的时候，我说没有收到。他说大概是地址弄错了，那时候正是他要回台湾，他说他去查查看。他到台湾后马上有征稿信寄来，但离截稿的日期已经很近。我去信问语堂先生，是不是什么样论文就可以，或者用一篇小说或剧本好不好？这因为我想到在纪念蔡元培寿辰时，丁西林是把他的《妙峰山》剧本来作纪念的文章的，也许可以援例一下。但是语堂先生回信，说希望我谈谈我所了解的他。这实在是一个难题。第一是生活忙，第二是当时心情不好，第三也是下意识的怕，怕写得不好。其次我知道写纪念文章的人士中，要人很多，我正可以免凑热闹。

我想可以偷懒就偷懒，好在限期匆促，正可以作为一个好的理由。所以我就写了一封信给语堂先生，我说，因为时间匆促，而我又抽不出工夫，怕写得不好，所以还是等你九十岁的时候我再来动笔吧。

语堂先生应该可以活到九十岁的，而竟于八十二岁就去世。我现在写这篇文章，心情自然完全不同了。

好像许多人知道我认识语堂先生很久，应该可以写出许多别人所不知道的种种，特别是几个有名的杂志编辑，如《传记文学》刘绍唐、《大成月刊》沈苇苍都函电交作的催促，这使我非常窘迫。我自然要写一篇文章纪念语堂先生，但如果只是平平常常写些掌故杂碎，我觉得太没有意思，要深入一点又怕写不好。

我常觉得小说里写人物是创造"事件"，使人物在事件中产生反应而出现个性的刻画。在传记里写人物，则是在许多发生过的事件中，从人物在这些事件中的反应而寻求他的个性。如果这篇纪念文章不流于掌故杂碎的记述，就必须可以写出语堂先生这个人，这个活的存在于历史上，存在于认识他的记忆中人的人。

我很知道自己不可能写"成功"，但即使不能够写成一个活现纸上的人物，也应该对他的性格有某种介绍与分析，而不是一篇空泛的往来流水账。

二

我自知自己的短处，而且短处甚多，一般批评我的人大可以不必多说了。在中国有许多很为厉害的义务监察的批评家，这是虚夸的宋儒之遗裔而穿上现代衣服的。他们之批评人不是以人之所同然为标准，而却以一个完善的圣人为标准。至少至少，我不是懒惰而向以忠诚处身立世的。

这是语堂先生自传里的自白，语堂的可爱处也在这里，我大概太受现代心理学的影响，总觉得人不是神，绝对不是十全十美全知万能的，而中国总是要把伟人或英雄描写成至圣全能。我后来想到这正是落后社会的一种现象，也还是酋长有神权的一种遗留。语堂先生知道自己有短处，自然不会怪我在这篇纪念文章里谈到他的短处。因为一个人如果没有短处，在我想来，那就不成一个人。莫洛亚说得好：

> ……就在这高贵的个性中，须有些可爱的短处，这样就更可以维持我们对他的喜爱，我们决不会去爱一个我们对他连一笑都不敢的人物。

因为有短处才是有人性。

人原是一个矛盾很多的动物，而语堂先生知道自己是最多矛盾的一个作家。他曾经写过一捆矛盾的自白，但没有包括他的最矛盾的两句话，那是：

> 文章可幽默，
> 做事须认真。

这两句话表面上好像很能自圆其说，实际上则是无法统一的。这因为"做事"往往包括处世与"待人接物"，而文章所包括的人生，也就是处世与"待人接物"的表现。因此这是无法调和的矛盾。

读语堂先生的文章，往往误会他是一个不拘形骸、潇洒放浪随便自然任性的人，其实他的生活是非常有规律、拘谨严肃、井井有条的。

一九三四、一九三五年我们同在上海的时候，我知道他每天上午到中央研究院办公，他的名义是英文总编辑，事实也是蔡孑民先生的英文秘书，下午他就闭门著作。后来他主编《论语》《人间世》，我与陶亢德是执行编辑，我们谈编务总是在电话里联络，如果要见面总是在六七点钟，不是亢德就是我到他的府上去谈谈，接洽完了就走，编完全稿，他一定会非常认真地阅读，有些译作，他核对英文原稿，往往有许多改正，他铁定星期四下午是《中国评论》（*China Critic*）的会集，而每星期六或星期日的下午一定同太太带着孩子去看电影。他对于电影似乎专为消遣，选择不苛，而他对于音乐几乎是一点都没有兴趣，那时上海的工部局管弦乐队还不错，我从来没有碰见他去听过。

在宴会的时间，他很高兴接待朋友，大家聚在一起闲谈一阵，平常他是绝不喜同朋友随便来往聊天。他文章中有下面这样的话：

> 点卯下班之余，饭后无聊之际，揖让既毕，长夜漫漫，何以遣此。忽逢旧友不约而来，排闼而入，不衫不履，亦不揖让亦不寒暄，由是饭茶叙旧，随兴所以，所谓汝明言一室之内，或因寄托，放浪形骸之外，虽言无法度，谈无题目，所言必自己的话，所发必自己衷情。夜半各回家去，明晨齿颊犹香。

但在他实际生活上可说是绝无仅有之事。

突然的不速之客，在中国好像是普通的事情，我想这是农村社会很自然的情形，我记得幼年时在农村中，邻居"串门"是极普通的事情，而邻村友好往还，因为路程不便，来必留饭，这也是自然之事。可是在工业社会，生活紧张，谁也没有工夫随时接待客人，所以事先必先约定，而除了约定请客，绝无留饭之事。好在现在电话普遍，即使临时有事，也可先用电话订定时间。这在西方已成一定的手续，语堂先生的生活全部是欧化的，自然不会有这种东方过去的情趣，而他文章上偏偏要歌颂这种趣味，也许只是一种补偿式的满足而已。

我们很容易被一个艺术家与诗人的浪漫生活与作品里的某种趣味所迷糊，而忽略他们的严肃方面。我们大家知道德国诗人歌德浪漫的一生，他在八十岁时候还同一个十六岁的女孩恋爱，应该是很轻松的人了。事实并不是如此，他最讨厌事先未曾订约而驾访的朋友，他认为这是对他一种太大的打扰。他一定用严峻的面孔对这样的来客，而往往不同他谈话，即使对有地位的客人，他也只是敷衍几句而马上结束谈话。毕加索也是这样一个人。语堂之生活态度也近于此类。在纽约时，除了约定的宴叙以外，他从不过访朋友。譬如他同胡适之交往，好像胡适之有时候得便去看看他，而他则从不采访适之，也没有两人无事相约在外面吃一个便饭之事。在这方面讲，语堂之不近人情也正如以前许多人之批评歌德一样的。

语堂是很欣赏苏东坡的风趣的人。他记东坡贪饮偷牛，犯夜逾城。又记元祐时东坡任主考时情形：

> 那时闱考考官看卷子，留在禁中，与外间隔绝二三十天。东坡是主考，觉得无聊，秦少游诸人在忙着看卷，东坡却跑来跑去，放浪形骸，玩（顽）皮作谑，弄得诸人无法凝神看卷子。

这里也可以见到所谓"放浪形骸"的人，做事往往认真不了的。语堂称"东坡诙谐百出"，可以见诸东坡文章，也可以见诸其做事。在一篇谈钓鱼文章中，语堂谈到孟郊，有下面这样的话：

陆龟蒙《书李贺小传后》，讲唐诗人孟郊废弛职务，日与自然接近，写得最有意思："孟东野贞元中以前秀才，家贫，受溧阳尉。……南五里有投金濑，草木甚盛，率多大栎，合数十抱……东野得之忘归，或比日，或间日，乘驴，后小吏，经蓁投金渚一往，至，得荫大栎……吟到日西还。"后来因此丢了差使，此孟东野所以成为诗人。

这里可以看出语堂对作书不认真的人是非常称赞的，而语堂自己则决不如此。所以他的"文章可幽默，做事须认真"的话。实是一种很幽默的矛盾。

三

我读书极少，不过我相信我读一本书得益比别人读十本的为多，如果那特别的著者与我有相近的观念，由是我用心吸收其著作，不久便似潜生根蒂于我内心了。……

这是语堂关于他自己读书的话。"读书极少"，这句话原是相对而言，对古今中外汗牛充栋的著作，一个人一生能读多少书？自称读书很少，原是对的，但在我的了解中，语堂所读的关于文学、文化思想的书实在可以说无所不窥，正统的学院的哲学著作他似乎没有系统地阅读，严密的逻辑与烦琐的概念分析他没有兴趣，但对于希腊的思想家的学说他读起来可脉络清楚。他读书决不是"好读书，不求甚解"，而是的确下苦工夫，对于《庄子》《老子》《墨子》以及佛经这一类书，他都下过"译成英文"的工夫。这也就是说，从翻译中去追究其确切意义，在朋友中，有一位比利时李克曼君，他的中文极好，他把全部《史记》译成法文，我问他为什么要译《史记》，他说这是学"中国古文"的最好方法。语堂之努力，想也正是如此。他所说的"不久便似潜生根蒂于我内心了"，这也就是消化后变成自己内心的东西。我们读书原如饮食一样，牛奶、青菜、豆腐、牛肉，吃了消化了就成为我们肉体的一部分，而经史子集，读过，消化，也就成我们智慧的一部分。这原是自然的事情，但也有人有博闻强记的能力，而缺少融会贯通的能力。读过的书，像是存放在冰箱里的食物，随时随地可以端出来给你看，而始终未曾消化而成为自己的智慧。所以，对于读书大概正有两种人，一种是强于"融会贯通"，一种是强于"博闻强记"。语堂先生自然属于前者，而他的"融会贯通"的能力，又比一般人都强。

但，奇怪的，他也就因此，对于不能消化的东西，就一点不愿接受，甚至不愿去尝试，他对于社会科学的知识就很弱。一九三〇年代，正是马克思主义风行之时，他对于这一派的思想哲学一点也不想知道，而对于当时所谓左派思想界的种种非常隔膜，因此他对于这些朋友的批评也很肤浅。

在三十年代，语堂先生也许是初初接触到中国明末的性灵派文学。因为诚如他所说"与我有相近的观念"，所以引为至好。而他所认为幽默有趣的话，如"……但愿有ＸＸＸＸ以及短命妾数人而已"一类的，在完全受中国文化教养的人听来，实在并没有什么新鲜，称为幽默，也只是低级的幽默而已。所以他的感觉，还是初接触中国文化的西洋人感觉。

但是，他当时对于语录体的提倡以及他在中文散文的主张，因为他在深厚渊博语言学上的根基，实在有他了不起的见地。

我记得当时有一位作家叫"丽尼"的，常到《人间世》来投稿，这是一种用欧化的笔调抒写生活与际遇的情趣与感怀种种。我每次编进去，语堂先生总是把它抽出来。我当时就说，《人间世》既然是小品文的刊物，不同的风格的作品应当可以同时并存。他就说，这种中文根本就不是中文。所以《人间世》一直没有用过丽尼的作品，后来他在巴金的文化生活社出版不少散文集。

语堂先生晚年由"中央社"寄发的《无所不谈》文章中，有许多篇都谈国语与中文字句的问题，他的主张始终是一贯的，他极力反对的是洋白话，他说：

> 大概立论的人，说国语不够精确，所以要学西洋文法，但是这样下去，必有比这三不像的白话还怪的白话出现，弄到国语不成国语，洋话不成洋话，这是弱小民族自卑自侮者之行为，不是大国之风。

他这话，我认为是非常有见地的。最近法国政府及法国学院力求法文的纯粹，排斥英、美文的影响，也就是同样的看法。但是，我觉得事实上是先有"弱小民族自卑自侮"的意识，才有"洋白话"的出现，而不是先有"洋白话"，才见得"弱小民族自卑自侮"之行为。

而文字文学正是直接反映社会的东西。文字风格的时髦往往同衣着的时髦一样，有时候有一种不可抵抗的力量，台湾文坛上的诗歌与散文，流行的称为"现代"也好，"新潮"也好，都是把中文歪曲压挤成为一种新的姿态，其中不能说没有新鲜的气息，但新鲜的只在字面，内容非常贫弱与纤小，多看了深深地感到畸形与萎弱，正是一种"殖民地"气。

语堂《无所不谈》的散文，在台湾发表的时候，很多作家对它并不重视，有一次我到台湾，就听到许多人对他的批评，一种是说"中央社"

寄发这类文章，太没有意义……有的则说语堂的文章总是那一套，没有什么新鲜的东西。我记得陈香梅女士就同我说，语堂先生似乎是关在太狭小的圈子里。外国的作家同社会与世界时时有多方面的接触，所以不会像他那样偏狭。这些话，似都有他们的看法。我因为常在香港，很少读到他的《无所不谈》，偶尔读到一二篇，觉得语堂先生这类文章，兴笔写来，都有风采。只是如果拿出他以前的作品，如在*China Critic Weekly*所写的*Little Critic*以及《论语》上发表的《我的话》来说，则趣味与境界，变化确实不大。现在《无所不谈》已经出全书了，我有机会整个来看，觉得实在也足称是灿烂缤纷，琳琅满目，这正如我们走进美丽的山野，其中虽有纤弱的小草，但正多丰硕美丽的花木。

我记得以前读到一个英国文学批评家谈到拜伦的诗，好像是说，拜伦的诗，现在读起来，每首都不见得有什么好，但如果综合来读他的全集，则就可以发现他的磅礴的气魄与活跃的生命。这句话给我印象很深，我想现在我正好用来谈语堂先生的《无所不谈》，在那本集子中，尽管有许多篇我觉得平庸无奇，甚至有故作幽默之处，但整个来看，那里正闪耀着语堂先生独特的风采与色泽。那里有成熟的思想家的思想，有洞悉人情世态的智慧，有他的天真与固执，坦率与诚恳，以及潜伏在他生命里的热与光，更不必说他的博学与深思，在许多课题前，他始终用他独特的风格来表达他深厚的、有根据的见解，及确切与健全的主张。

四

真正要谈语堂先生的著作，我并不够格，因为说实话我没有读过他全部的著作，就我读过的翻阅过的来说，则我觉得他的《吾国与吾民》《生活的艺术》，确实是把中国介绍给西方最好的著作，也可以说是空前的。特别是《生活的艺术》，本身也就是一本作者对中西文化人生探讨的思想性的艺术作品。但是他的《京华烟云》，我并不十分欣赏，他也许太存着一种介绍中国人的思想与人生态度给西洋读者看的心理，没有小说的魅力，细读起来，倒像是一个外国人在诠释中国一样，而且人物都缺少生命。他以后的著作我就读得少了，偶尔翻阅，觉得虽然处处都可见到他的散文的风采，而接触到中国的现实社会与政治，觉得他实在是隔膜。当时我就想，如果他生活在中国社会之中，也许就不同了。他的其他小说如《风声鹤唳》与《朱门》，我没有读过。最后一本小说，是《逃向自由城》，则实在是不应发表的作品，很多在大陆待过的年轻人都笑这本书，他们甚至同我说："林语堂写这样的东西，怎么会享这样大名？"语堂在散文方面知道写他所感受到融会在他心灵里的思致与想象，在小说方面，因为他对于现实世界与客观社会的隔膜，他就无法通过形象来表现他的世界。小说如果要通过现实世界来表现你的主题，你就必须要了解甚至深深地接触过这个现实世界，这也是为什么许多作家只能描写他最熟悉最接近的社会与世情。语堂先生对他想写的现实世界的隔膜，使他的小说无法同他的小品文比拟。这也许是他的气质上正是一个思想家、散文家，而不是一个小说家的缘故。

他的《中国与印度之智慧》，是通过他的学力与睿智之作，尽管有人说，其中有诠释错误之处，但这也正是仁者见仁，智者见智，语堂所见的有许多正是他自己的智慧。他自己似乎很喜欢他的《苏东坡传》，我没有细读，但粗率地翻阅，觉得他对于宋代的社会与当时的政治不够了解，对于王荆公的看法，则是非常轻率。他重写的《唐代传奇》与《聊斋故事》，使这些故事为西洋读者所接受，这当然是有功的。但对于研究中国小说的西洋学生，就觉得这些故事太无时代的面目了。

上面所说只是我个人粗浅的看法，不敢说是评论。语堂先生的著作，在世界风行，但在美国也常为半瓶醋的汉学家所妒嫉，我认识一个美国学生，他研究中国文化和文学，说他的老师就叫他们不要看语堂先生的著作。如果这个学生有资格读中国古籍的原著，尚有可说，而偏偏他连极普通的报纸消息都看不懂。

真正说起来，也还是要回到上面的说法，就是拿语堂先生一本一本书来谈他是不够的，只有看他全部的著作，才可看到他的宏阔的规模与灿烂的生命。

语堂先生一直要求他的英文著作要合乎理想的翻译。他的《生活的艺术》是黄嘉德分章翻译了在《西风》月刊上发表的，在出书的时候，语堂很想仔细地把它改正一下，但是在还没有做的时候，不知是盗版书还是另外的译本已经出版，这当然会使《西风》蒙受很大的损失，因此黄嘉德很有怨言，后来大概仍是没有经过语堂亲自订正就出版了。他的《京华烟云》，他很希望郁达夫肯担任翻译，当时好像先付了一笔不算少的翻译费给达夫。大概是希望他靠这笔钱可以静下来工作的。交给达夫那本原本，我是看到过的，所有语堂认为英文成语与习惯用语应该怎么译的相对的中文成语词汇，他都密密麻麻地为他注了出来。郁达夫当时接受了这个任务，但始终没有去动手，这绝不是郁达夫存心骗取语堂那笔钱，而实在是达夫的生活是一个真正"放浪形骸"的生活，他是在生活上没有任何计划，也不想计划的人。达夫对这件事始终觉得有歉意，一直到他到了新加坡后，还同人说起他对不起语堂，这是很接近达夫的人后来同我讲的。而如果不是达夫告诉他，他也绝对不会知道有语堂请达夫翻译《京华烟云》的事。语堂对谁都谈到过该书交给郁达夫翻译的事，但从未提到他先有一笔钱支付给郁达夫。这种地方足见语堂为人的敦厚。

在语堂同辈的朋友之中，我听到过许多人对语堂有贬抑轻率的评语，譬如胡适之先生，他就在许多北大同学集会中，说他某本书完全拾英国人的牙慧等等。但语堂对胡适之从未有轻侮的评语。有人称他的英文高于适之，他也从不承认。有一次，我对他说，他把各民族的特性分为不同成分的感情，如幽默感什么感之类，似乎缺一种"神秘感"。他顿悟似的对我大为称赞。我说有许多思想家大作家似乎都少这"神秘感"，譬如鲁迅、周作人、胡适之，都少这种神秘感。西洋思想家我觉得如罗素，也就缺乏神秘感，巴斯格、柏格逊就具有神秘感。作家中如托尔斯泰、契诃夫、莫泊桑以及纪德，都具有神秘感。他很欣赏我的话，笑着说，所以适之碰到了宗教思想的问题，往往就一点没有办法。这是唯一谈到胡适之缺点的话，可是完全不含轻侮的语气的。

五

在当年《现代评论》与《语丝》对垒时，以语堂的为人，实在应该属于"现代评论派"的，但是他是属于"语丝派"的。"语丝派"的人似乎多有反叛的精神，否定权威、不满现状的倾向。而作为文章，语堂当时也正是属于这一类的，他对于鲁迅、周作人一直是喜爱而敬佩的。他的这种反叛精神以后就萎退，这在鲁迅看起来，就是爬上去了，想维持既得的利益。当时记得有人写过一篇林语堂论，就是说他这种转变。前些时读到《大成》月刊中赵世洵所记林语堂种种，说他在厦门大学时与鲁迅闹得不好，这完全是不确的。鲁迅进厦大是语堂聘请去的，他们的关系始终很好，以后鲁迅离厦大到中山大学，语堂也离开厦大，鲁迅离中山大学回到上海，鲁迅与创造社一批人论战，以后逐渐"左"倾，他与语堂始终是很好的朋友，就在语堂办《论语》时，他们还有来往。最后鲁迅有一封信劝语堂多从事翻译。语堂回他信，说等他老年时再做翻译工作。鲁迅看了没有再说什么，但给曹聚仁的信中，说到林语堂是他的朋友，所以希望他可以真正做点为文化界有贡献的事，如果语堂好好从事翻译，对于现在以及将来社会，都是有用的。但语堂以为他的意见是老朽的意见，那还有什么可说。以后他们的关系就疏远，后来语堂好像写过一篇关于"西崽"的文章，鲁迅也写了一篇谈"西崽"。这是针对语堂的挖苦，鲁迅笔下在这种地方向来是不饶人的。以后他们就没有来往了。

在当时作家中，与语堂往还最好的还是郁达夫。郁达夫是一个处世最聪明的人，他同鲁迅也往还很好。鲁迅因为与创造社的人有长期的论战，所以不喜欢创造社的人，以后成立"左联"，与创造社的人如冯乃超等打成一片。但仍是说，创造社的人，不管以后转变如何，在创造社时总有一个创造面孔——除了郁达夫。鲁迅的话实在有偏见的，郁达夫只是没有参加与鲁迅论战的场合。读过创造社初期的刊物的人，都可看出郁达夫正是一个具有很显著的创造面孔的人。但不管怎样，郁达夫后来同鲁迅相处很好，他们还一同编过《萌芽》月刊。郁达夫到上海，总带着王映霞去拜访鲁迅，鲁迅也写过屏条送给映霞，很幽默地以"映霞大姊"题款。郁达夫与语堂交往也很相投。谈到郁达夫与王映霞结婚后，郁达夫曾经偷偷地回到他的老家前妻那里住了一个月的事，语堂非常欣赏，觉得达夫这种地方实在可爱。可是在郁、王婚变时，王映霞提到这个，说当时这实在是太伤她心了，而成了达夫的一件对不起她的罪案。可见一件事，不同的立场，可以产生完全相反的是非。

对于女性，语堂下意识里似乎总偏爱浪漫的有风趣的俏皮的女性。他喜爱《红楼梦》里的晴雯，他喜欢《浮生六记》里的芸娘。像芸娘乔装男子去看戏，为丈夫物色姨太太等，他赞叹有加。这也许因为林太太太端庄方正之故。说一句笑话，林太太是大家闺秀、贤妻良母、循规蹈矩型的薛宝钗，语堂下意识始终倾慕林黛玉一类的女性。这也可以说是文章可幽默，做事要认真的矛盾。

在上海，时代书局一批朋友也与语堂去舞场，有一个舞女，语堂很喜欢。那批朋友也凑过怂恿撮合之热闹，但语堂迄未进一步去求接近。至于那些打扮得整整齐齐，像煞时髦毫无风趣的美女，语堂始终很轻视。他曾经告诉我，在纽约时，有一个朋友请客，主要是请林黛，把他请去了，等了很久林黛不来，他实在想走了，因为觉得不好意思，勉强等着。后来林黛到了，他觉得她非常俗气，只会silly smile。他对于中国电影明星知道得很少。谈到西洋电影明星，我们都喜欢素菲亚·罗兰。在香港，我同语堂也去过一次舞场，在他只是想看看香港的舞场而已。我带他去的是杜老志，我好久没有进舞场，可是凑巧有一个舞女大班认识我，他介绍我们一个年轻美貌的小姐，可是一点没有灵性，语堂称赞她漂亮她都听不懂，以为有意取笑她，有点生气。后来我就请她去跳舞。舞女大班又另外找了一个小姐来。语堂喜爱体验各种生活，如钓鱼，他在文章里谈得津津有味，其实他只是在预定的假期中偶一为之，并没有废寝忘食这种浓兴。在蒙特卡洛，他也去赌博，但我相信他没有像我在上海孤岛时代那样沉湎过。我们也曾经谈到一同去澳门一次，但是始终没有实现过。现在想起来这也是一种遗憾。郁达夫称语堂为英美式的绅士，这话也许很有道理。有一次，不知怎么说起，我说："我非常敬佩你与胡适之那样对太太的忠诚。"这句话，是出于我衷心的，因为举目数当代文人学士，很少是这样"从一而终"的。可是，出我意外的，语堂听了并不高兴，好像是我轻视他似的。我也就扯到别的去了。

六

一九三三年、一九三四年，语堂先生在上海的收入很高，主要的是开明书店英文教科书的版税，这也就是鲁迅挖苦语堂的"以教科书起家"的话。我没有直接受教于语堂，但是中学毕业时，读《开明英文文法》，始悟过去自己所受的英语教育之错误，深以未能有像语堂先生这样的老师教我英文为可惜。开明应付语堂的版税，因为数字太大，常有争议，最后大概是议定每月付七百元，当时七百元银洋是一个很大的数目。那时语堂先生在中央研究院也有薪金，《天下》月刊也有报酬，《论语》《人间世》也有编辑费，合起来当不会少过七八百元，当时一个普通银行职员不过六七十元的月薪，他的收入在一千四五百元，以一个作家来说，当然是很不平常的。

那时候，黄嘉德、黄嘉音计划办一个译文杂志，定名"西风"，由他们两兄弟及语堂、亢德合资创办。当时约我参加，我没有钱，因当时又有出国计划，所以没有参加。《西风》创办后，成绩很好，但亢德随即退出，与语堂合办《宇宙风》。

西风社后来逐渐发达，嘉德因为在圣约翰大学教书，由嘉音一个人经营。嘉音做事很认真，但账目不一定合乎会计制度，如以营利发展事业，红利大概也没有发过，后来抗战军兴，西风社搬到桂林，以后想也就无账可查了。语堂先生有一度曾经叫他的侄子林国荣去了解，自然不会有什么结果的。

《宇宙风》办起后，语堂要加聘他的弟弟林憾庐。陶亢德是很有个性的人。他第一觉得《宇宙风》是初办的一个小机构，怎么可以安插闲人；第二觉得语堂也许对他不信任。所以没有多久，亢德的《宇宙风》就拆伙独立出来。《人间世》与良友合约满后，语堂曾经问我是否有兴趣继续自己来办，他可以同我合作，像《西风》同《宇宙风》一样。我自己觉得没有经商的才能与兴趣，所以没有接受语堂的好意。

大概在中央研究院有什么变动，《天下》月刊（那是孙科支持的一个英文月刊）停办后，语堂很想到北平定居，专心从事著作，他到过北平一趟，但考察一下，改变了初衷，回到上海后没有好久。那时《吾国与吾民》在美国出版后很成功，他有全家搬到美国的打算。

要结束上海这样一个家，搬到美国去，这当然是很大一件事。像这样的事情，语堂都是依靠林太太，由林太太全权处理的。他们把家具标价卖去，都是十元八元一件，亢德好像也买了一把沙发，语堂的兄弟也买了几件。当时侪辈都奇怪这个做法，几件旧家具对自己兄弟还要收钱，就未免太没有人情味了。

我不记得语堂去美国是搭什么船，但搭的是二等舱，我们都去送行。这就是语堂三十年侨居的开始。

后来我去法国，同语堂也通过几封信。两年后，我回到孤岛的上海，好像缺少联络。一直到抗战时期，语堂回国到重庆才再见面，他住在熊式辉的家里。我去看过他几次，那时他已经名振海外，在重庆往还的都是党国要人，我自然只在他有空闲的时候去拜访他。有一次，我们谈到中午的时候，他留我多坐一会，回头一同去外面吃饭。就在那时候，门外进来一个人。他告诉我那是黄仁霖，说找他也许有什么事，我自然知道他有暗示我可告辞的意思，我也就起身走了，以后我没有再去拜访他。

这一次回国，他的目的至少有想搜集一些资料去写书的意思，但是他对当时的抗战情势，后方与前线种种他都不想了解，他同文艺界、出版界也没有特别的联系与交往，我想当时与他比较有来往的是孙伏园、老舍与我。但我相信他也并没有向我们谈到现实生活上的种种。以我来说，我是于一九四一年珍珠港事件后，从上海沦陷区奔向后方的，辗转曲折，经过了八九省的路程才到重庆，当时许多西洋的记者都要我同他们谈谈沦陷区的情形与路上的见闻，而语堂则从不与我谈到这些。他当时往还的还多是党国要人，谈的也许是国民外交一类的大题目吧，这似乎离他小品文的意境是很远的。

一九四四年我去美国，我又看到语堂，他与他太太都以老友待我，时常招我到他家吃饭，那时候正是抗战时期，他的著作为国家尽一定的宣传的力量，当时日本舆论界觉得他们没有一个林语堂这样的作家可以在世界上争取同情为憾事。但是在我与他私人谈话中，或发觉他对于中国现实的种种，实在很隔膜。

　　这也许是气质关系，语堂对于社会的现实始终是不想接近与了解。他不喜爱宾客，也从不同来客谈现实的种种。这与胡适之是完全不一样。胡适之那时也在美国，他的客厅往往有许多访客，遇到中国有人出去，他喜爱人家去拜访他，听人对于中国的报导并同他讨论中国的问题。在某一方面，语堂的主观非常强，他对于是非真伪的看法，也往往不愿意根据客观的事实。

　　大概就因为这些关系，他回国一趟后，并没有写成什么出色的著作。以后似乎只有回到写《苏东坡传》及《中国与印度之智慧》等书了。因为这是只要靠书本的资料与他的智慧就可以写得出色的。

　　每个作家都有他的特殊的才能与偏向，我们并不能要求一个作家有多方面的才能。

　　但社会的现实是现实，我们无法完全否认。一个社会有一个社会的传统，它所形成的风俗人情也正是一种现实，而我们不得不面对这个现实。语堂是一再强调"我行我素"的话。一个作家可以写你爱写的东西，但只有写你所懂得的东西。碰到客观的事实，你就不能再说"我'写'我素"了，这也就是语堂后期的小说流于贫血与幼稚的原因。而实际生活上，语堂后来之被误会而失败也许正是因这一点。这也可说中国人老话，所谓书生不懂人情世故的缺点。

七

　　……世界上只有两种动物，一是管自己的事的，一是管人家的事的。前者属于吃植物的，如牛、羊及思想的人是。后者属于肉食者，如鹰、虎及行动的人是。其一是处置观念的，其他是处置别人的。我常常钦羡我的同事们有行政和执行的奇才，他们会管别人的事，而以管别人的事为自己一生的大志。我总不感到那有什么兴趣。是故，我永不能成为一个行动的人……

　　这是语堂自己的自白。可是，说这样聪明的话的作者，竟接受了去担任一个大学校长的职位了，而且是要他去创办一个"大学"。这也正是要原来吃植物的人去吃兽肉，因而引起无法消化，以致病倒，而病倒以后，还一直不能了解这致病的原因。

　　关于南洋大学校长昙花一现的事件，我知道得不多，我想赵世洵的报导是很可靠的。一九六○年，庄竹林任南大校长时，我去教一年书，我听到不少关于语堂在新加坡时的种种，许多人对他诸多的侮蔑与抨击，我实在为语堂抱不平与可惜。

　　我想，如果胡适之与梅贻琦都不接受这个校长的邀请时，语堂在接受前，实在大可与胡、梅两位谈一谈，我相信他们不接受的理由，至少一部分是因为南洋环境的复杂。语堂如果想去新加坡，先要了解新加坡的现实环境是最要紧的，而且在接受后，贸贸然先发表离题的谈话，这实在是很不智的。

　　其实语堂在新加坡，同南洋大学执行委员会——或者说董事会——是宾主的关系。这种关系应该是合则留不合则去。这里林语堂所谓"文章可幽默，做事须认真"的话，很值得我们作深一步的探讨，我上面已经谈到"做事"是不得不包括"处世"的，越是处在高级的位子，"处世"的成分也越复杂。语堂先生深得老庄人生态度的旨趣，他实在应该了解"处世的幽默"与"做事的认真"很需要一种融会的。

尽管语堂到新加坡前，有维护个人权益的合约的，但到宾主不相融的时候，语堂应有视合约如废纸的幽默才对。他虽然有责任为他所聘请的教职员争取权益，但他自己应该分文不取，洁身引退。也根本无须同陈六使这样的朋友计较是非。

在语堂初到南大时，号召华侨踊跃捐款，当时听到的最令我感到"煞风景"者，是要三轮车夫义卖捐款。我觉得这是很出格的事情，即使发动者不是校长，而校长也应该加以阻止才对。

如果语堂已经赞同了这样的募捐，接受了三轮车夫的义卖，现在校长辞职，要根据合约拿一笔很大数目的赔偿而走，这不是老庄也当然不是孔孟之道。

语堂如果稍稍了解当时南洋的社会，老实说，要到那面去做校长，最好先接洽一笔洛克菲勒或福特基金的捐赠才好。这正如做人家媳妇，带一笔嫁妆才可以使人看得起。语堂熟读《红楼梦》，应知凤姐在大观园中之地位，也是有"嫁妆"的关系。语堂既然白手而去，自然更应当了解这些侨领对于"大学"，也还是有"投资"的想法。老实说，像陈六使这样，怎么会知道什么是"大学"，什么是第一流大学——这是语堂当时口口声声谈到的。而且，他们在捐钱的时候，已经有"利润"的眼光。

譬如，南洋大学的校址，设到裕廊还要下去的地方，据人说，他们已经看到大学建立起来时，附近的地皮都会大大起价，而他们正是拥有大幅地皮的人，所以他们捐了些钱，已经获得了更大的补偿。

语堂在建校的计划中，本来拟约请一位曾经建造乡间大学的建筑师来设计的，可是一到新加坡，学校已经在那里动工了。据说校董中本来是拥有建筑公司的，像这样大的工程，怎么自己不包而要让给别人呢！

当陈六使对语堂的预算不同意时，陈六使如果不先公开批评，私下先同语堂商谈，应该可有商讨的余地；现在陈六使先公开发表谈话，显然后面已经有别种原因。语堂不知是否平易地问过陈六使？当时马上对陈六使发脾气，实在是非常天真的态度。倘若三目不发，对陈六使笑笑，不同他争利争是非，悄然引退，那就是最超脱的幽默态度。

语堂后来听说，是老华侨陈嘉庚自大陆写信给其女婿李光前种种，这当然是有所根据，但李光前也不是一个小孩子，也没有理由一定要听其老丈人的话。后来语堂对我说，李光前一直没有参加过任何欢迎他或关于南大的集会。我当时就想，语堂到新加坡后有没有去拜访过李光前呢？

在南洋的习俗上，在中国传统上，南洋大学既然是要靠侨领支持，而李光前又是富甲南洋的大户，语堂要做南洋大学校长，为大学先去拜访这些富豪的侨领是有一百万分的理由的。请李光前捐款，总比号召三轮车夫捐钱合于情理。

且不说那件事情有什么政治背景。如果没有，语堂要担任校长下去，也是绝不会愉快的。以前做地方官的人，都要找一个熟识当地情形的绍兴师爷，才能上任，也就是这个道理。当时语堂以其婿黎明为大学秘书，以其女太乙为校长秘书，这也是当地人士无法谅解的事，黎明、太乙都是才学兼备的人才，当然不是能力问题。但聘为教授，不会有人说话，插在人事圈子，自极不合中国传统之情，亦有违于现实环境之理。语堂自己说：

> 且凡天下之事，莫不有其理，莫不有其情，于情有未达则其理不可通，理是固定的，情是流动的。所以我在《吾国与吾民》中说：西人断事之是非，以理为是，中国人必加上情字，而言情理，入情入

理，始为妥当。因为我们知道，理是死的，推演的；情是活的，须体会出来的。近情合理始是真知，去情言理，不足以为道。

说如此通情达理的话的人，而对于自己处世立身，无法使情理贯通融合，殊可惋惜。以语堂文章之飘逸，而拘泥于意气微利之争，不知是否所谓"做事须认真"这句话害了他，我想当时如有一个高明的"师爷"予以指点，或仍可使其顿然返悟。甚至把已争得之钱，于临行时捐赠南洋大学，也正可使陈六使之流愕然自惭的。

在语堂离开新加坡之时，陈六使仍亲自到机场相送，这种虽是表面之事，但也正是有涵养懂幽默的人之行为。我们也可以想到，这也正是背后有"师爷"在指点的。

以后我听到纽约的《联合日报》对语堂的攻击，这事情毛树清兄似乎知之甚详，与陈六使当然是有关系的。

我不知道当时语堂争得的赔偿费占总数三十五万二百另三元之几分之几，比之于以后的语堂在"共同基金"（Mutual Fund）上之损失，恐怕还是很微的数目吧。

我在这里，并不想论语堂与当时南大那一幕的是非，我只是想在这件事变中，分析语堂对于客观现实之不愿了解所引起之误会与得失。我们站在比较了解他的地位，觉得实在是很可惜的事。

现在，这里所谈的都已过去，李光前、陈六使都已作古，语堂也已仙逝。现代的大学，似乎也只有政府有力量可以办。当年纷争不过是浪潮中的一个泡沫而已。

八

关于语堂的兄弟们，在赵世洵的《悼念林语堂先生》的文中，介绍得很详细，他是根据语堂的胞侄惠瀛所告诉他的，当然再准确没有了。我则除了惠瀛的父亲孟温先生外，语堂的其他几兄弟，每一位都认识的。

玉霖一直在教育界，我不但认识他，还认识他的二位公子，一位就是上次提及的国荣，他是一个很实在很诚笃的人，我在重庆认识他，那时候他还没有结婚。我还认识他当时还是未婚妻的太太。一位是林疑今，我是在上海认识他，后来在重庆也有往还。疑今也是很聪明的人，但是"目空一切"，比方说谈到胡适之，他会说"算不了什么"，谈到"徐志摩"，他也会说"没有什么"，语堂不喜欢他这种态度。我同他虽没有成知交，但并不妨碍同他来往，我认识这类朋友很多，一直到现在，我碰见许多比我年轻的作家及所谓诗人都有这类态度，我始终可以幽默态度同他们来往，有时候觉得他们有些地方的可爱与可笑。疑今后来到美国，曾经把茅盾的《子夜》译成英文，寻求出版，但没有人要。他于胜利回上海后，在什么大学教书，我于一九五〇年来香港前还去看过他……

林憾庐也是一位很忠厚和蔼的人，我最后看见他是在桂林。他相信无政府主义，后来与巴金很接近。疑今常笑他们，"无政府主义还办什么书店！"

林幽在上海时常常有碰到，他好像在《中国评论周报》任编辑，后来去菲律宾。

我自然还认识语堂的三位小姐，都是学有专长，贤淑可爱的女孩子。大小姐如斯，未能寿终，一直为认识她的人惋惜。我读过谢冰莹写的一篇发自内心的哀悼的文章，当时我很想写一篇，但我怕会触语堂先生的心，所以未敢动笔。

一九六六年，我到美国出席笔会，在纽约，国荣伉俪请我在他们家里吃饭，是我最后一次见到如斯，在她的温婉的笑容中，我发现她内心的孤寂。那时候语堂先生与夫人初定居在阳明山，我写了一封信给他们，觉得他们应该邀如斯住在他们一起，彼此都可有依慰。后来我从美国到日本又到台湾，到阳明山去拜访语堂先生，林太太对我提到我的信，说他们自然欢迎如斯来台湾，只要她自己愿意。后来如斯真的回到了台湾，我想她以后一定较会快乐。但我第二年到台湾时，语堂先生已经迁入新居。如斯则并不住在一起，因为她当时任蒋复璁先生的秘书，住在"故宫博物院"附近。我那次在台湾也住了几个星期，竟没有去拜访如斯，以致以后再无机会，可说是一种遗憾。

　　我觉得人与人来往是一种机缘。我与语堂先生认识是始于我在《论语》投稿，但能够继续保持往还，一直到大家都住在香港，还常常见面，可说是非常难得的。在为他庆祝八十岁寿辰时，他精神还很好，当时他同我谈起，还想把他那本英汉词典重编一本袖珍本。以后他似乎日趋衰萎，很怕与人应酬，我自不便去叨扰。去年我在台北，后来知道他也回到台北，兰熙想去看看他，我告诉她，他大概没有精神同客人谈话。他虽曾为文谈赤足之美，但他绝不赤足穿拖鞋或穿睡衣来接见客人的。而他当时要做这样的振作，也已经是一种很大的负担了。兰熙后来说她打过电话，说是出去了，她知道那是一种托辞。

　　我自从庆祝他八十岁寿辰后，就没有见过他；一直到在报上见到他病逝的消息，才打电话去问，以后在殡仪馆里对他致最后的敬礼，我心中除了悲伤以外，还有一种说不出的感触。

　　在中西文化交流，中西思想融会的时代中，中国出现好几种的看法，最初是"中学为体，西学为用"；后来是中国文化是精神的，西洋的文化是物质的；再后来有谈中国文化是道德的，西洋文化是科学的。这种划分，引经据典，似乎都可以说出一番道理，可是事实上总是反对者有理。原因物质的文明后面一定有精神，科学的发达一定产生道德。语堂对西洋文化与中国文化的比较，是从生活的态度与趣味出发，不作死板的划分。他从对零星事件的观察与思索中，发现中西的不同，他不用抽象的理论来作论理的辩证。在体念上讲，是艺术家的态度，在表现上讲，是小品文的境界。这是他与以前以及同时代谈中西文化者不同的地方。理论的争执，往往在说服他人，而别人不一定被说服。语堂只说自己的体念，他不想说服人，而读他的文章者，自然同情他。

他是一个基督教徒，他虽然一度中途背离了基督教，但他的灵魂还是属于基督教的，所以他最后又回到基督教的信仰，是自然不过的事。我没有读过他的《皈依耶教》（*From Pagan To Christian*）那本书，但我想，信仰不是理论的问题。当他酞读老庄与孔孟的著作之时，老庄与孔孟的思想在他或只是新鲜而可爱的朋友。他一直没有改变他的基督教的人生态度。在语堂渊博的中西文学修养中，他最读得精熟的还是《圣经》。这似乎很多朋友都不知道他这一点。他的心灵是贯穿着基督教的精神，因此尽管有许多种不同的思想与趣味，无论是老庄或孔孟，苏东坡或沈三白对他的吸引，他只是赞美与欣赏而已。他一直没有违离他基督教教育所给他的道德世界。

他的"做事须认真"可以说是对神负责的话。而"文章可幽默"则是对人挑战的话。

我相信他在中国文学史上有一定的地位，但他在文学史中也许是最不容易写的一章。

在我与语堂文字往还之中，有他写过一幅屏条送我的，留在大陆，现在大概不会有了。

在我诗集里，有一首一九四一年写的《寄友》的诗，是寄给他的，当时他在美国，我在孤岛的上海，怎么会写这样的诗我也忘了，是不是寄过给他，我也记不起来了。在我出诗集时，因为怕有"我的朋友胡适之"之嫌，所以只以"寄友"为题。现在他已经弃世，我觉这首诗，现在寄给他在天之灵，也还是有新的意义，只是其中"我年已三十"，应改为"我年已六十"了。因谨抄在这里作为此文的结尾。

寄　友

月如画中舟，梦偕君子游，
游于山之东，游于海之南，
游于云之西，游于星之北。
山东多宿兽，宿兽呼寂寞，
春来无新花，秋尽皆枯木；
海南有沉鱼，沉鱼叹海阔，
白昼万里浪，夜来一片黑；
云西多飞鸟，飞鸟歌寂寥，
歌中皆怨声，声声叹无聊；
星北无人迹，但见雾飘缈，
雾中有故事，故事皆荒谬。

爱游人间世，人间正嚣嚣，
强者喝人血，弱者卖苦笑；
有男皆如鬼，有女都若妖，
肥者腰十围，瘦者骨峭峭；
求煤挤如鲫，买米列长蛇。

忽闻有低曲，曲声太糊涂，
如愁亦如苦，如呼亦如诉，
君泪忽如雨，我心更凄楚，
曲声渐嘹亮，飞跃与抑扬，
恰如群雀戏，又见群鹿跳，
君转悲为喜，我易愁为笑，
我问谁家笛，君谓隐士箫。

我年已三十，常听人间曲，
世上箫声多，未闻有此调，
为爱此曲奇，乃求隐士箫。
披蓑又披裟，为渔复为樵，
为渔飘海间，为樵入山深，
海间水缥缈，山深路蹊跷，
缥缈蛟龙居，蹊跷虎豹生，
龙吞千载云，虎吼万里风，
云行带怒意，风奔有恨声。

泛舟桨已折，驾车牛已崩，
乃弃舟与车，步行寻箫声；
日行千里路，夜走万里程，
人迹渐稀疏，箫声亦糊涂。
有鸟在树上，问我往何处？
我谓寻箫声，现在已迷途。
鸟乃哈哈笑，笑我太无聊，

何处是箫声，是它对窗叫。

醒来是一梦，明月在画中，
再寻同游人，破窗进清风。

（一九四一，一二，二七，夜。上海）

《传记文学》第三十二卷　第一期